KB244926

예고된
붕괴

Reinventing Collapse
by Dmitry Orlov

예고된 붕괴

미국은 소련의 종말을
쫓고 있는가

드미트리 오를로프 | 이희재 옮김

궁리
KungRee

• 바야흐로 우리의 연안에 상륙할 경제 폭풍에 대비하기 위해 꼭 읽어야 할 책! 드미트리 오를로프는 아메리칸 드림의 비극적 내부 붕괴가 임박했다는, 다른 사람들은 감히 정면으로 다루지 못하는 주제를 통렬한 지성으로 묘파한다. 그는 전에 소련의 추락을 목격한 사람의 독보적 관점에서 자신 있고 명쾌하고 익살스럽게 써나갔다. – 제임스 하워드 쿤스틀러, 『장기 비상사태』의 저자

• 창문이 활짝 열리면 맑은 공기에 정신이 번쩍 들 테니 마음 단단히 잡수시라. 하지만 걱정 마시라. 드미트리 오를로프의 묘하게 비트는 해학을 읽으면서 얻는 것은 대개는 남다른 통찰일 뿐이니까. 붕괴와 부활의 중요하지만 억압당한 논의에 엄청난 기여를 한다는 점에서 드미트리는 독보적 존재다.
– 얀 런드버그, 환경운동조직 〈문화변화〉

• 이단적이고 포복절도하게 웃기며 언제나 날카롭게 정곡을 찌르는 드미트리 오를로프, 그가 구소련의 사회 붕괴를 뚫고 반대편 세상으로 나왔다. 그 반대편 세상에는 현대 미국 사회의 고혹적인 모습이 있다. 이 책은 지혜가 넘치고 놀랍도록 한 가득 희망도 안겨주지만, 우리 대신 모든 것을 고쳐주는 마법의 변신술 같은 것은 없으며 제국이 붕괴한다고 해도 세상이 끝나는 것은 아님을 가르쳐준다. – 샤론 애스타이크, 『고갈과 풍요: 새로운 국내 전선의 삶』의 저자

• 많은 평론가와는 달리 오를로프는 과거 소련에서 붕괴를 직접 보았다. 임박한 문명의 붕괴에 대해 말하면서 풍자와 해학으로 사람을 배꼽 잡게 만드는 책은 별로 없는데 『예고된 붕괴』는 바로 그런 책이다.
  – 바트 앤더슨, energybulletin.net

• 러시아의 관점에서 미국 붕괴를 보는 오를로프의 시각은 예언력만이 아니라 자세를 놓고 보더라도 값지다. 경제 붕괴는 상상도 못할 공포가 아니라 매혹적인 역사의 반복되는 일부며, 만약 그런 경제 붕괴에 처했다면 주변을 둘러보라. – 란 프리어, www.ranprieur.com

• 드미트리 오를로프는 소련 제국이 끝날 때 러시아에서 벌어진 일과 우울하게 비교하면서 아메리카 제국이 같은 운명을 앞에 두고서도 얼마나 태평스러운지를 적어나가더니 막판에 가서는 지독하게 웃기고 아주아주 희망적이고 훌륭한 조언으로 가득 찬 글로 마무리한다. 그의 조언은 붕괴를 모면하려는 부질없는 짓일랑 하지 말고 붕괴의 한복판에서 어깨를 펴고 떵떵거리고 살라는 것이다. – 앨버트 베이츠, 변호사이자 발명가이며 『휘발유가 동난 시대의 생존법과 요리책』의 저자

냉전이 벌어지는 동안 두 초강대국 미국과 소련은 해결되지 않은 분쟁의 재고를 쌓아나갔다. 두 나라는 묵시적 합의 아래 그 미해결 분쟁들을 분쟁 기간 내내 깊숙이 동결시켰다. 어떤 경우에는 동질적 민족 집단을 인위적인 정치적 경계선을 따라서 쪼갰고 어떤 경우에는 이질적 민족 집단들을 인위적인 하나의 정치적 경계선 안으로 억지로 묶어놓았다. 그루지야, 몰도바, 체코슬로바키아처럼 기를 쓰고 갈라서려고 했던 다민족 집단이 있었는가 하면, 갈라졌지만 다시 합치려고 애를 쓰는 민족 집단도 있었다. 이런 '냉동' 분쟁 중에는 두 초강대국이 꽁꽁 얼어붙어 있었기 때문에 냉동 상태로 남았던 독일 같은 나라도 있었지만, 한반도는 소련이 붕괴한 다음에도 냉동 상태가 계속 잘 유지되었고 북한은 냉동원을 그 나름으로 자체 조달했다.

지금 미국 군부는 한국을 포함하여 전 세계적으로 1,000개가 넘는 해외 군사 기지를 유지하고 있다. 소련과 한창 맞서는 동안에도 미국 군부는 일종의 거대한 갈취 조직으로 둔갑했다. 미국 정보기관들은 전 세계가 직면한 위협을 부풀렸고 군부는 그런 위협에 맞서는 척하면서 정부의 돈을 썼다. 지금까지 군부는 워싱턴에서 단일 집단으로는 가장 강력한 정치 로비 세력이다. 그다음은 이스라엘이지만 미국 군부의 로비력에는 비할 바가 아니다. 미국은 주요 국가들의 국방비를 모두 더한 액수보다 더 많은 국방비를 쓴다. 하지만 이렇게 쓰는 돈에 비해 미국이 얻는 것은 그야말로 초라하기 짝이 없다. 미국이 잘하는 것은 민간인을 쏘는 것하고 (이라크와 아프가니스탄에서처럼) 닥치는 대로 날려버리는 것, 딱 두 가지다. 미국이 잘하는 것 또 하나는 (한국을 비롯하여 세계 많은 나라에서 그러는 것처럼) 아무것도 하지 않으면서 무언가를 도모하는 것처럼 거드름을 피우는 것이다. 아무리 형편없고 피폐한 나라라하더라도 막강한 미국 군부가 성공적으로 점령하여 제어할 수 있는 나라는 이 세상에 단 한 나라도 없다. 이라크도, 아프가니스탄도, 하다못해 소말리아도 미국은 감당을 못한다.

모든 제국은 언젠가 붕괴할 수밖에 없다는 것은 역사의 법칙에 가깝다. 그렇지만 사람들은 늘 커다란 변화가 일어날 확률을 도외시한다는 것도, 그래서 막상 그런 변화가 일어나면 질겁한다는 것도 역사의 법칙에 가깝다. 이 책에서 자세히 설명하지만 미합중국의 붕괴는 이미 주어진 현실이다. 불확실한 것은 오직 붕괴의 시점일 뿐이다. 붕괴의 시점이 불확실한 까닭은 예상하지도 못했고 별로 중요하지도 않은 사소한 사건이 단 하나만 터져도 붕괴가 일어날 수 있기 때문이다. 미국은 자국 영토 안에서 벌어질 혼란상을 수습하는 노력에 전념하기 위해서라도 해외 군사 기지를 정리하고 자국군을 본국으로 불러들일 수밖에 없을 것이다. 미국 군사 제국의 해체가 아무쪼록 제어된 방식으로 이루어지기를 바랄 뿐이다. 미국 군대가 언젠가는 철수할 날에 대비하여 미리 준비를 해야 할 이유가 한국보다 더 많은 나라도 드물다. 이 책의 한국어판이 영어판에 이어 두 번째로 나온다는 사실은 그래서 여러 모로 의미심장하다.

미국이라는 제국이 붕괴하면 전 세계적 차원의 위기가 잇따라 터질 것이다. 국제 무역과 국제 금융은 보나마나 엉망이 될 것이다. 세계의 많은 나라는 소련이 붕괴하고 나서 옛 소련권에 몸담았던 나라들이 겪었던 것과 비슷한 일을 당할 것이다. 그 나라들은 경제적 혼미, 대량 실업, 빈곤, 정치 위기를 틀림없이 겪을 것이고 그 결과 많은 사람의 수명이 단축될 것이다. 새로운 상황에 남들보다 더 잘 적응하여 유익한 교훈을 줄 만한 나라들도 있다. 가령 소련의 원유 공급이 끊겼을 때 쿠바는 유기농 보급이라는 혁신으로 화석연료를 투입하지 않고도 국민을 먹여 살리는 데 성공했다. 북한은 성공담으로 보지 않는 것이 일반적이지만, 북한도 초강대국이 붕괴한 상황에서 살아남는 생존술에 대해 몇 가지 유익한 교훈을 줄 만한 나라다. 게다가 북한 주민들은 극심한 고난에 꽤 단련이 되어 있는 편이다. 새로운 상황이 펼쳐지면 그런 국민 자체가 자산이 될 수 있다.

지금까지 살아오면서 내가 미국과 소련에서 알고 지낸 남북한 사람은 한둘이 아니다. (특히 기억에 남는 사람은 핵공학을 전공하던 북한 학생이다. 그 젊은이는 아주 진지하고 절도가 있었으며 폭음이 일상화된 러시아 공학도들 사이에서 조용히 지냈다.) 내가 관찰할 수 있었던 범위 안에서 지켜본 바를 토대로 그려볼 때 한국 사람도 북한 사람도 아주 애국심이 강하고 재간이 많고 외국이 자기네 문제에 간섭하는 것을 싫어하며 어느 누구와도 마찬가지로 스스로의 힘으로 평화와 번영을 누리고 싶어한다. 한때 미국이었던 나라는 무법이 판을 치고 사람들도 띄엄띄엄 흩어져 사는 영역들로 해체되어 갑자기 혹은 서서히 세계무대에서 종적을 감추더라도 한반도의 21세기는 20세기의 악몽을 만회해야 마땅할 것이다. 그러나 그런 긍정적 결과는 결코 저절로 찾아오지 않는다. 야수는 다쳤을 때가 가장 위험하다. 그리고 치명상을 입은 미국이 몸부림을 치다가 어떤 피해를 줄지는 점치기 어렵다. 한반도는 미국의 붕괴를 자신에게 유리한 쪽으로 재창조해야 할 것이다. 한반도 문제에 간섭하고 싶지 않은 외국인으로서 내가 할 수 있는 말은 미리 궁리하고 미리 계획을 짜두라는 말밖에는 없다. 한반도에 서광이 비치기를 진심으로 소망한다!

2010년 4월

드미트리 오를로프

차례

한국어판 서문 ⋯⋯⋯⋯⋯⋯⋯ 7

머리말 ⋯⋯⋯⋯⋯⋯⋯⋯⋯ 15

1

소련 제국　　23

소련의 붕괴: 개관 ⋯⋯⋯⋯ 35

러시아로 돌아가다 ⋯⋯⋯⋯ 37

전제 ⋯⋯⋯⋯⋯⋯⋯⋯ 46

2

초강대국의 유사성　　51

통합의 신화 ⋯⋯⋯⋯⋯⋯ 58

기술의 진보 ⋯⋯⋯⋯⋯⋯ 62

기술 진보의 비용 ⋯⋯⋯⋯ 73

호전성 ⋯⋯⋯⋯⋯⋯⋯ 76

세계의 교도관들 ⋯⋯⋯⋯ 86

악의 제국 ⋯⋯⋯⋯⋯⋯ 93

파산 ⋯⋯⋯⋯⋯⋯⋯⋯ 97

합법성의 붕괴 ⋯⋯⋯⋯⋯ 101

3
붕괴의 차이　111

붕괴의 일반적 양상 ·············· 115

주택 ······························ 118

교통 ······························ 124

고용 ······························ 128

가정 ······························ 133

돈 ·································· 138

소비 ······························ 142

식품 ······························ 147

의료 ······························ 156

교육 ······························ 162

인종 ······························ 169

종교 ······························ 171

에너지 ···························· 174

불가피한 결론 ···················· 178

4
붕괴의 완화　181

합리적 예상 ······················ 188

정치적 해결 ······················ 192

민영화 해법 ······················ 195

행동파와 방관파 ·················· 197

혹 떼려다 혹 붙이는 뻘짓! ········ 199

투자 조언 ························· 203

내 손으로 하기 ··················· 206

6

어떤 직업이 좋을까   241

자산 청산 245

술과 마약 248

방범 250

국가를 위한 봉사 252

대체 의학 254

새로운 이동수단 256

가정의 사회복지 259

5

적응   209

'정상성' 의 상실 213

장미 향기 맡기 216

편의품과 필수품 219

목돈 없이 살아남기 222

바뀌어야 할 수칙 225

기준을 낮춰라 226

알맞은 역할 231

정착민과 유목민 233

맺음말 265

옮긴이의 말 269

찾아보기 280

나는 전문가나 학자가 아니며 운동가도 아니다. 오히려 목격자에 가깝다. 소련이 무너지는 것을 보면서 나는 미국이 무너지면 이렇게 되겠구나 하고 느꼈고, 붕괴의 실상을 그리는 데 필요한 통찰을 얻을 수 있었다. 이미 소련에서 일어났고 앞으로 미국에서도 일어날 가능성이 있는 경제 붕괴라는 주제로 글을 쓰기 시작한 것은 두어 해 전부터다. 여태까지는 내가 한 예측에 그런 대로 만족하는 편이다. 내가 상상했던 붕괴의 시나리오를 이루는 조각들이 느리긴 해도 빠짐없이 줄줄이 모습을 드러내고 있기 때문이다.

이 모든 것은 러시아에 오랫동안 체류하다가 1996년 늦여름 미국으로 돌아오면서 시작되었다. 당시 나는 신혼이라 이래저래 앞날에 관심이 많았다. 러시아는 그전에도 집안일이나 사업 때문에 많이 갔기에 공산주의가 무너지고 뒤이어 경제 붕괴가 일어나는 과정을 자세히 지켜볼 수 있었다. 그러기에 러시아에서 계속 살던 사람 또는 러시아를 한

두 번만 가본 사람과는 달리 나는 러시아의 점진적 변화와 급진적 변화 모두 지각할 수 있었다. 나는 러시아에서 태어나 러시아에서 컸다. 따라서 문화나 언어의 장벽에 부딪칠 일도 없었다. 러시아는 내가 자란 나라였다. 10년 넘게 떠나 있어도 어떤 면에서는 놀랄 만큼 변함이 없었고 또 어떤 면에서는 놀랄 만큼 변해버린 나라였다.

아내와 함께 미국에 자리를 잡고 살기 시작할 무렵에는 벌써 충분히 보고 들은 것들이 있어 '공산주의의 패망'이나 '냉전에서의 승리' 같은 허황된 문구가 얼마나 속 빈 강정인지를 잘 알고 있었다. 한때는 냉전의 종식에 따른 배당금이 지급되리라는 소리까지 나돌았지만 얼마 안 가 그런 소리는 쑥 들어가더니 '러시아를 놓친 장본인은 누구인가'를 놓고 공방이 벌어졌다. 나는 이미 오래전에 소련의 붕괴가 공산주의 이념과 그다지 상관없다는 사실을 깨닫고 있었기에, 미국인들이 어떤 말을 하고 어떤 행동을 하든 그다지 흔들리지 않았다. 아니, 호적수였던 두 초강대국 중 누가 먼저 무너지는가는 순전히 운이었다는 느낌이 자꾸 들었다. 그래서 나는 다른 한 짝의 초강대국 신발도 얼마 안 가서, 내가 살아 있는 동안에는 틀림없이 나가떨어질 것이라는 생각을 품은 채 미국으로 돌아왔다. 문제는 곧 닥칠 그때가 언제냐라는 것이었을 뿐이다.

군사력과 공업력을 겸비한 현대의 초강대국이 붕괴하는 과정은 수프 만들기에 비유하면 이해가 쉽다. 수프를 만들려면 재료를 썰어서 가열하고 휘휘 저어주어야 한다. 초강대국 붕괴 수프에 내가 즐겨 넣는 재료는 다음과 같다. (중독성은 있어도 공업 경제를 살리는 마법의 영약이라 할) 원유 공급의 심각하고 만성적인 저하, 악화일로를 걷는 대외 무역 수지의 심각한 적자, 천정부지로 치솟는 군사비, 눈덩이처럼 불어난 외채. 그리고 치욕스러운 군사적 패배는 가열의 역할을, 코앞에 닥친 재앙에 대한 광범위한 공포는 저어주는 역할을 충실히 수행할 것이다. 소련의 경우 원유 생산이 정점에 이르러 하강 곡선을 그린 지 몇 년 만에 붕괴했다. 무역 수지의 불균형으로 말미암아 소련은 식량을 충분히 생산할 수가 없었고 소비재를 넉넉히 만들어낼 수도 없었다. 그렇지 않아도 부담스러웠던 군사비는 '스타 워스'라는 한심한 물건에 화들짝 놀라 과잉 대응하는 바람에 더욱 불어났다. 아프가니스탄은 치욕스러운 군사적 패배를 안겨주었고 체르노빌의 핵 사고는 재앙의 맛보기 역할을 해주었다.

미국의 경우, 러시아를 따라가는 데 20년이 걸렸지만 이제는 모든 재료가 냄비에 들어가 슬슬 끓으려고 한다. 미국의 원유 생산은 1970년에 절정에 이르렀고 전 세계의 (재래식) 원유 생산은 2005년의 어느 시점에 정점에 이른 것으로 보인다. 가장 규모가 큰 유전들은 하나같이 생산 감소세에서 회생할 가능성을 못 보이고, 전 세계 석유 수출은 바야흐로 급감할 기세다. 무역 불균형이 얼마나 심각한가 하면 미국은 첨단 기술에 의존하는 나라인데도 지난 한 세대 동안 일자리를 외국으로 수출했고 생산 기지를 해외로 이전하는 데 열중하여 이제는 자국에서 생산하는 첨단 기술 제품이 별로 없다. 식량은 자급자족하기에 충분할지 몰라도 식량을 생산하고 공급하는 데 필요한 화석연료는 수입해야 한다. 1칼로리의 식량을 생산하는 데 약 10칼로리의 화석연료가 들어간다. 천정부지로 치솟는 군사비는 현재 연간 1조 달러에 이르는데 '테러와의 전쟁'이라는 녀석 때문에 더 불어나고 있다. 끝없이 치솟는 외채는 성격이 조금 다르다. 미국이 보유한 외채는 미국 돈으로 표시되기 때문에 미국은 지급 불가능 선언을 하기보다는 스스로 달러 가치를 떨어뜨려 외채를 날려 보낼 가능성이 높다. 하지만 결과는 똑같을 뿐이다. 나랏돈은 휴지 조각이 되고 불만을 품은 세계 각국의 채권자들은 신용 연장을 꺼릴 것이다. 이라크는 치욕스러운 군사적 패배를 안겨줄 것이고 지구 기후의 격변이 잉태한 살인 태풍들은 재앙이 몰고 올 공포의 맛보기가 되어줄 것이다.

이런 것들이 그냥 흐지부지되고 말리라는 생각은 꿈에서도 하지 않는 것이 좋다. 착각은 금물이다. 수프는 반드시 식탁에 오르고 그 맛은 달콤하지 않다. 초강대국의 붕괴를 수프에 빗댄 나의 예측 방식은 학자나 전문가나 운동가의 비위에는 안 맞을지 모른다. 하지만 앞서 말한 대로 나는 그런 범주에 속하는 사람이 아니다. 적어도 나의 예측은 아무것도 모르는 사람에게 적절한 경고와 함께 대비를 촉구할 정도의 엄밀성은 갖추었다고 생각한다. 나는 엄밀한 과학적 모델을 구축하거나 전망을 제시하는 데는 관심이 별로 없다. 의제를 설정하고 개혁을 부르짖고 저항에 동참하고 싶은 마음도 별로 없다. 생각을 한번 해보자. 막강하고 덩치가 어마어마한 초강대국이 바야흐로 무너지려고 한다. 여러분이나 내가 무언가를 해보았자 그것은 쓰나미 앞에서 발가락을 꼼지락거리는 정도의 효과밖에는 안 될 것이다. 그렇다고 해서 내 생각을 여러분에게 강요하고픈 마음은 없다. 판단은 여러분이 하길 바란다. 그렇지만 얼마 전에 실제로 벌어진 경제 붕괴의 실상을 다각도로 알리고, 사과는 사과끼리 배는 배끼리, 이런 식으로 미국과 소련을 구체적으로 솔직하게 비교해 보여주는 과정을 통해 여러분의 상상에 길잡이 역할을 하고 싶다. 세상모르고 발가락만 꼼지락거리는 대중과는 달리 여러분이 상식에 바탕을 둔 예상을 하고, 나름대로 대비책을 강구할 수 있는 발판을 제공하고 싶다.

사람들은 일상의 경험에서 어긋나는 지식에는 반응을 쉽게 못한다. 간접적이나마 경험을 먼저 해야 한다. 이는 인생 또는 습관을 바꾸고 싶어하는 사람을 돕는 지원단체가 많은 이유이기도 하다. 관련된 내용을 다룬 책들 또한 많다. 그런 책들은 수치나 도표, 그래프와 그림을 동원해가면서 이런저런 논지와 쟁점과 제안을 주장하거나 논박한다. 이 책은 그런 책이 아니라는 사실을 깨닫더라도 부디 실망하지 않았으면 좋겠다. 나의 목표는 소련이 겪은 붕괴에서 얻은 여러 중요한 경험을 미국의 상황에 대입해, 여러분이 처한 여건과 처지를 깨닫고 선택할 수 있는 길을 상상할 수 있도록 도움을 주는 것이다. 지금 여러분 머릿속 지도 어디쯤에 뿌옇게만 보이는 지점을 선명하게 보여주는 것이 나의 희망사항이다. 중세의 지도 제작자가 아직 가보지 못한 미지의 해역에 가끔씩 물귀신을 그려 넣었던 것처럼, 여러분의 지도에는 어쩌면 멜

깁슨처럼 야성적이지만 따분한 남자 주인공. 지구 온난화로 문명이 멸망한 이후의 세상을 그린 영화 〈워터월드〉에 나오는 해양 생활에 적응한 가죽옷 차림의 엑스트라들, 기괴하게 몸이 뒤틀린 하수구 거주자들이 뉴욕을 공포로 몰아넣는다는 내용의 더글러스 칙 감독의 1984년작 영화 〈C. H. U. D.〉에 나오는 '식인인간 지하거주자(Cannibalistic Humanoid Underground Dwellers)'가 살고 있는지도 모른다.

여러분이 상상 속에서 곱씹을 거리를 제공하는 것 말고도 나는 여러분이 몇 가지 구체적인 대책을 세우기를 바란다. 하지만 내가 그런 대책이 무엇인지 아는 것처럼 군다면 그것은 시건방진 태도일 것이다. 대책은 여러분 스스로 알아내야 한다. 어쨌든 하나의 출발점을 제시할 수는 있다. 현재 미국 노동 인구의 3분의 1 이상이 "당신은 은퇴할 만한 여유가 있습니까?"라는 설문 조사에 "아니다"라고 답한다. 여러분도 그런 사람들 중 하나일지 모르고 좀 더 곰곰이 생각해보고 나서야 동참을 고려할지도 모른다. 그런데 이 질문은 마치 은퇴 준비라는 것이 연휴가 낀 주말에 어디로 놀러갈 준비를 하는 것 정도로 꾸몄다는 점에서 굉장히 에둘러 던진 질문이라 할 수 있다. 사실은 "너무 늙어 일을 못하게 되어도 당신은 살아남을 수 있습니까?"라고 물었어야 한다. 살아남지 못할 것 같다면 어떻게 대비하겠습니까? 궁핍한 노년이 찾아들 때까지 죽어라고 일한다? 고주망태가 되는 것은 썩 좋은 해결책이 아니다. 술을 퍼마시면 아무리 재수가 좋아도 은퇴할 나이에 이르도록 오래 살지 못할 것이고 설사 그때까지 산다 하더라도 술에 취해 잘 알지도 못할 것이다. 나는 여러분에게 턱없는 기대를 불어넣고 싶지는 않다. 다만 더 나은 해결책을 여러분이 찾도록 도움을 줄 마음은 있다.

어떤 시대나 어떤 상황에서도 깨달음과 성취감 그리고 자유를 기어이 찾아내는 사람들이 늘 있었다는 사실을 명심하자. 이것이 우리에게는 가장 큰 희망이다. 아무쪼록 여러분이 미래에 대한 두려움 때문에 기한이 정해진 불안정한 현재에 자꾸만 기댈 수밖에 없게 만드는, 타성에 젖은 낡은 사고를 이겨내기를 바란다. 무슨 일이 닥치더라도 충만하고 행복한 삶을 이어갈 수 있도록, 너무 늦기 전에 적응 과정에 힘들이지 않고 남들보다 한발 앞서 들어서는 데 이 책이 도움이 되길 바랄 뿐이다.

Reinventing Collapse

1

소련 제국

15년 전, 세계는 양극 체제에서 일극 체제로 바뀌었다. 두 축 중에서 한 축이 무너졌기 때문이다. 이제 SU라는 소비에트 유니온, 즉 소련은 없다. 다른 축 US라는 유나이티드 스테이츠, 미국은 아직 무너지지 않았다. 그러나 지평선 너머로 심상치 않은 굉음이 우르릉거리며 들려온다. 지금은 미국이 무너진다는 것은 있을 수 없는 일처럼 보이지만 1985년에도 소련이 무너진다는 것은 도저히 상상할 수 없는 일처럼 보였다. 첫 번째 붕괴에서 얻은 경험은 두 번째 붕괴에서 살아남고 싶은 사람에게 반면교사가 된다.

아마도 자기 나라를 소련과 비교한다고 못마땅해하는 미국인도 있을 것이다. 하지만 만약 미국이 먼저 무너졌다면 소련인 역시 그런 식의 비교에 불쾌한 반응을 보였을 것이다. "미국이 무너진 건 당연하죠." 소련인은 아마 이렇게 말했으리라. "뾰족한 수가 없었어요. 미국은 구제불능일 만큼 낙후된 체제라서 어차피 역사의 쓰레기장으로 직행할 운명이었지요. 자기 잇속만 챙기는 엘리트, 공익을 살피기보다는 이런 엘리트의 배를 불려주어야 돌아가는 산업, 호황과 불황의 반복, 노숙자 문제, 실업 문제, 노예제와 인디언 학살의 유산, 기타 등등. 우리하고 비교하기에는 너무 다르죠. 우린 진보적 사회 정책과 중앙에서 주도하는 계획 생산으로 이런 문제들을 벌써 수십 년 전에 해결했거든요. 실패한 옛 영국 식민지 이야기는 이제 그만 좀 하시죠! 당신의 넋두리에 귀를 기울일 만큼 우리는 한가한 사람이 아니랍니다! 우린 공산주의를 건설하느라 여념이 없다고요. 우린 우주로 뻗어나가고 있습니다!"

아시다시피 강경 애국주의라는 것은 동전의 양면과 같아서 이쪽 면에서도 저쪽 면에서도 특별히 더 유익한 내용을 찾아보기는 어렵다. 서로의 감정이 부딪쳤을지는 몰라도 20세기의 두 초강대국이 이루려던 목표는 결국 과학기술 육성, 경제 성장, 완전 고용, 세계 패권이었다는 점에서 엇비슷했다. 그런 목표를 이루는 수단에 대한 생각만 달랐다. 결국 비슷한 결과를 얻어냈다. 둘 다 잘나갔고 세계를 제패했고 상대를 두렵게 만들었다. 그리고 결국 둘 다 파산했다.

정신이 온전한 사람이라면 이 두 극이 정확히 대칭이었다는 식의 주장은 절대로 못할 것이다. 두 나라는 비슷한 점도 많았지만 다른 점도 그만큼 많았다. 부실한 두 발을 가지고 한때 세계를 제압했던 초강대국 거인의 남은 반쪽 몸마저 무너질 때, 과연 어떤 일이 벌어질 것인지를 내다보려면 닮은 점과 다른 점을 모두 알아야 한다. 얼마 전까지만 해도 거인이 쓰러질지도 모른다는 생각을 진지하게 받아들일 사람은 거의 없었다. 세계 경제의 원동력 역할을 하는 미국이 냉전과 걸프전에서 승리를 거두고 그 여세를 몰아 초고속도로와 초음속 제트기와 외계 식민지가 펼쳐지는 밝은 미래로 질주하리라는 사실을 감히 누가 의심했겠는가? 하지만 최근 들어 이런 것들을 불신하는 사람들이 늘고 있다.

미국 경제는 싸고 풍부한 기름과 천연가스에 그 어느 나라보다 크게 기댄다는 점에 유념해야 한다. 기름과 천연가스의 가격이 비싸지고 (벌써 비싸졌다) 공급도 부족해지면 성장은 멈추고 경제는 붕괴한다. '붕괴'라는 말은 존 마이클 그리어가 2005년에 낸 책『문명은 어떻게 붕괴하나: 물질분해대사로 보는 붕괴론』에서 정확하게 정의를 내렸는데 나도 이 책의 정의를 따르려고 한다. 이 이론에 따르면 붕괴는 "기존의 자본을 유지하고 보수하는 데 필요한 것들을 생산하지 못하는" 경우에 발생한다고 볼 수 있다. 발달된 사회가 하루아침에 '펑' 하고 터지는 일이 왜 자꾸 생기는지는 아직도 제대로 규명이 안 되었는데, 그리어의 이론은 그런 현상을 제대로 이해하는 데 꼭 알맞은 관점을 제시해준다.

하지만 굳이 이론을 깊이 파고들지 않더라도 누구나 이해할 만한 아주 간단한 붕괴 시나리오를 대강 그려볼 수 있다. 석유는 식품 생산과 유통에서 수송, 건축, 플라스틱 제조에 이르기까지 가히 미국 경제를 몽땅 움직인다고 해도 과언이 아니다. 석유가 부족하면 생산도 감소하지만 유통되는 돈의 양은 그대로라서 생산 감소로 희귀해진 상품의 값어치는 올라가고 물가가 상승한다. 미국은 석유를 사들이는 데 드는 돈을 외국 투자자들한테서 마련하지만 투자자들은 물가가 뛰고 경제가 혼란에 빠지면 너도나도 내뺀다. 결국 기름을 살 돈이 줄어드니까 물건을 만드는 데 들어가는 기름도 줄어들게 마련이다. 지금은 아무 생각 없이 광고에서 시키는 대로 물건을 펑펑 써대지만 기름이 떨어지면 하다못해 샴푸 하나도 마음 편히 쓰기가 힘들어진다. 흥청거리던 경제는 신기루처럼 하루아침에 종적을 감춘다.

지금으로서는 전 세계의 (재래식) 석유 생산은 2005년에 역대 최고 수준에 이른 것으로 보인다. 이론적으로만 보면 앞으로 이 기록을 깨지 못할 이유가 없겠지만, 가끔씩 접하는 관련 보도를 보면 원유 매장량이 급감하고 있다든가 투자가 늦춰지고 있다든가 주요 초대형 유전의 생산이 바닥을 긴다든가 하는 비관적 소식이 들린다. 물론 이는 대개 턱없이 부풀려졌겠지만, 이런 내용이 새로운 유전을 발견했다든가 신규 투자가 이루어진다든가 하는 낙관적 소식을 압도하는 것 역시 사실이다. 물론 단기 차익을 노린 투자를 장기 투자 전략으로 아는 고객들의 비위를 뻔뻔스러운 줄도 모르고 맞춰주는 낙관론 전문가들은 오늘도 뜬구름 잡는 억측을 퍼뜨리기에 바쁘다. 낙관론은 전염력이 있다. 그래서 언론의 주목을 가장 많이 받는 것도 그런 낙관론자다.

그렇다고 냉정한 현실주의자가 적다는 소리는 아니다. CIA, 국방부, 감사원, 의회에는 현실주의자들이 있다. 대부분의 현실주의자들은 눈앞에 닥친 에너지난을 가장 심각한 문제로 보고 어서 빨리 해결책을 찾아야 한다고 이구동성으로 말한다. (이런 현실주의자 중에서도 가장 냉정한 사람은 진작, 그러니까 1, 20년 전에 대책을 내놓았어야 했다고 지적한다.) 상황이 악화되기 전에 에너지 소비를 줄여나가자는 차원에서 석유 고갈 대비 결의안을 통과시키는 지방자치단체가 늘어나고 있다. 그렇지만 지구 온난화 부정론자들은 석유 생산이 내리막길로 접어들었다는 눈에도 뻔히 보이고 수치로도 확인되는 현상에다가 '이론'이라는 딱지를 붙이려고 오늘도 열심히 노력하고 있다.

이런 주제와 관련해서 우리가 지금 아는 사실들은 벌써 10년 전부터 알던 것들이 대부분이다. 즉 수십 년 동안 우리가 이 문제에 관심을 갖지 않았던 이유는 몰라서가 아니라 알려진 사실을 애써 부정해왔기 때문이다. 자원 고갈 현상을 예측하고 모형화하는 데 쓰인 기초 이론은 1960년대 이후로 충분히 연구되었지만 사람들은 대체로 부정하는 쪽을 택했다. 뻔한 사실을 모른 체하게 만드는 현실 부정의 심리 구조는 소련의 붕괴 그리고 소련의 붕괴가 미국의 붕괴에 주는 시사점이라는 주제에서는 조금 벗어나지만, 워낙 흥미로운 주제라서 거기에 대해서도 몇 마디 하고 넘어가고픈 유혹을 떨치기가 어렵다. 무작정 부정만 하기보다는 대책을 강구하면서 앞으로 나아가는 데 도움이 되길 바라기 때문이다. 또한 이는 내가 앞으로 말하려는 내용을 이해하는 데도 도움이 될 것이다.

석유 고갈에 대한 예언이 웬만큼 척척 들어맞는 데다가 에너지 가격의 지속적인 상승과 다방면에서 들려오는 에너지 전문가들의 긴박한 경고를 무시하기가 더 이상 힘들어진 만큼 이제는 대놓고 부정하기보다는 미묘하게 부정하는 쪽으로 그 양상이 바뀌었다. 그래서 석유 고갈이 실제로 가져올 파급 효과가 무엇이고 또 거기에 어떻게 대처할지 진지하고 솔직하게 머리를 맞대고 논의하는 일은 죽어도 피하려고 든다.

그러면서 '우리'는 이렇게 저렇게 해야 한다는 정책 논의만 무성하다. 여기서 말하는 '우리'는 하면 된다는 위대한 미국 정신의 구현체다. 또 한 세기의 경제 팽창을 위해 환경에 부담을 안 주는 깨끗하고 안전한 에너지를 풍부하게 제공한다는 목표 아래 의기투합한 정부 기관, 유력 대학과 연구소, 굴지 기업체들로 아주 잘 짜인 협업 체계다. 우주의 종말 앞에서 벌이는 촌극이 아닐 수 없다!

"마음만 먹으면 얼마든지 해낼 수 있다"는 말을 흔히 듣는다. 그런데 이런 말은 주로 비전문가의 입에서 나온다. 경제학자의 입에서도 가끔 나올 때가 있지만 과학자나 공학자의 입에서는 좀처럼 나오지 않는 말이다. 간단한 계산만으로도 말이 안 된다는 결론을 낼 수 있는데도 불구하고 기술의 여신이 뭔가 베풀어주실 것이라 철석같이 믿는 사람들에게는 논리가 통하지 않는다. 기술의 여신을 모신 제단 위에는 태양전지, 연료전지, 에탄올 호리병, 바이오디젤 호리병처럼 '하면 된다'는 정신을 불러내는 데 쓰이는 제의용품이 다양하게 구비되어 있다. 제단 옆에는 석탄과 원유를 함유한 역청사암, 심해 메탄수화물, 플루토늄이 들어찬 판도라의 상자도 있다. 여신이 노여워하는 날에는 지구 위의 생명체도 끝장이다.

하지만 이런 단순한 신앙의 차원을 넘어 좀 더 합리적인 시각으로 문제를 들여다보자. '우리'라는 말은 고도의 조직력과 막강한 문제해결력을 지녔지만 에너지를 금세 잃어버리는 존재고, 일단 에너지를 잃으면 더 이상 막강한 힘을 발휘하기가 어려울 것이다. 장기 계획을 시도해봐야 어차피 실패로 끝날 수밖에 없다는 외람된 말씀을 드리고 싶다. 위기 상황으로 말미암아 장기 계획 수립도 야심에 찬 대형 국책 사업도 불가능해지기 때문이다. 기름을 엄청나게 들이켜는 커다란 차의 엔진 룸과 넓은 집의 지하 보일러실에 기적의 장치를 설치할 날이 언젠가 오리라는, 그렇게 쾌적한 교외 생활을 즐기며 행복하게 살 수 있으리라는 꿈은 버리는 것이 좋다. 교외 생활은 점점 악몽에 가까워질 것이기 때문이다.

기술의 여신이 우리를 거두어주지 않는다면, 현실을 부정하는 진영에서 그다음에 매달릴 일이란 갈수록 귀해지는 자원을 놓고 벌이는 전쟁뿐이다. 석유 고갈이라는 주제에 정통한 폴 C. 로버츠는 이런 말을 했다. "자원이 귀해졌을 때 절박한 상황에 몰린 나라들이 언제나 한 일은 …… 자원 쟁탈전이었다."(《마더 존스》, 2004년 11월 12일) 이런 일이 한 번도 벌어지지 않은 것처럼 내숭 떨지는 말자. 하지만 그것이 악에 받친 사람의 헛발질 이상의 결과를 가져온 적이 있었던가? 전쟁을 하자면 자원이 있어야 한다. 자원이 이미 고갈된 상태에서 자원을 차지하려고 벌이는 전쟁은 백해무익하다. 이런 싸움에서는 자원을 더 많이 가진 쪽이 이기게 마련이다. 나는 자원 쟁탈전이 벌어지지 않는다고 주장하려는 것이 아니다. 내가 말하고 싶은 것은 이긴 쪽이나 진 쪽이나 사정이 별로 달라질 게 없기 때문에 이런 싸움은 헛된 싸움이라는 것이다. 아울러 이런 싸움은 결국 제 살 깎기라는 점도 지적하고 싶다. 현대전은 엄청난 양의 에너지를 잡아먹는다. 그리고 석유와 가스 시설을 둘러싼 분쟁이라면 이런 시설부터 공격을 받는다. 이라크에서 그런 일이 벌어졌다. 이렇게 되면 가용 에너지는 줄어들고 싸움도 결국 시들해진다.

미국이 두 번에 걸쳐 이라크에 개입한 최근의 사례를 보더라도 그렇다. 두 번 모두 미국이 벌인 작전 때문에 이라크의 석유 생산이 감소했다. 결국 미국의 전략은 몽땅 실패로 드러났다. 미국이 사담 후세인을 지원하고 다시 사담과 싸우고 다시 사담에게 제재를 가하고 결국 사담을 무너뜨리는 동안 이라크의 유전은 엉망이 되었다. 《뉴욕타임스》 보도에 따르면 '회수 가능한' 이라크 석유의 추정량은 한때 지하에 매장된 것으로 추정되었던 양의 10~12퍼센트에 불과한 수준이라고 한다.

자원 전쟁을 핵 한 방으로 끝내면 된다고까지 생각하는 사람도 있다. 이 점에 대해서 나는 낙관적이다. 월남전 당시 미국 국방장관을 역임한 로버트 맥나마라가 언젠가 밝힌 생각이지만 핵무기는 쓰기가 너무 어렵다. 맥나마라 본인이 핵무기를 쓰기 쉽게 만들려고 어지간히 애를 썼고 또 실제로 전투에서 쓸 수 있는 소형 전술 핵무기 도입을 앞장서서 관철시키기도 했다. 최근 지하 군사시설 파괴용으로 개발된 '벙커버스터' 핵무기에 대한 관심 또한 높아지긴 했지만, 핵무기는 아직도 골치 아픈 문제를 낳으며 에너지 공급의 안정성을 높여줄 믿을 만한 전략의 일부로 채택되기는 어렵다. 재래식 무기로 효력을 못 보았는데 핵무기라고 해서 더 나은 결과가 나오리라는 보장은 없다.

그러나 이것은 시시콜콜한 문제다. 내가 하고 싶은 말은 아무리 최악의 상황에서 궁여지책으로 나온 것이라 하더라도 자원 때문에 벌이는 전쟁은 여전히 현실 부정의 한 형식이라는 점이다. 자원 전쟁에는 이런 전제가 숨어 있다. 이런 저런 방법이 다 통하지 않으면 그때는 전쟁을 벌인다, 우리는 전쟁에서 이길 것이고 석유가 다시 들어올 것이다. 그리고 조만간 우리는 평소처럼 다시 사업을 벌일 수 있을 것이다. 미국은 자꾸만 줄어드는 세계 석유 공급량에서 혼자서 많은 몫을 차지하려고 세계 경찰 행세를 했다. 하지만 그 결과 이라크에서 어떤 일을 겪었는지를 생각한다면 정신이 번쩍 들어 더 이상 그런 망상을 품지 못할 것이다.

현실을 부정하는 이 마지막 진영의 바깥에는 서구 문명의 붕괴라는 황야가 펼쳐져 있다. 정복, 전쟁, 기아, 죽음을 상징하는 요한계시록의 네 마부가 배회하는 곳, 혹은 배회한다고 일부 사람들이 강변하는 곳이다. 여기서 우리가 보는 것은 부정이 아니라 도피주의다. 장엄한 최후, 비장한 종장에 대한 갈망이다. 문명은 붕괴한다는 사실이야말로 문명에 대해 가장 잘 알려진 사실이다. 하지만 『로마 제국 쇠망사』를 읽은 사람이라면 누구나 알겠지만 그것은 몇 세기나 걸리는 과정이다.

그러나 나라 경제는 갑작스럽게 붕괴하는 경향이 있다. 경제라는 측면에서는 문명보다 훨씬 자주 그런 일이 반복된다. 경제가 무너지면 빛조차도 빠져나오지 못하는 블랙홀로 빨려드는 것이 아니다. 경제 붕괴의 양상은 그것과는 사뭇 다르다. 낮은 수준으로 자원 소비를 하면서도 현상 유지가 가능하도록 새로운 관계가 맺어지고 새로운 규칙이 자리를 잡는다.

여기에는 커다란 인적 희생이 따른다는 사실을 잊어서는 안 된다. 경제가 무너진 곳의 사람들은 갓난아기처럼 하루아침에 무력해진다. 안 그랬으면 오래 살았을 사람들이 일찍 죽는다. 이를 '폐사'라고 부를 사람도 있을지 모른다. 가장 취약한 집단은 노약자, 심신이 허약한 사람, 자살 충동을 느끼는 사람이다. 그런가 하면 벌레와 나무껍질을 먹으며 질기게 살아남는 사람도 있다. 대부분의 사람들은 이 사이의 어딘가에 속하게 될 것이다.

경제가 붕괴하면 작고 빈약한 경제 단위들이 새로 나타난다. 이런 현상은 그동안 수도 없이 반복되었기에 우리는 이미 일어난 붕괴와 앞으로 일어나려는 붕괴가 어떻게 다르고 어느 부분이 비슷할지를 귀납적으로 추리할 수 있다. 천체물리학자는 붕괴 후 중성자별이 될 별과 블랙홀이 될 별을 측정과 계산으로 자신 있게 점칠 수 있지만 우리는 종합적 관측과 일부 증거만으로 예상할 수밖에 없다. 하지만 나는 이런 사고 실험을 통해서 새 경제의 전반적 모습을 정확히 파악하고 개인과 소규모 공동체에게 도움이 될 만한 생존 전략을 내놓을 수 있기를 바란다.

소련의 붕괴: 개관

현대 경제가 붕괴하고 그 경제가 떠받치던 복잡한 사회가 와해되면 무슨 일이 벌어질까? 최근에 그런 일을 겪은 나라를 들여다보면 많은 것을 배울 수 있다. 다행인지 몰라도 소련에서 바로 그런 일이 일어났다. 페레스트로이카 기간과 그 직후에 러시아에서 6개월쯤 살면서 여행도 하고 사업도 해보면서 나는 러시아의 숨 막히는 변화상을 지켜보았다.

세부까지 살피면 물론 다르겠지만, 석유 생산이 정점에 이르고 나서 겨우 3년 만에 소련이 붕괴했다는 사실은 도저히 우연으로 보기가 어렵다. 소련이 가졌던 문제의 본질을 따져보면 물리적 결함이라기보다는 조직상의 결함으로 보인다. 소련이 자멸한 진짜 원인은 아직도 오리무중이다. 그것은 로널드 레이건이 벌인 스타 워스 때문이었을까? 아니면 라이사 고르바초프의 아메리칸 익스프레스 신용카드 때문이었을까? 미사일 방어망을 날조할 수는 있어도 명품 백화점을 날조하기는 쉽지 않다. 공방은 왔다갔다 이어진다. 소련 사회주의가 자기들을 부자로 만들어주지 못하리라는 사실을 깨달은 소련의 엘리트가 모든 사업에 파투를 놓았다는 설이 그 당시에 나돌았을 법도 하다. (소련의 엘리트가 너무나 자명한 이런 결론을 왜 70년 만에 내렸는지는 아무도 모른다.)

좀 더 상식에 부합되는 설명도 있다. 페레스트로이카라는 개혁의 바람이 아직 불기 전이었던 '침체'기 동안, 만성화된 생산성 저하에다 기록적인 군사비 지출과 무역 적자, 외채가 맞물리면서 3인으로 이루어진 러시아의 평범한 중산층 가족은 부부가 맞벌이를 해도 먹고 살기가 더 힘들어졌다. (이제는 슬슬 비슷하게 들리지 않는가?) 물론 관료들은 국민이 겪는 고통에는 별로 관심이 없었다. 국민은 정부의 통제를 별의별 방법으로 피해가면서 살아남는 길을 찾을 수밖에 없었다. 그 바람에 정부는 체제를 계속 굴리는 데 필요한 결과물을 제대로 얻을 수가 없었다. 따라서 체제를 개혁해야 했다. 개혁의 필요성이 중론으로 자리 잡았고 개혁가들은 전열을 가다듬고 체제 개혁에 나섰다. 그런데 웬걸, 체제는 개혁이 불가능했다. 소련 체제는 변신은커녕 주저앉고 말았다.

러시아는 석유가 아직도 상당히 많고 천연가스도 아주 풍부해서 경제적으로 회복할 수 있었다. 앞으로 적어도 수십 년 동안은 그런대로 번영을 이어갈 것으로 보인다. 반면에 북미는 석유 생산이 1970년대 초에 절정에 이른 뒤 줄곧 하강 곡선을 그렸고 천연가스 생산은 벼랑 밑으로 뚝 떨어지기 일보 직전이다. 그런데도 에너지 수요는 북미 대륙의 공급 역량을 크게 넘어섰고 러시아처럼 저절로 회복이 이루어질 가능성은 많지 않다. 러시아가 다시 일어섰다고 해서 소련 붕괴로 인한 인적 희생이나 다시 태어난 러시아 경제의 편향성과 양극화 문제를 축소해서 말하고 싶은 생각은 없다. 내가 말하려는 것은 러시아는 자원을 몽땅 써버리지는 않았기 때문에 그나마 다시 일어섰지만 미국은 자원을 아주 깡그리 썼기 때문에 다시 일어설 힘이 부족하리라는 사실이다.

하지만 이런 '큰 그림'에 나타나는 차이는 별로 흥미롭지 않다. 개개인으로 이루어진 소집단이 경제 붕괴와 사회 붕괴를 어떻게 잘 이겨낼 수 있을까? 정말로 실질적이고 흥미로운 교훈을 주는 것은 미시적 차원에서 드러나는 유사성이다. 소련이 붕괴하고 나서 겪은 경험에서 유익한 교훈을 수없이 얻을 수 있는 것도 바로 이런 대목에서다.

러시아로 돌아가다

1989년 여름 내가 비행기를 타고 처음 도착한 곳은 얼마 안 가서 상트페테르부르크로 개명될 레닌그라드였다. 그보다 1년 전 고르바초프는 마지막으로 남은 한 무리의 정치범들을 석방했다. 안드로포프 서기장이 철권을 움켜쥐려고 했던 최후의 노쇠한 시도 때 함께 걸려들어 투옥된 내 삼촌도 그때 같이 풀려나왔다. 소련을 탈출했던 사람들이 다시 소련을 방문할 수 있었던 것도 그때가 처음이었다. 떠난 지 10년이 지났지만 소련은 내가 기억하던 모습에서 크게 달라지지 않았다. 거리는 여전히 볼가 자동차와 라다 자동차로 붐볐고 우뚝 솟은 건물 지붕에 네온으로 밝혀진 공산주의 구호도, 상점에 늘어선 긴 줄도 여전했다.

딱 하나 전에 못 보았던 것이라면 새로 조직된 협동조합 운동을 중심으로 벌어지는 부산한 움직임이었다. 갓 알을 깨고 나온 사업가 계급은 자신들의 '협동조합'이 정부 고시 가격으로 정부에만 팔 수 있게 되어 있다고 불평하느라 바빴지만 다른 한편으로는 현물 거래를 통해 최상품을 싹 훑어가는 기발한 작전을 짜는 데 여념이 없었다. 협동조합은 대부분 망해가고 있었다. 그것은 사업가에게도 정부에게도 괜찮은 사업 모델이 아니었다. 나중에야 밝혀졌지만 어차피 정부도 막판에 몰려 있었다.

1년 뒤 다시 왔을 때는 달라진 점 하나가 눈에 확 띄었다. 무엇보다도 냄새가 달라졌다. 스모그가 없어진 것이었다. 공장은 태반이 문을 닫았고 돌아다니는 차도 별로 없었다. 맑은 공기가 너무 좋았다! 상점은 (소비재에 별로 오염되지 않았다고나 할까) 대부분 텅텅 비어 있었고 문을 닫은 곳도 많았다. 문을 연 주유소는 손으로 꼽을 정도였는데 그 나마도 끝이 보이지 않을 정도로 줄이 길었다. 휘발유는 한 번에 10리터 이상 살 수 없게 상한선이 있었다.

딱히 할 일이 없었으므로 나와 친구들은 가는 동안 시골도 둘러볼 겸 중세 러시아 도시로 알려진 프스코프와 노브고로드에 차로 다녀오기로 했다. 그러자면 연료가 있어야 하는데 구하기가 쉽지 않았다. 암시장에서나 구할 수 있었지만 그 귀한 물건을 쓸모없는 돈을 받고 선뜻 내주겠다는 사람은 없었다. 소련 돈으로 살 수 있는 물건이 워낙 적은 만큼 소련 돈은 가치를 잃었지만 외국 돈 역시 사람들이 아직 불안을 느껴서 잘 받으려 하지 않았다.

다행히 많지는 않아도 다른 종류의 화폐를 구할 수 있었다. 결국 실패로 돌아갔지만 당시는 고르바초프의 금주 캠페인이 거의 끝나가던 무렵이어서 보드카가 배급되었다. 가족 중에 돌아가신 분이 있어서 장례를 치를 만큼의 양에 해당하는 보드카 배급권을 받았는데 우리는 당연히 그것을 보드카로 당장 바꿔 왔다. 장례식을 치르고 남은 보드카를 고물이지만 믿음직한 라다 트렁크에 싣고서 우리는 떠났다. 보드카 반 리터로 휘발유 10리터를 얻을 수 있었으니 보드카의 에너지 밀도가 로켓 연료를 훨씬 앞지른 셈이었다.

집으로 돌아가야 할 때가 되었을 때 우리는 연료가 턱없이 부족하다는 걸 알았다. 설상가상으로 보드카도 이미 동이 났다! 나는 금싸라기 같은 휘발유를 아끼느라 기어 변속에 신경을 쓰고 가속 페달도 브레이크도 밟지 않으려고 애쓰면서 문 닫은 주유소와 텅 빈 공단 사이를 정처 없이 헤매고 다니면서 휘발유 있는 곳을 수소문했다. 그러다가 마침내 먹잇감을 찾아냈다. 석유통을 든 당차 보이는 청소년이었다. 협상역으로 투입된 것은 나였다. 우리가 내놓을 만한 물건이 별로 없었으므로 나는 이해와 동정과 신뢰를 다지는 데 주력했고 그러자니 제법 시간이 걸렸다. 시간이 흐르면서 잘하면 기름을 얻을 수 있을 것도 같았다. 하지만 맨입으로 때울 수는 없는 노릇이었다. 뭔가 값나가는 것을 보답으로 주어야 했다. 상대는 자신이 입고 있던 볼품없는 트레이닝 바지 대신 입을 만한 것을 원하는 눈치였고 그의 생각은 불가피하게 내가 입고 있던 청바지로 꽂혔다. 우리는 거래를 고려하기는 했지만 그가 보기에도 내가 자기의 트레이닝복을 입은 모습은 영 아니다 싶었던 모양이다. 휘발유를 차에 붓는 동안에도 우리는 거래가 중단될까봐 가슴을 졸였는데, 결국 그는 실망스러웠겠지만 루블 지폐 한 다발을 받고 떠났다. 우리는 숲에서 차를 세우고 자축연을 벌였다. 다시 큰길로 나와서 '레닌그라드 지구'라고 커다란 콘크리트 글자가 박힌 산허리로 올라가는데 '레' 자 꼭대기에 아까 본 친구가 석유통을 옆에 두고 쭈그려 앉아 있었다. 청바지가 한 벌 더 있었다면 휘발유를 여분으로 더 확보할 수 있었으련만, 우리는 기가 죽어 다시 도시로 기어 돌아올 수밖에 없었다. 연료통에서는 휘발유 출렁거리는 소리가 눈곱만큼도 들리지 않았고 소년의 옷장은 여전히 볼품없었다.

여기서 배워야 할 교훈이 하나 있다. 경제가 붕괴하는 상황에 맞닥뜨리면 돈으로 재산을 불린다는 생각은 버려야 한다는 것이다. 현금은 그다지 소용이 없고, 실체가 있는 물리적 자원과 자산이 얼마나 있는지, 그리고 연줄이나 인맥 같은 무형의 자산을 얼마나 지녔는지가 훨씬 중요해진다.

나는 2년 뒤 다시 돌아왔다. 이번에는 한겨울이었다. 나는 민스크, 상트페테르부르크, 모스크바로 출장을 다녔다. 옛 소련의 방위산업체 중에서 민간 기업으로 전환할 만한 곳이 있는지 알아보는 것이 임무였다. 전에는 일급 기밀 시설로 분류되었던 공장과 연구소를 돌아보았다. 그리고 제품 견본 한 묶음(작은 회로 기판)을 어렵사리 구해서 미국으로 보내려고 했는데 정부가 발송을 차일피일 미루더니 수출 관세를 왕창 때리는 바람에 자칫하면 전체 생산 과정에서 생기는 수익을 고스란히 관세로 물어야 할 판이었다. 결국 사업은 물거품이 되었고 출장이라고 갔지만 완전히 시간 낭비를 한 셈이었다. 그렇지만 다른 면에서는 꽤 유익한 방문이었다.

민스크는 겨울잠을 자는데 누가 함부로 흔드는 바람에 잠에서 억지로 깨어난 도시 같았다. 해가 짧은 낮 동안에 거리는 사람들로 넘쳤지만 그들은 하나같이 뭘 해야 할지 모르겠다는 표정으로 거리를 서성이고 있었다. 관공서에 가도 비슷한 분위기가 팽배했다. 그곳에서는 내가 '악의 제국'의 대표자들이라고 생각했던 사람들이 먼지가 덮인 레닌의 사진 밑에 모여앉아서 신세한탄을 하고 있었다. 아무도 답을 몰랐다.

유일한 한 줄기의 햇살은 국가 복권을 만들어보려고 그곳에서 얼쩡거리며 괜히 친한 척하면서 수선을 피우던 뉴욕의 한 변호사였다. 앞날을 계획하는 사람이라곤 그 변호사가 거의 유일했다. 왕년에 핵 융합로 선박에 들어가는 폭발용접 부품을 생산하는 임무를 맡았던 연구소 소장도 앞날에 대한 계획이 있었다. 그는 여름 별장을 짓고 싶어했다. 그런가 하면 핵 잠수함을 위한 무소음 자기수력학 구동장치를 개발하는 임무를 맡았던 또 다른 연구소의 소장은 시립 공원으로 오리 사냥을 다녀왔다. 그는 오리의 몸에서 방사성 핵종이 나오지 않았다면서 자랑스럽게 말했지만 맛은 참으로 고약했다. 독일에서도 시내에서 뭔가 사업을 벌이려는 모양인지 사업가들이 많이 와 있었다. 사실 그들은 그저 싼 맛에 술만 실컷 마셨고 큰 관광호텔 두 곳에서 다양하게 구비해놓은 현지 여성들을 골라잡았다.

나는 사업은 일찌감치 접고 상트페테르부르크로 가는 밤기차를 탔다. 낡았지만 아늑한 침대차 객실을 함께 쓰게 된 사람은 얼마 전에 퇴역한 젊은 군의관이었다. 그는 뜨거운 물 한 통과 송진 조금만으로 감기를 낫게 할 수 있다며 옛날 고리짝의 민간요법을 가르쳐주기도 했고 두둑한 100달러짜리 지폐 뭉치를 보여주었다. 또한 현지에서 이루어지는 다이아몬드 거래의 전모도 알려주었다. 상트페테르부르크의 아파트를 지금 가격의 25분의 1만 주어도 살 수 있었던 시절이 있었다면서 부동산 이야기도 침을 튀겨가며 이야기했다. 우리는 코냑 한 병을 나눠 마시고 곯아떨어졌다. 즐거운 여행이었다.

상트페테르부르크는 충격이었다. 겨울 공기에는 절망감이 떠다녔다. 자연스럽게 생겨난 노천 벼룩시장에서는 나이든 여자들이 손자가 갖고 놀았을 법한 장난감이라도 팔아서 먹을 것을 마련하려고 서성거렸다. 중산층으로 보이는 사람들이 쓰레기 더미를 뒤지고 다니는 모습도 보았다. 살인적 인플레로 사람들은 저축한 돈을 몽땅 날렸다. 나는 1달러 지폐를 두둑하게 갖고 왔다. 뭐든지 1달러 아니면 1,000루블이었다. 1,000루블이면 한 달 평균 월급의 5배였다. 나는 말도 안 되는 그 1달러짜리 지폐를 수도 없이 내밀었다. "좀 넉넉히 드리고 싶어서 그러는 겁니다." 그러면 사람들은 놀라서 움찔했다. "너무 큰돈이에

요!" "아닙니다. 바로 써버리세요." 그렇지만 불이 나간 곳은 없었고 주택 난방에도 큰 문제가 없었으며 기차도 제시간에 왔다.

한번은 과학 연구시설을 둘러보고 회의도 할 겸 지방으로 출장을 갈 일이 있었다. 목적지로 연락을 해야 했는데 전화가 불통이라 무작정 기차를 타고 가보기로 했다. 아침 일곱 시에 떠나는 기차 한 대밖에 없어서 나는 역에서 아침을 해결할 생각으로 여섯 시쯤 기차역에 도착했다. 역은 어두웠고 아직 문을 안 열었다. 길 맞은편에는 커피를 파는 가게가 있었는데 건물 모퉁이까지 돌아간 줄이 제법 길었다. 가게 앞에는 쟁반에 둥근 빵을 담아서 파는 할머니도 계셨다. 내가 1,000루블짜리 지폐를 드리자 할머니는 "돈을 함부로 내버리면 못 써!"라고 하셨다. 쟁반에 담긴 빵을 몽땅 사겠다고 하니까 할머니는 "그럼 다른 사람들은 뭘 먹으라고?" 하면서 거절하셨다. 나는 가게로 들어가 계산대에서 차례가 돌아오기를 기다려 1,000루블짜리 지폐를 내밀고 영수증과 쓸모없는 거스름돈을 수북이 받은 후 카운터에 영수증을 내밀었다. 따뜻한 갈색 음료가 든 잔을 받아 후루룩 마시고 잔을 돌려준 다음 할머니에게 잔돈을 내고 고소한 빵을 받아들고 고맙다고 인사했다. 나는 사람의 도리를 배웠다. 그다음에는 어두컴컴한 역에 우두커니 서서 유일하게 조명이 들어오는 물체인 시계를 바라보았다. 그렇게 기차를 기다리는 것 말고는 할 일이 없었다.

기차에 오르고 나서야 어디서 내려야 하는지도, 또 내리고 나서는 어디로 가야 하는지도 모른다는 사실을 깨닫고는 혹시 과학자처럼 보이는 사람이 없나 싶어서 기차를 뒤지고 다녔다. 영어 원서를 읽는 사람이 눈에 띄어 뭔가 알 만한 사람이다 싶어서 내가 가려는 곳을 혹시 아느냐고 물었다. 아는 정도가 아니었다. 그는 그곳에서 일하는 사람이었고 내가 만나러 가는 사람들도 잘 알았다. 우리는 같이 도착해서, 전체 단지에서 누가 뭐래도 가장 중요한 건물, 곧 식당부터 찾아 나섰지만 점심시간은 이미 끝난 뒤였다. 모두들 내가 점심을 굶게 되어 안쓰러워했지만 어쩔 수 없었다. 공식 점심시간은 끝나 있었다. 그곳은 아주 이름난 연구소로 국제적 차원의 공동 연구에 기여한 세계적인 과학자도 많았지만 더 이상 급료를 줄 수가 없는 상태였다. 구내식당은 몇 개 안 남은 특전 가운데 하나였다.

3년 뒤에 다시 찾았을 때 적어도 러시아는 돈이 있는 사람은 물건을 살 수 있었다는 점에서 확실히 회복세로 접어들어 보였다. 하지만 기업은 줄지어 문을 닫았고 사람들은 대부분 여전히 살아가기가 고달팠다. 외국 돈을 받고 수입품을 파는 개인 상점이 새로 등장했는데 그런 곳은 보안이 삼엄했다. 하지만 그런 데서 물건을 살 형편이 되는 사람은 아주 드물었다. 도시 광장에는 노천 시장이 선 곳이 많았는데 사람들은 보통 그런 데서 장을 보았다. 자물쇠를 채운 금속 부스 안에 온갖 물건을 넣어두고 팔았는데 그런 노점은 보통 체첸 마피아 소유였다. 구멍으로 지폐 다발을 밀어 넣으면 물건을 건네주었다. 아직은 허술한 점이 많았지만 그래도 이런 데서는 적어도 루블 지폐로 지불할 수가 있었다.

그래도 돈 공급에 차질이 생길 때가 간혹 있었다. 나도 여행자 수표를 현금으로 바꾸느라고 은행이 문을 열기를 기다린 적이 있다. 은행은 현금이 동이 나면 문을 닫고 현금이 올 때까지 무작정 기다렸다. 이따금 은행 간부가 나와서 지금 돈이 오고 있으니 걱정 말라면서 사정을 알렸다.

실업자, 불완전 취업자, 구닥다리 경제 종사자, 새로운 상인 계층의 형편들은 천차만별이었다. 학교, 병원, 철도, 전화국을 비롯해 소련 경제의 대다수를 차지하던 국가 소유 기업 종사자들에게는 살기 고달픈 시기였다. 봉급은 어쩌다가 나오든가 아예 나오지를 않았다. 봉급을 받는 사람도 그것만 가지고는 입에 풀칠하기가 어려웠다.

하지만 최악의 고비는 확실히 넘겼고 새로운 경제 체제도 웬만큼 자리를 잡았다. 인구의 대다수가 영원히 혹은 일시적으로라도 생활수준이 떨어지는 경험을 했다. 붕괴 전의 수준으로 경제가 돌아가는 데는 10년이 걸렸고 회복도 불균등했다. 벼락부자가 있었지만 재산을 되찾지 못한 사람이 많았다. 신경제의 일원이 되지 못한 사람들, 특히 연금 생활자들과 지금은 소멸한 사회주의 국가의 수혜를 받았던 수많은 사람들은 겨우겨우 살아갔다.

러시아에서 한 경험을 이렇게 간단하게라도 소개한 것은 내가 목격한 일을 대강의 느낌이라도 전하고 싶어서다. 하지만 임박한 경제 붕괴를 앞두고 그것을 헤쳐나가기 위한 계획을 짜고 싶어하는 사람에게 정말로 도움이 될 내용은 이것보다는 좀 더 구체적인 실상이리라.

전제

경제 붕괴를 정확하고 자세히 묘사한다면 그것을 지켜보는 일이 얼마나 굉장하고 흥미로운 경험인지 지금쯤은 감을 잡았을 것이다. 전체를 싸잡아 이야기하면 구체성이 떨어지겠지만 총론을 한번 짚어보기로 하겠다. 경제가 존속 불가능한 상황에 빠지더라도 어차피 관성이라는 것이 있기에 경제는 당분간 그냥 굴러갈 수 있다. 하지만 어느 시점에 가면 깨진 약속들과 들어맞지 않은 가정들이 썰물처럼 모든 것을 바다로 쓸고 가버린다.

지금 미국이 번영을 누리는 것도 존속 불가능한 전제에 기대기 때문이다. 그것은 수입 에너지 가격이 몇 년마다 갑절씩 뛰는 상황에서 외국에서 자꾸자꾸 돈을 더 빌려 에너지를 수입하는 일을 언제까지나 할 수 있으리라는 전제다. 에너지를 살 공짜 돈이 있다는 것은 에너지가 공짜라는 소리인데, 자연계에는 공짜 에너지란 없다. 따라서 이것은 영원히 누릴 수 있는 조건이 아니다. 미국으로 부자연스럽게 쏠린 에너지 흐름이 언젠가는 다시 평형점으로 덜컥 돌아갈 것이다. 그러면 미국 경제 태반은 그야말로 연료가 바닥이 나서 가동을 중단할 수밖에 없다. 존속 불가능한 전제는 이뿐만이 아니라 수두룩하다.

그러므로 나는 앞으로 몇 년 안에 어느 시점이면 에너지 부족이 가장 큰 변수가 될 것이고 또한 다른 여러 변수로 말미암아 미국 경제 체제가 휘청거리다가 쓰러질 것이라 본다. 그렇게 대부분의 사람은 생각지도 못했던, 미국 경제의 붕괴를 점쳤던 사람조차 차마 끔찍해서 생각하고 싶어하지 않았던 상태로 바뀔 것이라는 전제를 깐다. 아울러 이 책에서는 이처럼 뻔한 앞날을 못 보고 있는 집단적 상상력의 심각한 결여도 짚고 넘어가려고 한다.

위험은 누가 보아도 알 수 있으며 그 규모는 어마어마하다. 혹시 경제가 붕괴할 확률이 낮다고 생각하는 사람이 있을지 모르겠지만, 결국 중요한 것은 경제 붕괴가 일어날 확률에 그로 인해 위험에 처할 모든 것의 가치를 곱해서 나오는 값이므로 위험 부담이 크다면 대비를 해야 한다. 목숨이나 팔다리를 잃을까봐 교통사고, 중병, 화재, 홍수, 해상사고, 소송 실책에 대비해 보험을 들어놓는 나라에서 이런 어처구니없는 무관심이 팽배하다는 사실은 그저 놀라울 따름이다.

온갖 종류의 위험을 돈의 가치로 계량화하려고 시도하는 나라의 국민이 지금과는 다른 삶의 조건을 받아들여야만 그런 대로 헤쳐나갈 수 있는 위험을 생각하기란 어쩌면 어려운 일인지도 모른다. 몇 세대 동안 자국 영토에서 전쟁을 겪어본 적이 없는 국민이 과거에 겪어보지 못한 미래를 상상하는 것 역시 어려운 일인지도 모른다. 그렇지 않다는 증거가 많은데도 미국인은 자기 나라는 공짜로 아이스크림을 먹을 수 있고 늘 양지만 있는 땅이라고 생각한다. 하지만 러시아인, 독일인, 중국인은 결코 그렇게 생각하지 않는다. 혹은 예절 바른 사람으로 대접받으려면 눈곱만큼이라도 낙천성을 드러내야 한다는 사회적 불문율이 눈에 보이지 않는 인식의 걸림돌로 작용하는지도 모른다.

어쩌면 미국의 국민 신화야말로 집단 실패의 가능성을 감히 떠올리지도 못하게 만든 가장 중요한 요인인지도 모른다. 미국에서는 모든 실패를 개인의 실패로 여긴다. 나 혹은 나 아닌 누군가가 실패를 맛본다면 그것은 운이 없었거나 노력이 부족했기 때문이라고 본다. 딴은 맞는 말이다. 실제로 경제 붕괴는 우리 모두에게 개인적으로 닥치는 일이기 때문이다. 자동차 안에서 고양이들과 함께 사는 산타바바라의 퇴직 교사처럼 이미 경제 붕괴를 겪은 개인도 있다. 아직 붕괴를 경험하지 않은 사람들도 언젠가는 집이 추워지고 어두워질 것이다. 롤스로이스의 기름이 떨어지고 은행 잔고가 바닥이 나면 벽난로 앞에 앉아 독주를 섞어 마시는 것 말고는 딱히 할 일이 없을 것이다.

이런 집단적 상상력의 실패 원인이 무엇이든 간에 나는 우리의 눈을 가리고 있는 인식의 걸림돌을 없앨 길을 찾았다고 생각한다. 그것은 소련에서 붕괴가 일어나기 전과 붕괴가 일어난 후에 실제로 벌어진 일을 미국에서 앞으로 붕괴가 일어나기 전과 붕괴가 일어난 후에 벌어질 일과 비교하여 분석하는 방법이다. 나는 식량, 주거, 교통, 교육, 자금, 안전처럼 생존에 꼭 필요한 범주에 초점을 맞출 것이다. 대체로 이런 범주에 속한 것 하나하나가 붕괴될 때마다 상황이 끔찍해질지 혹은 그런 대로 견딜 만할지는 붕괴 이전의 조건이 나머지 경제 체제의 원활한 가동과 얼마나 밀접하게 연결되어 있었는가에 따라 크게 좌우된다. 이런 변수 하나하나를 뜯어본다는 것은 막연한 전체 그림이 아닌 개별 항목의 두드러진 세부에 상상의 초점을 맞추는 데 도움이 된다.

그러면 삶의 중요한 항목 하나하나에서 여러분은 두 가지 중요한 질문을 던질 수 있게 된다. 첫째는 "이것은 붕괴를 견뎌낼 수 있는가?"라는 물음이다. 둘째는 붕괴를 모면하지 못할 것 같으면 "붕괴를 견뎌내기 위해 나는 무엇을 해야 하는가?"라는 물음이다. 만일 어떤 물건에서 부정적인 답이 나온다면 중요한 후속 질문을 던져야 한다. "그 물건 없이 어떻게 살 수 있을까?" 이런 질문에 해답을 얻었다면 그 해답을 실천에 옮길 것인지 말 것인지, 실천에 옮긴다면 얼마나 빨리 옮길 것인지는 본인이 결정해야 한다. 주변 사람들의 기대를 만족시키는 데 급급할 필요가 없다. 스스로 내린 명령에 따르자면 용감해야 하고 주체적이어야 한다. 나와 가족을 붕괴에서 제대로 지켜내려면 운도 많이 따라주어야 하지만 결국 상상력과 추진력이 있어야 한다.

준비가 그저 상징적 단계에 머무른다 하더라도 정신적으로 대비한다는 점에서 그 가치는 결코 상징적 수준에만 머무르지 않는다. 경제 붕괴가 닥쳤을 때 신경쇠약에 걸리는 것은 그야말로 최악이다. 하지만 실제로 그런 일은 자주 벌어진다. 다른 사람들이 충격에 휩싸여 흔들리고 우왕좌왕하더라도 냉정을 잃지 않고 앞으로 닥칠 일을 응시한다면 자신의 역량을 충분히 발휘할 수 있다. 열악한 상황을 최대한 활용할 줄 아는 사람이야말로 본인에게도 다른 사람에게도 유익한 사람이 된다. 이는 우리가 현실 안에서 해낼 수 있다고 기대할 만한 일이기도 하다.

Reinventing Collapse

2

초강대국의 유사성

초강대국의 갈등을 타협이 불가능한 양측의 차이로 인해 불가피하게 생겨나는 필연적 귀결로 묘사하려는 선전 공세는 어제오늘의 이야기가 아니다. 이쪽은 세상의 모든 선과 정의를 대변하는 세력으로 그려지고 저쪽은 세상의 모든 악과 억압을 대변하는 세력으로 그려진다. 청중에게 잘 먹혀드는 것으로 그 효과가 검증된 삼빡한 구호는 아무래도 '제국주의 침략국'이라든가 '악의 제국' 같은 문구다. 그런데 진영이 달라지면 방금 전까지 들었던 똑같은 내용의 선전이 방향만 확 뒤집혀서 귀에 들어온다. 마치 거울 안으로 걸어 들어가는 것과도 같다.

　손에 땀을 쥐게 하는 승부를 연출하려면 아무래도 선수들이 막상막하라야 한다. 여학생과 애완동물로 키우는 캥거루가 권투 시합을 하게 한다면 눈요기는 될지 몰라도 정식 운동으로 받아들여지지는 않을 것이다. 우리가 대체로 바라는 것은 공정한 싸움 내지는 적어도 그런 흉내라도 내는 것이다. 그러자면 두 선수가 몸무게도 엇비슷해야 하고 훈련도 비슷하게 받았고 몇 회전 동안 너끈히 주먹을 날리고 방어도 할 줄 알아야 한다. 그들은 아마 다른 공통점도 있을 것이다. 둘 다 살코기를 푸짐하게 먹을 것이고 이런저런 문제가 생기면 주먹을 날려서 해결하려는 성향을 가졌을 것이다. 관중은 상황에 따라서 이쪽에는 응원을 보내고 저쪽에는 야유를 보내면서 경기 관람을 더 흥미롭게 만들겠지만 응원을 하든 야유를 하든 결과는 똑같다.

시합이 오래 간다면, 가령 초강대국의 대결처럼 30년이 넘도록 승부가 가려지지 않는다면 서로 호적수를 만났다고 결론 내려도 무방할지 모른다. 하지만 우리는 소련 선수가 케이오된 것처럼 보이지도 않는데 왜 4회전에 들어가서 일부러 쓰러지는 길을 택했는지 아마 영영 알지 못할 것이다. 우리는 또 왜 미국 선수가 승리의 춤을 참담하게 무릎을 꿇는 동작으로 끝냈는지도, 왜 의식을 잃고 로프에 기대 있는지도, 왜 관중석에서 올라온 경량급 선수들에게 흠씬 두들겨 맞는지도 이해하는 데 애를 먹을 것이다. 그리고 왜 소련 선수가 이제는 자기 코너에 앉아서 웃고 있는지도 이해하기 어려울 것이다. 특히나 세계 초강대국 챔피언 타이틀은 아무한테도 도전받지 않는 상황에서 포기하기가 쉽지 않은 노릇인데, 이게 웬일이란 말인가! 이런 말도 안 되는 시합이 세상에 어디 있단 말인가? 차라리 여학생하고 캥거루하고 맞붙는 시합을 보는 게 낫겠다!

좀 더 진지하게 말해보겠다. 혹자는 미국과 소련을 이렇게 대놓고 비교하는 것은 천하에 없는 모독까지는 아니더라도 언어도단이라고 생각할 것이다. 그도 그럴 것이, 실패한 공산주의 제국과 무적의 세계 지도자를 비교한다는 것이 가당키나 할까? 그런가 하면 이념 분쟁이라 볼 수도 있는 문제에서 패자가 승자에게 조언을 하는 것은 얼토당토않은 짓이라고 생각하는 사람도 있을 것이다. 두 나라의 차이점은 대부분의 사람에게는 너무나도 뻔해 보일 테니까 나는 두 나라의 공통점을 좀 말해보고 싶다. 차이점 못지않게 분명한 두 나라의 공통점이 드러나기를 기대해본다.

소련과 미국은 우주 개발 경주, 무기 개발 경주, 교도소 수감자 경주, 미움 받는 악의 제국 경주, 천연자원 낭비 경주, 파산 경주 같은 부분에서 앞서거니 뒤서거니 하며 겨루는 사이였다. 이 중 몇 가지 부분에서 미국은 대기만성의 능력을 과시한 것처럼 보이기도 한다. 상대가 경기를 몰수당한 다음에도 기록을 깨뜨렸다. 체르노빌 참극이 벌어지기 전까지는 두 나라 모두 과학, 기술, 진보를 죽어라고 믿었다. 그리고 체르노빌 이후로 참다운 신도는 오직 한 명만 남았다.

두 나라는 제2차 세계대전 이후 각자의 이념을 전 세계에 퍼뜨리려고 애쓴 산업 제국이다. 한쪽은 민주주의와 자본주의를 내걸었고 다른 한쪽은 사회주의와 중앙계획을 내걸었다. 둘 다 일정한 성공을 거두었다. 미국은 성장과 번영을 마음껏 누렸고 소련은 문맹 퇴치와 무상 의료를 이루었고 사회적 불평등을 현저히 떨어뜨렸으며 비록 낮은 수준이었지만 모든 국민의 생활을 보장했다. 국가가 장악한 언론은 그것이 얼마나 낮은 수준인지를 국민이 깨닫지 못하도록 만드는 데 애썼다. "저 행복한 러시아인들은 자기들이 얼마나 형편없이 사는지 모른다"고 프랑스 여배우 시몬 시뇨레가 소련에 다녀온 후 말했다.

두 제국은 다른 나라들을 쑥밭으로 만들었다. 자신의 이념을 강요하고 상대를 타도하기 위해 세계 각지의 유혈 분쟁에 자금을 지원하고 무기를 대고 직접 가담했다. 또한 두 제국은 자국 역시 쑥밭으로 만들어서 인구 대비 수감자 비율에서 세계 기록을 세웠다(한때는 남아프리카가 강력한 경쟁자였다). 이 마지막 부분에서 이제 미국은 무섭게 성공하여 부분적으로 민영화된 형무소 산업까지 키우고 있는 실정이다.

미국이 소련보다 세계 여러 나라와 친선을 다지는 데는 훨씬 앞섰지만 소련이 무대에서 사라지고 난 뒤 '악의 제국'으로 보이는 격차는 줄어들었다. 지금은 세계의 많은 나라에서, 심지어 스웨덴 같은 나라에서도 이란이나 북한보다도 평화를 더 위협하는 나라로 미국을 지목한다. 미움 받는 제국 경주에서 미국은 바야흐로 정상에 오르지 않을까 싶다. 초강대국이 누렸던 행운보다는 이렇게 보편화되다시피 한 부정적 감정이 더 오래 갈 가능성이 높다. 패자는 아무도 좋아하지 않는다. 그 패자가 실패한 초강대국일 때는 더더욱 좋아하지 않는다. 초라하게 소멸한 소련을 동정하는 사람이 없듯이 초라하게 소멸할 미국을 동정할 사람도 없다.

특히 파산 경주는 흥미롭다. 파산하기 전 소련은 감당하기 어려울 만큼 외채가 많았다. 낮은 국제 유가와 내리막길로 접어든 소련의 석유 생산이 소련의 운명에 쐐기를 박았다. 소련의 외채를 물려받은 러시아 연방은 채무불이행을 선언했고 국제 금융을 위기로 몰아넣었다. 나중에 러시아의 자금 사정이 나아진 것은 유가가 올라가고 석유 수출이 늘어난 덕분이었다. 러시아는 에너지 초강대국의 길로 접어든 것이다.

미국은 감당하기 어려운 수준의 재정 적자를 겪고 있는데 여기에 통화 가치 하락과 에너지 위기까지 덮쳐 삼중고를 겪고 있다. 이제 세계 최대의 채무국이 된 미국이 어떻게 부도 사태를 피할 수 있을까? 막막하기만 하다. 많은 분석가들의 말에 따르면 미국은 엄격히 따지면 파산했지만 외국 중앙은행들 덕분에 파산을 면하고 있다. 달러로 표시된 미국 채권을 대거 보유한 외국 중앙은행들이 보유 자산의 가치를 지키기 위해 미국 채권을 사주면서 당분간은 떠받쳐주겠지만 경기를 언제까지나 이런 식으로 끌고 갈 수는 없다. 소련은 첫 파산이라는 영예를 안을 만한 자격이 있었지만, 사상 최대 규모의 채무불이행 선언만큼은 당연히 미국에게 금메달이 돌아갈 것이다. 그래야 어려운 형편에 조금이나마 보탬이 되지 않을까?

공통점은 이 밖에도 많다. 가령 두 나라는 농업 인구의 만성적 감소로 애를 먹었다. 러시아에서는 농업 집단화가 이루어지면서 가족농이 줄어들었고 농업 생산도 줄어들었다. 미국에서는 농업 생산은 감소하지 않았지만 이런저런 요인이 한꺼번에 작용하여 농촌 인구가 러시아와 마찬가지로 줄어들었다. 두 나라 모두 가족농은 밀려나고 지속 불가능하고 화석연료에 중독되어 생태 재앙을 몰고 오는 산업 농업이 주류로 자리 잡았다. 에너지 가격이 싼 동안에는 미국 농업이 더 잘나가겠지만 에너지 가격이 급등하면 미국 농업은 굴러가지 않을 것이다.

공통점을 모두 열거하자면 한이 없다. 지금까지 개략적으로 훑어본 것만으로도 한 가지 중요한 사실을 깨달을 수 있었으면 좋겠다. 그것은 이 모든 점들이 똑같은 공업 기술 문명의 대척점이었고 지금도 그렇다는 사실이다. 우리의 관심은 수십 년 동안 두 나라가 막상막하로 팽팽히 맞설 수 있게끔 만들었던 핵심 요소가 무엇인지를 식별하여 묘사하는 데 있다.

이런 핵심 요소 중에서 그 어느 것도 영원히 지속되지는 않는다. 나는 소련의 붕괴에서 쉽게 식별할 수 있었던 이런 똑같은 요소들의 결여로 인해 틀림없이 미국 역시 사망선고를 받아 초강대국의 지위를 잃을 것이고, 세계 경제 주역으로서의 지위도 흔들릴 것이고, 정치 지도에서마저 그 실체를 알아보기가 어렵게 될지도 모른다는 가설을 검증해 보고 싶다.

통합의 신화

앞서 헤비급 챔피언에 비유한 대로 초강대국의 식단에는 살코기가 푸짐하게 올라가야 한다. 이 경우에는 인육이라야 한다. 초강대국은 실력이 뛰어나고 의욕도 남다를뿐더러 기꺼이 고난을 감수하고 청춘을 바치고 건강을 해치고 심지어 목숨까지 버려가면서 죽어라고 일을 도모하고 실행하고 싸우면서 온갖 궂은일을 마다하지 않을 간부, 과학자, 기술자, 장교 같은 인재를 지속적으로 섭취해야 한다. 필요한 인력을 돈으로 움직인다는 것은 있을 수 없는 일이다. 그렇게 하면 지배 계급이 빨아들일 돈이 남아나지 않기 때문이다. 상류층은 돈이 있고 지위도 누리니까 이미 의욕은 넘치지만 그들은 궂은일을 꺼린다. 또 고기를 좋아하는 초강대국의 맹렬한 식욕을 만족시키자면 상류층은 아무리 많아도 모자란다. 의욕을 가진 인재를 필요한 자리로 끌어 모을 수 있는 유일한 방법은 이상(理想)이다. 이는 보통 사람으로 하여금 하찮지만 중요한 자신을 전체의 의로움과 영광을 위해 바칠 수 있도록 만들 만큼 위력을 발휘하는 공동의 신화다. 초강대국의 생명력을 좌우하는 것은 이런 신화의 지속력이다. 이런 신화가 무너지면 초강대국도 머지않아 무너진다.

소련 모델도 미국 모델도 그 중심에는 통합 신화가 있었다. 소련의 경우 그것은 무계급 사회의 신화였다. 혁명의 대격변이 계급과 인종의 구별을 지워버리고 만인의 기본적 수요를 챙기고 과도한 부를 억누르고 보잘것없는 집안에서 태어나도 교육을 받아서 존경과 권위를 누리는 자리까지 오를 수 있는 평등 사회를 만들어냈다는 신화였다. 이 신화가 얼마나 막강한 힘을 발휘했던지 공업화는 되었지만 아직은 농업이 주산업이었던 가난한 나라가 짧은 시일 안에 군사 강대국과 공업 강대국으로 뛰어 오르게 만들었다. 그러나 몇 십 년이 흐르면서 이 신화는 서서히 광택을 잃었다. 기본적 수요의 충족은 수입 소비재에 대한 갈망에 밀려났다. 수입 소비재의 공급은 부족했으므로 엘리트가 아니면 손에 넣기가 쉽지 않았다. 자연히 평등주의도 빛이 바랬다. "그들은 우리에게 월급을 주는 척하고 우리는 일을 하는 척한다"는 우스갯소리가 나돌 만큼 노동 의욕은 땅에 떨어졌다. 그러다 보니 다함께 노력하는 새로운 상황을 엮어낼 수가 없었다. 모두가 자기만 챙기기 시작하니까 조금씩 썩어 들어갔고 초강대국은 서서히 기운을 잃어갔다.

소련의 무계급사회에 맞서 미국이 뒤늦게 어설프게 내놓은 것이 중산층사회라는 신화였다. 대공황의 수렁에 빠졌다가 뉴딜 정책으로 기사회생한 미국은 제2차 세계대전 이후 유일무이하게 살아남은 거대한 공업국이 되어 생산을 독차지하는 횡재를 했다. 전 세계 산업 기반은 대부분 폭탄으로 잿더미가 되었기에 미국은 얼마든지 뚫고 들어갈 수 있었다. 뚝 떨어진 단독 주택을 전용 주차장과 잔디밭과 아담한 정원을 꾸미기에 넉넉한 땅이 둘러싸고, 여기에 필수적으로 자가용까지 곁들여지니 모든 미국인이 마치 지역 유지처럼 살 수 있을 것 같은 값싼 환상이 코앞의 현실로 다가온 듯했다. 미국 사회는 적어도 이론상으로는 무계급사회다. 아무도 스스로를 상류층이나 하류층으로 여기지 않기 때문이다. 그런데 고만고만한 수준의 중산층이 광범위하게 자리 잡은 것처럼 말하기는 해도 사실 미국은 소수의 상류층과 빠르게 늘어가는 광범위한 하류층으로 이루어진 나라다.

미국의 중산층 개념은 고무줄 같은 신축성이 참 놀랍다. 이는 거의 상징으로 이루어졌기 때문이다. 벽돌과 자연석으로 지은 교외의 고풍스러운 저택에 살면서 메르세데스를 몰고 자녀를 명문 사립대학에 보내도 중산층이 될 수 있다. 그런가 하면 번지르르하게 꾸민 이동주택에 살고 개조한 픽업트럭을 몰면서 돼지 정액을 채취하는 법을 가르치는 직업학교에 자녀를 보내는 사람도 중산층으로 행세할 수 있다. 중산층이 되기 위한 최소한의 공통분모는 차량을 몰아야 한다는 것이다. 차가 없으면 중산층이라는 허세를 더 이상 부릴 수가 없다.

차를 포기할 필요가 있다고 말하면 펄쩍 뛰는 것도, 바이오연료에 의존해야 한다고 요즘 열심히 떠들어대는 것도 모두 차에 단단히 중독되어 있기 때문이다. 식량을 태워서라도, 얼마 남지 않은 양질의 흙을 파괴해서라도 차를 몰아야겠으니까 만들어낸 것이 바로 바이오연료다. 많은 미국인이 차를 포기하느니 차라리 건강 식단, 적당한 업무량, 자녀 교육, 병원 치료, 심지어 집까지 포기하는 것도 그런 이유에서다. 교외에서 차 없이 사는 사람은 미국에서는 사람 취급을 못 받는다.

차를 모는 것이 보편적 권리라는 인식은 미국인을 움직이는 집단 신화의 핵이다. 미국 인구의 상당수가 차를 굴리지 못하는 현실이 닥치면 정신적으로 엄청난 충격을 받을 것이다. 그러면 나라 전체가 통치 불능 상태에 빠질 수도 있다. 대중교통 같은 것을 다시 도입하여 교통 문제를 해결하자는 생각은 문제의 핵심을 찌르지 못한다. 자가용이라는 이미지는 미국이라는 나라의 국민정신에 워낙 단단히 박혀 있어 쉽게 몰아낼 수 없다. 대다수 미국인에게 차는 페르소나 곧 타인의 눈에 비친 내 성격의 공적 확산이며 지위의 상징이며 심지어 성적 능력의 상징이 기도 하다. 차는 총과 함께 미국인에게 맹목적 숭배의 대상이 되었다. 차는 총처럼 살인이나 자살을 위한 강력한 무기이기도 하다. 항구적 연 료난이라는 현실 앞에서 차는 미국의 집단 신화를 파국으로 몰아가고 있다. 거기에 비하면 소련의 집단 신화는 서서히 모습을 감추었으니 참 점잖고 부드럽게 사라진 편이다.

기술의 진보

미국도 소련도 과학을 통해 더 나은 삶을 만들어가기를 열망했다. 두 나라는 기존의 모든 문제를 기술로 해결하는 데 사활을 걸었을 뿐 아니 라, 기존의 문제를 기술로 해결하는 과정에서 생겨난 미처 예상 못한 모든 새로운 문제 역시 기술로 해결하는 데 사활을 걸었다. 기술에 기 반을 둔 문명에서 파국을 막아내지도 못하고 누그러뜨리지도 못한다는 것은 기술상의 난제를 다루는 능력이 모자라다는 소리고 이것은 결국 체제에 대한 국민의 믿음을 허물어뜨린다. 발군의 기술을 보여주어야 만 위엄과 지위를 누릴 수 있는 사회에서 이런 무능력은 신뢰를 무너뜨 리고 온갖 권위를 갉아먹는다.

두 초강대국은 과학과 기술의 선봉에 서려고 분투했다. 그래서 과학과 기술은 두 초강대국이 사정없이 서로를 베끼고 치열하게 경쟁하는 각축장이었다. 미국은 제품 설계에서 앞섰다. 소련의 많은 연구소가 미국이 설계한 제품을 분해해서 몰래 다시 만들어내기에 바빴다. 소련은 기초 과학에서 우위를 보였다. 미국의 수많은 박사과정 연구자들이 아리송한 소련 과학 논문들의 키릴 문자를 해독하느라 끙끙거리다가 실험실로 허겁지겁 돌아와서는 결과를 재현했다. 두 나라는 에너지, 발전, 무기, 조선, 항공 같은 분야에서 인상적인 성과를 냈다. 소련의 자본 설비는 엄청나게 튼튼했고 유지 보수도 상대적으로 쉬웠다. 소련에서 제작한 차량, 항공기, 다수의 기계류는 지금도 동유럽과 아프리카, 아시아에서 쓴다. 역설이라면 역설이겠지만, 미군을 이라크와 아프가니스탄으로 증파하는 임무를 떠맡은 것이 소련산 비행기였다. 바퀴 자국이 나고 움푹움푹 구멍이 팬 활주로를 견뎌내는 데는 소련 비행기가 타의 추종을 불허했다.

두 나라가 특히 나라의 위신을 걸고 겨루었던 분야가 우주 경쟁이었다. 처음 두 번은 소련이 이겼다. 무인우주선 스푸트니크호 발사에 성공한 데 이어 유리 가가린이 탄 유인우주선까지 지구 궤도를 돌았다. 충격을 받은 미국은 수학과 러시아어 학습에 공을 들였고 얼마 안 가서 달로 쏘아 보낸 아폴로 우주선을 비롯하여 인상적인 탐사 활동으로 반격을 가했다. 소련의 유인우주선 사업은 러시아의 관리 아래 지금도 잘 돌아가고 있으며 이제는 전세 우주선까지 제공하고 있다. (이 글을 쓰는 지금 전직 마이크로소프트 이사가 2,000만 달러를 내고 러시아 우주비행사 두 명과 함께 국제우주정거장으로 가고 있다. 우주정거장에 닿으면 무중력 상태에서 몇 가지 이름난 요리를 한번 해볼 생각이란다. 참으로 중요한 과학 연구가 아닐 수 없다!) 미국인들은 공식 우주 탐사 활동에서 소유즈 우주선의 덕을 많이 보았다. 반면 미국 우주선은 열판이 헐렁해지고 절연체에 금이 가서 대부분 격납고에 발이 묶여 있었다. 그래도 미국은 무인우주선 화성 탐사 사업에서는 크게 성공했다. 태양에서 지구보다 멀리 떨어진 외행성의 근접 통과 탐사와 로봇 우주선 사업에서도 주목할 만한 성과를 냈다.

소련은 중요한 세 가지 기술 분야인 식량 생산, 소비재, 정보 기술에서는 경쟁력 유지에 실패했다. 이것들을 하나씩 놓고 보면 치명적 요소가 아니겠지만 모두 더해지면 재정 사정을 어렵게 하고 나라 위신도 말이 아니게 된다. 불가사의하게도 미국이 요즘 바로 이런 부분에서 경쟁력을 잃을 판국이다. 내가 이런 부분을 지적한 것도 그런 이유에서다.

식량 생산

식품 생산이 기술의 영역으로 강등되어야 할 까닭은 없다. 어차피 사람들은 이렇다 할 기술 없이도 수천 년 동안 식량을 모으고 길렀다. 그러나 혁명 이후에 집단화되고 기계화된 농업이 도입되면서 러시아 전통 농업 사회의 등뼈가 부러졌다. 그 뒤로는 모스크바에서 아무리 기술 지도를 해도 낙후된 옛날 농촌 마을의 생산 수준으로도 되돌아갈 수 없었다. 혁명 전까지 러시아는 빵 많이 먹기 경연대회가 열릴 만큼 먹는 데는 걱정이 없던 나라였다. 서유럽으로 밀을 수출하기도 했다. 하지만 소련 시절에는 미국에서 밀을 외상으로 들여와야 했다. 국영 상점의 식품만으로는 모자라서 많은 사람들이 농민 시장에서 식품을 사고 숲에서 캐기도 하고 마당 한구석의 작은 텃밭에서 직접 재배하기도 했다.

미국의 기계화된 기업농은 성공담처럼 보일 때가 많다. 미국 국민에게 소금과 설탕 함유량이 높고 알 수 없는 화학 물질도 듬뿍 들어간 고지방 고단백 식품을 제공하기 때문이다. 톱밥에서 판지에 이르기까지 그 맛도 천차만별이지만 지방, 소금, 설탕, 수수께끼의 화학물질로 교묘하게 은폐하는 것은 염려 안 해도 된다. 종이나 플라스틱에 담긴 이 수상쩍은 음식을 보통 순식간에 먹어치운다는 점도 염려 안 해도 된다. 이 음식이 사람을 뚱보로 미치광이로 병자로 만드는 것도 염려 안 해도 된다. 아무리 가난한 사람에게도 음식은 푸짐하게 나온다. 그래서 사발을 엎어놓은 것 같은 배와 엉덩이를 가진 사람이 많다.

미국은 수출용 농산물도 많이 생산한다. 하지만 농업의 성패는 화석연료에 기반을 둔 에너지 확보에 달렸다. 농업기계와 수송차량에는 디젤유가 들어가고 비료를 비롯해 각종 화공품에는 천연가스가 들어간다. 그러니까 산업농 시스템은 흙과 햇볕의 도움으로 화석연료를 식량 칼로리로 전환하는 과정인 셈이고 이 과정에서 흙은 서서히 망가진다. 화석연료 에너지와 여기서 나오는 식량 에너지의 비율은 소비식품 1칼로리당 화석연료 약 10칼로리로 계산된다. 국내 석유와 가스 자원의 고갈, 해외 공급을 넘어서는 수요, 여기다가 자꾸만 늘어나는 바이오연료 수요와 지구 온난화로 인해 불어 닥칠 것으로 예상되는 황사를 감안하면,

앞으로 미국의 식량 안보를 장밋빛 시나리오로 그리기는 좀 어렵다.

소비재

소련이 대량 생산 소비재 부문에서 경쟁에 뒤처진 것은 정부가 경공업은 무시하고 자본재 지출에 우선적으로 자금을 배정했기 때문이다. 뿐만 아니라 소비재 생산에는 아무래도 유연한 경제 모델이 필요한데 중앙계획경제에서는 융통성을 발휘하기가 어려웠다. 소련 경제체제는 주택, 교육, 보건처럼 더 긴요한 복지 부문을 우선시할 뿐 소비재는 중요한 영역으로 여기지 않았다. 그저 정부가 비용을 치르는 분야라고 생각했다. 그런데 처음에는 쥐꼬리만큼 적었던 수입 소비 품목이 시간이 흐르면서 홍수처럼 불어났다. 석유 수출로 벌어들이는 돈이 줄어들면서 소련은 재정 적자에 빠질 수밖에 없었다.

세련되고 멋지게 옷을 디자인하는 재능은 언제나 있었으니까 엄격히 말해서 그것은 소련 지도부가 저지른 수많은 과오의 하나였다. 소련 지도부는 소비재 특히 의류를 공급하는 능력이 한마디로 젬병이었다. 그러면서도 특권을 누리는 젊은이들은 국민 대다수와 다른 옷을 입고 다닐 수 있게 했다. 그러니 국민 사기는 떨어질 수밖에 없었다. 그리고 노골적으로 반체제 의사를 드러내지는 않더라도 공식 이념을 은근히 조롱하는 풍조가 번졌다. 이념성이 깃든 상징 기호가 박힌 복장은 실제로 영향을 미친다. 그런 옷을 입는다는 것은 하나의 발언인 셈인데 사람들은 그런 발언을 지지하고 동조하는 경향을 보인다. 따라서 디자이

너 로고처럼 이념적으로 텅 빈 상징 기호가 박힌 복장을 하고 다닌다는 것은 이념을 아예 털어버리고 이념성이 깃든 상징 기호의 권력을 부정하는 방식이 되어버린다. 그렇게 소련 젊은이들은 아무런 상처를 받지 않으면서 소련처럼 보이고 소련을 느낄 만한 것들에서 멀어져갔다.

지금 미국에는 소련 경제가 침체되었던 80년대에 소련이 그랬던 것처럼 수입 소비재가 넘쳐난다. 무역 적자에 미치는 영향도 비슷하다. 그런데 소련과는 달리 미국에서는 이런 브랜드 제품들이 워낙 흔하다 보니까 남다른 옷을 입고 다닌다는 우쭐한 느낌도 주지 못한다. 스포츠 브랜드를 제외하고는 기업 브랜드로 장식된 옷은 싼 옷이지 고가 품목은 아니다. 아직도 미국에서 생산되는 얼마 안 남은 소비 품목은 어쩐지 고리타분하고 딱딱한 느낌을 주는 것이 꼭 옛날에 소련에서 만들던 제복 같은 느낌을 준다. 이런 옷은 미국 소비자의 애국심에 호소하면서 국내 시장에서 겨우 명맥을 이어간다. 만약에 수출국들이 이제부터는 외상으로 물건을 팔지 않겠다고 방침을 정하고 수송선들이 미국 항구로 들어오지 않는 날이 온다면 미국에서도 제복풍이 다시 유행할지도 모르겠다. 아니면 집에서 만들어 입는 옷이 성행할지도 모르고 적은 옷감으로도 만들 수 있는 속이 비치는 옷이, 아니 옷은 아예 입고 다니지 않아도 되는 패션이 유행할지도 모르겠다. 패션의 미래는 점치기가 어렵다. 최악의 상황은 모든 사람이 제복을 입는 경우다. 완전히 민영화되어 기업이 운영하는 국가의 대량 생산에 이념적으로 사고력을 잃고 너나 할 것 없이 똑같은 종업원이 되어서 살아가는 사회다.

정보 기술

미국이 일찌감치 승리를 선언했고 지금은 가볍게 자멸하고 있는 초강대국의 경쟁 분야는 정보 기술 영역이다. 소련의 실패 요인은 한두 가지가 아니겠지만 아무래도 가장 중요한 원인은 자국민을 믿지 못하는 데 있다. 소련 정부는 보안상의 이유로 정보 기술 연구를 모두 비밀리에 하라고 강요했다. 특히 뛰어난 인재가 소련에 많았는데도 불구하고 이 분야에서 미국을 따라잡지 못한 것은 놀랍다. 70년대 후반 미국의 선도적인 컴퓨터 회사들은 러시아에서 막 이민 온 전문가들을 채용했다.

컴퓨터 기술의 폭발적인 발전은 중앙에서 잘 짜놓은 계획보다 부주의로 인해 어쩌다가 우연히 들어맞은 행운을 통해 이루어진 경우가 많았다. 미국은 핵 공격을 당해도 회복이 쉬운 네트워크를 만들어보려고 네트워크 간 경로 선택 규약 개발을 지원했다. 다행히 이런 능력을 실전에서 검증할 기회는 없었지만 네트워크에 회복력을 제공하게 한 변수들은 네트워크를 무질서하게도 만들었다. 그 바람에 우리는 결국 웜, 바이러스, 봇넷, P2P 네트워크, 스팸을 얻게 되었다. IBM이 자신의 컴퓨터 구조를 하찮게 여기고 공개해버리자 다른 데서 그 기본 구조를 바탕으로 저가의 복제 컴퓨터를 대량으로 만들었다. 그리고 차고에서 뚝딱거리던 몇 사람이 1세대 애플 컴퓨터를 들고 나왔다. 벨 연구소에서는 몇 사람의 기술자가 남아도는 시간을 이용해 그저 장난삼아 유닉스 운영체제를 만들었는데, 이것이 결국 대부분의 대형 컴퓨터를 접수했다. 이는 나중에 리눅스로 변신해 소형 컴퓨터들을 서서히 접수하고 있다. 마이크로소프트는 IBM이 쓸 만한 운영체제를 내놓지 않으니까 이때다 싶어서 운영체제를 내놓았다. 그다음부터는 별짓을 다해도 이 초반의 우위가 유지되었다.

소련은 특유의 비밀주의와 삼엄한 중앙통제 때문에 미국이 아무렇게 나 만져보고 즉흥적으로 뜯어고치는 아마추어 정신을 통해 도달한 수 준을 따라잡을 수가 없었다.

시간이 좀 걸리기는 했지만 결국 미국은 이 분야에서 과거 소련이 저 지른 과오를 되풀이하는 길을 찾아냈다. 지금은 황금알을 낳는 거위를 자기 나름의 비밀주의와 삼엄한 중앙통제로 죽이는 창조적 방법을 열 심히 궁리하고 있다. 미국은 세 방향에서 거위를 공격하고 있다. 하나 는 지적재산권법 시행을 통해서, 하나는 컴퓨터 보안 분야에서 툭하면 범법자로 몰아가는 작업을 통해서, 마지막 하나는 엉망이 된 나라의 심 벌이 되어버린 이른바 기업 소프트웨어라는 사기성이 농후한 영속화를 통해 공격이 이루어진다.

모든 정보는 자유롭게 퍼지려는 성향을 갖고 있다. 네트워크로 연결 된 컴퓨터에게 자유로운 정보의 소통을 돕는 것은 일도 아니다. 이는 사실 새삼스러울 것도 없다. 컴퓨터가 도래하기 전에도 정보는 공유되 는 방법을 찾아냈고, 언젠가 전등이 영원히 나가고 디스크드라이브가 작동을 멈춘다 하더라도 여전히 정보는 공유될 것이기 때문이다. 그러 나 컴퓨터가 신문, 스테레오, 텔레비전, 도서관의 책을 밀어내는 조짐 이 보이자 영리를 추구하는 기업들은 상품이나 서비스와는 성격이 다른데도 정보 사용료를 물리기로 방침을 정했다. 그리고 그것을 뒷받침하는 법을 밀어붙였다. 이런 법은 집행하기가 어려울뿐더러 이러한 법이 인질로 잡아두려는 정보는 쉽게 풀려나 뜻밖의 결과를 낳곤 한다. 지금은 미국 영화가 미국에서 개봉되기도 전에 베이징이나 모스크바에서 그 영화의 DVD를 구입할 수가 있다. 다른 나라 영화도 마찬가지다. 이는 결국 중국인이나 러시아인은 시판되는 소프트웨어를 대체로 공짜로 쓸 수 있지만 미국인은 돈을 내지 않으면 고발당한다는 뜻이다. 사실 이 나라들의 관리들은 지적재산권법을 좋아하는 듯하다. 지적재산권법은 누구든지 마음에 안 드는 사람을 처벌할 수 있는 자의적 권한을 주기 때문이다. 그리고 지적재산권법을 집행한 기록을 볼 때 그들은 웬만한 사람들을 다 좋아하는 듯하다. 끝으로, 미국 재무부 채권을 달가워하지 않는 외국 채권자들이 미국 기업 자산을 사들이고 있으며 이러한 자산 중에는 지적재산권도 포함된다는 사실을 알아두자. 이는 나중에 미국인이 자기가 애써 만든 창안물을 쓰기 위해서는 외국인에게 돈을 내야 한다는 소리다. 남들은 다 공짜로 쓰는데도 말이다.

특허법의 적용 범위를 넓혀서 소프트웨어 분야까지 확대하려는 미국의 아리송한 혁신도 문제다. 소프트웨어는 결국 발언이다. 프로그래머의 생각을 수학적 구성이나 논리적 구성으로 나타낸 것이 소프트웨어다. 소프트웨어 특허는 프로그래머가 말할 수 있는 범위를 제한하는 것이니까 결국 발언을 묶는 셈이다. 아주 명망 높은 컴퓨터 과학자 도널드 크누스의 말에 따르면 1980년대의 컴퓨터 혁명은 당시에 소프트웨어 특허가 있었다면 절대로 일어날 수 없었을 것이라 한다. 소프트웨어 특허는 소프트웨어를 개발할 때 꼭 이런저런 특허들과 엉키게 만들기 마련이다. 그런데 그 특허라는 것은 모호하고 고통스러울 만큼 난해한 법률어로 적혀 있다. 그러니 미국에서는 여러 회사들과 동맹을 맺어 상호교차 특허를 확보해두지 않고 소프트웨어를 팔았다간 언제 불법으로 몰릴지 모른다. 소프트웨어 특허와 관련하여 실현 가능한 유일한 전략은 특허를 많이 확보해놓고 내 특허를 침해하면 고소하겠다고 협박하는 방법이다. 그렇게 나 자신을 골칫덩이로 키워놓아야 유리하다. 이렇게 하면 나를 고소하려던 쪽도 나하고 특허 상호교차 계약을 맺자고 나올 가능성이 높다. 그런데 이런 전략은 규모가 크고 연줄이 많은 소프트웨어 회사만이 채택할 수 있다. 그리고 이런 회사에서는 혁신적 상품이 나올 가능성이 높지 않다.

컴퓨터 보안과 관련해서 미국은 자국 컴퓨터들을 점점 덜 안전하게 만드는 쪽으로 성큼성큼 나아가고 있다. 컴퓨터 시스템은 침투하기가 아주 힘들 때 (전원을 꺼놓든가 네트워크선을 뽑는 경우를 제외하고는 침투는 절대로 불가능하지 않다) 안전하다고 말하는 것이지 아무도 침투하려 들지 않는다는 사실 때문에 안전하다고 말하는 것은 아니다. 실제로 일반인이 침투를 시도하지 못하게 막는 컴퓨터 시스템은 조금도 안전하지 않다고 보아야 한다. 현실 환경에서 검증된 것이 아니기 때문이다. 현재 미국 연방 검사들은 UFO의 증거를 찾으러 미국 국방부 시스템으로 침투한 영국 청년 게리 매키넌을 인도받으려고 노력 중이다. 아무래도 미국 관리들은 컴퓨터 시스템을 지키는 일보다 감옥을 지키는 일이 더 쉽다고 생각하는 모양이다. 하지만 모든 잠재적 해커를 미리부터 뿌리 뽑겠다면서 감옥에 가둘 수도 없는 노릇이기에 신통한 대안은 못 된다. 그런 식으로 검찰력을 동원하는 것은 핵폭탄 한두 개를 훔친다거나 하는 좀 더 심각한 일을 저지르려고 정부 시스템을 뚫고 들어갈지 모르는 정보 도둑 전문가에게 좋은 일만 해주는 셈이다. 시스템이라는 것은 아마추어 해커들에게 검증받으면서 단련되는 법이다. 아마추어 해커들이 무서워서 감히 건드리지 않는 바람에 검증될 기회를 잃은 정부 시스템이라면 프로 해커가 침입하는 것은 누워서 떡 먹기이기 때문이다.

정보 기술 산업에 대한 세 번째 공격은 기업 소프트웨어라는 것을 통해서 소프트웨어 개발 과정을 최대한 관료주의화하는 양상으로 나타난다. 요즘 프로그래머는 마케팅을 챙기는 프로덕트 매니저, 제품 개발을 총괄하는 프로젝트 매니저, 문제해결사를 자처하는 솔루션 아키텍트 같은 간부와 임원, 그러니까 비프로그래머들로 이루어진 층층시하에 파묻혀 살고 있다. 제품이 어찌어찌 나와도 그 제품을 실제로 사용할 가난한 소비자들이 평가하는 것이 아니라 지적재산권 거래상들이 평가한다. 하나의 소프트웨어는 수많은 조각들로 이루어지는데 이 중 상당수는 따로따로 사들이거나 사용 허락을 받아야 한다. 이런 조각들이 서로 소통되게 만들려면 컨설턴트들의 손발이 잘 맞아야 하고 외교적 노력이 필요할 때도 많다.

끝으로, 이런 소프트웨어 역시 최대한 관료주의화된 언어로 작성되어야 한다. 어떤 언어가 있다고 가정하자. 그런데 이 언어의 사전은 하나의 명사를 다른 명사들의 나열로 정의하고 그 다른 명사들의 뜻은 다른 데에서 정의된다. 그리고 그다음에는 그 명사와 특히 잘 어울리는 동사들이 나열되고 그 동사들의 일부만 뜻이 정의된다. 이제 이런 언어를 가지고 글을 쓴다고 해보자. 어지간히 머리를 쓰지 않으면 그 언어의 제약을 뚫고 나가기가 쉽지 않다. 그리고 얼마 안 가서 기운이 너무 빠져서 무언가 새롭고 흥미로운 내용이 담긴 말을 할 엄두가 안 날 것이다. 컴퓨터 공학으로 학위를 따려는 사람이 적은 데는 다 이유가 있다. 그래서 요즘 만들어지는 최고의 소프트웨어는 하나같이 대기업이 아닌 곳에서 나오고 또한 공짜다. 그리고 말도 안 되게 비대하고 버그도 많고 비싸고 불안정한 데다가 쓰임새가 제한된 소프트웨어는 가만히 보면 미국 굴지의 소프트웨어 회사에서 주력 상품으로 내놓은 것일 때가 많다. 정보 기술은 미국이 자랑할 만한 몇 안 되는 경제 영역 중하나지만 지금 돌아가는 상황을 보면 앞날이 밝지 않다.

기술 진보의 비용

기술을 발전시키려는 노력이 성공하느냐와 무관하게 기술 진보 자체는 자연 환경과 인공 환경에 커다란 피해를 준다. 옛 소련과 미국의 멋진 풍경을 망쳐놓은 것은 중앙에서 밀어붙인 거대한 추물 조성 사업이었다. 모스크바의 중앙 설계자들은 칙칙하고 영혼이 없는 건물들을 드넓은 소련 땅 전역에 세웠다. 지역마다 계승되던 건축 전통은 무시하고 지역 문화도 지워버렸다. 미국의 토지 개발업자도 얼추 비슷한 역할을 하면서 끔찍한 결과를 내놓았다. 미국은 고속도로 표지판만 다르지 어디를 가도 똑같은 건물 똑같은 상점이 들어찬 몰개성한 주들이 모인 연방이 되었다. 그래서 자기가 어느 고장 출신인들 딱히 그 고장에 애착을 가질 이유가 없어졌다. 어디를 가나 거기서 거기기 때문이다.

과학 기술에 대한 소련 공화국의 신념은 체르노빌의 4번 원자로가 폭발하면서 심하게 흔들렸다. 참사 자체가 기술 역량의 명백한 결함을 드러내기도 했지만 (나중에는 낙하산 인사를 통해 임명된 일부 책임자들의 무지 때문에 일어난 사고로 드러났다.) 바로 대책 마련에 나선다든지 진상을 국민에게 알린다든지 하는 점에서는 진실성이 부족했다. 결국 정부에 대한 신뢰를 크게 떨어뜨렸을 뿐 아니라 과학 기술 강국이라는 명성에도 금이 갔다. "원자로 노심이 식어가고 있다"던 최초의 공식 발표는 노심이 하나도 남지 않았다는 증거로 뒤집어졌다. 원자로 노심을 이루던 고준위 방사성 핵연료 덩어리와 흑연 감속로가 나중에 원자로 주변에서 산산조각 난 채로 발견되었다. 체르노빌 참사는 국민들 마음속에 잠재해 있던 환경 의식을 일깨웠다. 대를 이어 살아온 땅이 방사능으로 뒤덮여 앞으로 몇 세대 동안 사람이 살 수 없는 땅이 되었기 때문이다. 과학 장비를 갖춘 전문가들은 정부가 발표한 공식 조사 결과를 더 이상 믿을 수 없었기에 자체적으로 산업 오염도와 방사능 수준을 측정하기 시작했다. 그 결과는 암울했다. 많은 사람들이 소련은 경제개발 사업을 중단해야 한다고 생각했다.

미국은 태풍 카트리나로 인한 인명 피해를 처리하는 과정에서 체르노빌 참사 수습 과정과 비슷한 모습을 보였다. 바로 대책 마련에 나서지 않았다는 점, 대대로 살아온 땅을 잃었다는 점, 전문가가 아닌데도 정실로 임명된 사람이 책임자로 있었다는 점이 공통점이었다. 미국 연방재난관리청의 마이클 브라운 청장은 경마밖에 모르는 사람이었다. 그런데도 부시 대통령과 대학 기숙사에서 한 방을 썼다는 친구라는 이유로 임용되었다. 카트리나가 덮친 뒤 미국 정부는 이재민을 안전하게 대피시켰다고 줄곧 주장했지만 사실은 이와 다르다. 피해 지역에서 나가려던 이재민들은 주방위군과 경찰이 막아서는 바람에 우왕좌왕하다가 그냥 죽어나갔다. 체르노빌에서처럼 정부가 계속 거짓말을 하니까 여론이 들끓었고 당국자들은 신망을 크게 잃었다. 두 사건에는 다른 점도 있다. 카트리나 같은 무시무시한 자연 재해가 자꾸만 일어나는 것은 급격히 진행되는 기후 변화의 결과이며 앞으로도 그런 자연 재해는 날이 갈수록 늘어날 것으로 예상된다는 점이다. 체르노빌은 한 번에 꽝하고 터졌지만 이것은 조금씩 살을 발라내면서 죽음으로 몰아가는 과정이 될 가능성이 높다. 한 번씩 살점이 떨어져나갈 때마다 기술 발전으로 다 해결할 수 있다는 호언은 점점 공염불에 가까워 보이기 시작할 것이고 그런 공언을 하는 사람은 점점 실없는 사람으로 여겨질 것이다.

호전성

군비 경쟁은 보통 냉전으로 알려진 초강대국 간의 대치에서 핵심 요인으로 알려져 있다(냉전을 분쟁이나 심지어 대결이라고 부르기조차 망설여지는 까닭은 두 나라가 전쟁 억제력, 긴장 완화, 군축 협상을 통해서 분쟁을 피하려고 부지런히 힘썼기 때문이다). 두 초강대국이 군림하던 양극 세계를 가장 훌륭하게 정의하는 변수가 바로 군사 억제력과 군사 균형이다. 미국과 소련은 누가 군사 우위에 있는지를 놓고 적극적으로 겨뤄본 적이 한 번도 없다. 무력을 과시하면서 허세는 잔뜩 부렸지만 알맹이가 없는 경우가 많았다. 미국은 냉전에서 자기가 이겼다고 생각하고 (왜냐하면 상대가 기권을 했으니까) 바야흐로 이런 쾌거를 자축하는 훈장을 내리려는 모양이다. 하지만 사실 러시아도 크게 손해 보지 않는 장사를 한 셈이었다.

겉으로는 균형을 유지할 만한 공세적 무력을 각자 보유한 것으로 보이지만 미국과 소련의 호전성을 이루는 역사적 배경은 달라도 그렇게 다를 수가 없다. 미국은 스스로 전승국으로 여긴다. 미국은 마음만 내키면 전쟁을 벌이고 거기서 이기고 싶어한다. 미국은 현대에 벌어진 굵직굵직한 전쟁들을 겪었으면서도 본토를 침공당한 적이 없다. 미국에게 전쟁은 무엇보다도 승리로 다가온다. 러시아는 피해국이다. 러시아는 여러 번 침략을 당했지만 몽골 침공 이후로는 그런 침략은 번번이 실패로 끝났다. 러시아인에게 전쟁은 승리로 다가오지 않는다. 러시아인은 전쟁에서 무엇보다도 죽음을 떠올린다. 러시아인이 자기 나라에 붙이기 좋아하는 형용사는 네포베디마야 곧 '불굴'이라는 말이다.

미국은 다른 나라를 즐겨 폭격하는 나라다. 소련은 제2차 세계대전 당시 자기 나라가 폭격을 하도 많이 받아서 쑥밭이 되는 것을 목격했으므로 외부로부터의 침공에 예민하다. 타국의 침공을 막아내기 위해 소련의 중앙계획경제는 방위에 많은 예산을 투입했다. 그 돈으로 기절초풍할 정도로 많은 핵미사일, 핵잠수함, 전차, 폭격기, 전투기, 전함, 수송함을 만들었지만 이런 병기들 태반은 지금도 어딘가에서 조용히 녹슬어가면서 환경 파괴의 영구적인 위협으로 남아 있다. 핵무기는 두고두고 아주 골치 아픈 문제를 낳는다. 이런 병기 생산은 완전히 낭비인 경우가 많아서 이런 우스갯소리까지 나왔다. "나는 재봉틀 공장에서 일하는데 부품을 집으로 가져가서 조립하면 막판에는 언제나 기관총이 나온다!" 하지만 소련은 미국한테는 폭격당하지 않았다. 이게 성공이 아니고 뭔가.

제2차 세계대전이 끝나고 나서 미국이 폭격을 가한 나라를 헤아리자면 아프가니스탄의 A부터 예멘의 Y까지 죽 이어진다(A부터 Z까지가 아닌 이유는 잠비아와 짐바브웨의 환경이 미국이 군사 작전을 펼칠 만큼 풍부한 표적을 내놓지 못한다는 사실로 설명이 되지 않을까 싶다). 소련은 감히 폭격은 흉내도 못 냈다. 체코슬로바키아와 헝가리가 맞은 것은 폭탄이 아니라 빰따귀에 해당한다. 아프가니스탄은 지속적으로 군사적 유혈 충돌을 벌였다는 점에서 유일한 예외다. 자국이 폭격을 당해 쑥밭이 되어본 경험에도 한 가지 긍정적인 면이 남아 있다면 그것은 타국에게도 그런 경험을 안겨주기 전에 한 번쯤 더 생각해본다는 사실이 아닐까 싶다.

그래서 미국이 과거 바르샤바조약에 몸담았던 나라를 여태껏 한 나라도 폭격하지 못했고 지금도 러시아를 비롯해서 러시아와 가까운 나라들을 조심스럽게 대한다는 것은 흡족한 결과가 아닐 수 없다. 일방의 공격은 쌍방의 공멸로 이어진다는 명제가 여전히 유효하기 때문이다. 이쪽이나 저쪽이나 상대방을 절멸시키기에 충분한 핵무기를 보유하고 있다. 이것은 미국의 군사적 자존심에 모독이 아닐 수 없었다. 그래서 미국은 핵 선제공격을 허용하는 방위 원칙을 공표하는가 하면 전략 미사일 방위 체계를 적극적으로 개발하면서 그동안 허세를 부려왔다. 러시아가 기분 좋을 리 없다. "부드럽게 표현한다 해도, 우리는 이 전략 대미사일 방어망이 공상의 산물이 아닐까 생각한다." 이렇게 말한 세르게이 이바노프 러시아 제1부총리는 "그런 방어망은 훨씬 싼 값으로 대응할 수 있을 것"이라고 밝혔다. 내가 생각하기에 가장 돈이 안 드는 대응법은 이바노프 씨가 주기적으로 일어나서 몇 마디 던지는 것이 아닐까.

그 정도로만 대응해도 충분할 것 같은데 러시아는 미국이 아직 적절한 방어 수단을 못 가진 차세대 초음속 미사일과 어뢰를 비롯해 많은 무기를 팔고 있다. 그리고 무기 마케팅을 위해서라도 자국 국방력의 자존심을 지키는 것이 중요하게 작용한다. 따라서 우리는 미국이 유럽의 안보를 흔들어대고 러시아는 훨씬 가격이 싼 러시아판 대미사일 방어망으로 이런 위협에 맞서는 소리를 앞으로도 지겹게 들어야 할 것이다.

미국의 경우에는 여전히 냉전이 중요하다는 사실을 자기 자신과 전 세계에 보여주기 위해서라도 냉전이 필요하며, 러시아는 그래 봐야 별로 위험 부담이 크지 않은 데다가 그로 인한 수익이 짭짤하다 보니 미국의 호전성에 맞장구를 치면서 거울을 대준다. 하지만 이것은 하나같이 코미디가 아닐 수 없다. 블라디미르 푸틴은 오래된 러시아 속담으로 재빨리 받아쳤다. "네 얼굴이 일그러졌다고 거울을 탓하지 마라."

러시아는 소련이 무너지고 나서 방위비 지출을 대폭 줄였지만 미국의 국방 예산은 암 덩어리처럼 쑥쑥 커져서 전 세계의 방위 예산과 맞먹게 되었다. 또한 이를 넘어서는 것도 시간문제다. 그런 막강한 군사력 앞에서 전 세계가 벌벌 떨 거라고 생각할지도 모르겠지만 그런 일은 벌어지지 않았다. 모두가 다 아는 작은 비밀이 있다. 미군은 이길 줄을 모른다는 것이다. 미국은 그저 터뜨릴 줄만 안다. 터뜨리는 것은 재미있을지 몰라도 그것만 가지고 싸움에서 이기지는 못한다. 또 한 가지 중요한 일은 웬만큼 전투가 끝난 다음에 평화를 따내는 것인데 미국 군대는 넘어져서 얼굴을 처박고 있다가 반전 여론이 높아지고 나서야 철수를 하곤 한다.

미국은 북한을 누르지 못했다. 그래서 한반도에서는 세계에서 가장 오래도록 휴전이 이어지고 있다. 이것은 위기가 사이사이에 끼어드는 교착 상태다. 미국은 땅굴을 통해 주로 자전거를 교통수단으로 삼아 이동했던 북베트남을 이기지 못했다. 1차 걸프전은 무능한 외교력에서 빚어진 오해로 촉발되었다. 미국에 대체로 우호적이고 협조적이었던 독재자 사담 후세인에게 이라크 주재 미국 대사였던 에이프릴 글래스피가 "우리는 이라크와 쿠웨이트의 반목 같은 아랍과 아랍의 분쟁에 대해서는 할 말이 없다"고 말하지 않았다면 모든 문제가 평화적으로 해결되었을지도 모른다. 그러나 부시 1세는 가련한 에이프릴 대사의 말을 뒤집어서 "이것은 용납 못한다!"고 선언했다. 그래서 벌어진 전쟁은 흐지부지 끝났고 이라크는 망신을 당하면서 한 세대가 정체되었다. 끝없는 행진과 나부끼는 깃발 속에서 이것은 승리로 받아들여졌다. 미군은 '베트남 증후군'에서 회복되었다고들 말했다. 그러나 이것은 분명 마무리를 못 지은 일이었다.

최근의 이라크 전쟁은 베트남전 못지않게, 또 소련의 아프가니스탄전 못지않게 그야말로 완전한 참패다. 이라크가 세계 최대의 원유 생산 지역에 있다는 점을 생각하면 사정은 더욱 심각하다. 미군이 이라크에 오래 머무르면 머무를수록 상황은 미국에게 불리하게 돌아간다. 나중에 물러날 땐 물러나더라도 시간을 더 끌수록 미국은 불리해진다. 정말로 잘못된 선택이었지만, 아무튼 처음에 이라크에서 전쟁을 벌일 때는 선택을 할 여유라도 있었다. 하지만 지금은 미국이 초강대국의 지위를 유지하느냐 마느냐는 문제가 걸린, 또 어쩌면 경제적으로 살아남느냐 마느냐는 문제가 걸린 생존을 위한 전쟁이 되었다. 그런데 이 전쟁은 아무래도 승산이 없는 것처럼 보인다.

미국이 최근까지 벌인 군사 작전은 폭격으로만 이루어졌든가 아니면 폭격을 중심으로 전개되었는데, 대체로 다음의 두 범주 중 하나에 들어간다. 하나는 전략 파쇄 공격이고 또 하나는 대통령의 남성미 과시다. 전략 파쇄 공격은 그대로 방치하면 언젠가 나를 공격해올지 모르는 잠재적 적수에게 퍼붓는 선제공격이다. 이를 두고 왕따 전술이라고 해도 할 말이 없을 것이다. 그만큼 외교 전선에서 패배했음을 자인하는 전술이기 때문이다. 살아남고 싶거든 주먹 약한 친구들을 멀리하고 주먹 센 친구들 속에 있으라는 소리다.

대통령의 남성미를 과시하는 공습 작전은 정파를 초월해서 공화당도 민주당도 벌였다(미국은 공화당이나 민주당이나 극단적 폭력 성향을 보인다는 점에서는 별로 다르지 않다). 파나마 침공은 CIA 협력원이었다가 변절한 마누엘 노리에가를 응징하는 것처럼 보였지만 실은 부시 1세의 '유약한 이미지'를 누그러뜨리는 데 목적이 있었다. 클린턴이 수단의 아스피린 공장에 폭탄을 퍼붓고 아프가니스탄의 바위덩어리를 놓고 난리를 피운 것도 동아프리카의 미국 대사관을 폭격한 테러리스트들에 대한 응징으로 보였지만, 실은 백악관에서 오럴섹스를 시켰다가 곤경에 빠진 자유세계 지도자의 화풀이였던 셈이다. 나는 그의 아픔을 이해하지만, 무의식의 대가인 프로이트가 한 말을 내 식으로 바꿔서 표현하자면, 크루즈미사일이 그냥 크루즈미사일이 아닐 때가 있다.

미군은 적의 무기가 아무리 허접해도, 적이 아무리 보잘것없고 사기가 형편없어도, 적을 제압할 능력이 없어 보이기도 한다. 물론 북한군과 베트남군은 만만찮은 상대였지만 잘 먹지도 못하고 칼리슈니코프 기관총을 들고 마약이나 질겅질겅 씹어대는 젊은이들을 픽업트럭에 잔뜩 싣고 돌아다니는 소말리아인들조차 제압하지 못했다. 10년 넘게 경제 제재를 하고 폭탄을 퍼부어 물렁물렁하게 만들어놓고도 이라크인을 어르지 못했다. 두드러진 예외가 딱 하나 있다. 제2차 세계대전 이후로 미군이 개입한 군사 분쟁을 통틀어 완승을 거둔 유일한 사례는 카리브해에 있는 코딱지만 한 섬 그라나다의 해방이었다. 거기서 미군은 쿠바와 니카라과의 지원을 받는 돼먹지 않고 골치 아픈 막시스트 정권을 내몰고 친미 민주주의 정권을 들어앉혔다. 그렇게 카리브해의 그라나다 이웃 나라들과 요트족들을 흡족하게 만들었다.

소련은 아프가니스탄에서 얻은 교훈을 가슴에 새기지 못했다. 아프간 전쟁에서 느리지만 무자비하게 진행된 무분별한 살상극은 그때까지만 하더라도 히틀러를 격파하고 미국을 막아낸 인민의 수호자로 여겨졌던 붉은군대의 이미지에 먹칠을 했다. 소련은 체첸에서 두 번의 군사 작전을 벌였다가 혼이 난 다음에야 정신을 차렸다. 러시아는 체첸을 결국 장악했지만 그것은 군사력이 아닌 정치력으로 얻은 성과였다. 군사력만으로는 절대로 민중 봉기를 누르지 못한다. 반군 입장에서는 꼭 이길 필요가 없다. 그저 계속 싸우기만 하면 된다. 반군과 싸우는 과정에서 미군은 어쩔 수 없이 그 나라 국민과 싸우게 되고, 이렇게 되면 전쟁 상태가 영속화되어 평화를 확립하겠다던 당초의 목표가 뒤집힌다. 이런 시나리오에서 승리는 요원하며 살인과 증오와 수치의 소용돌이만 퍼져나갈 뿐이다.

미국이 꼭 가슴에 새겨야 할 교훈은 연간 1조 달러에 이르는 군사비는, 미국의 우방과 적 모두 분노로 몰아넣고 미국의 명성에 먹칠을 하게 만드는 거액의 공적 자금이라는 사실이다. 적과 맞서는 데 이런 거액의 군사비는 불필요하다. 적이 바보가 아닌 다음에야 정면 승부를 걸리가 없기 때문이다. 그렇다고 해서 그 돈이 주요 핵무기 보유국을 격파하는 데 요긴하게 쓰이는 것도 아니다. 핵 억제력은 비교적 적은 비용으로도 얼마든지 유지할 수 있기 때문이다. 또한 민중 봉기를 잠재울 수 있는 것도 아니다. 민중 봉기는 장거리 타격이 아니라 섬세한 정치 외교 수완으로 누그러뜨릴 수 있기 때문이다. 확 뜯어고치는 것만을 능사로 여기는 나라는 1조 달러를 들여도 섬세한 정치 외교 수완을 손에 넣을 수가 없다. 블라디미르 푸틴은 이런 우격다짐을 "할머니에게 그것만 달렸어도 할아버지가 되었을 것"이라고 믿는 허황된 망상이라고 꼬집었다.

미국이 그동안 선택한 수많은 전쟁에서 군사적 실패를 맛본 것은 그 자체로 별로 중요하지 않을 수도 있다. 전 세계가 움찔했을지는 몰라도 미국인은 그 불행한 모험들을 망각으로 쉽게 밀쳐둘 수가 있다. 미국인은 역사까지는 몰라도 적어도 역사에 대해서 자기들이 간직한 묘하게 흐리멍덩한 기억을 새로 고쳐 쓰는 솜씨만큼은 보통이 아니다. 어느 시점에 가면 중요한 국익이 결부되면서, 군사 모험이란 단순히 군부가 비대한 예산을 합리화하기 위해서 벌이는 활동의 차원을 넘어서는 일이 되어버린다. 소련의 경우 그 시점은 아프가니스탄을 잃었을 때 찾아왔다. 소련이 아프가니스탄에 간 것은 사회주의 국가가 뒤로 미끄러져서

야만적인 자본주의로 되돌아가는 것을 결코 좌시해서는 안 된다는 브레즈네프 독트린을 따르기 위해서였다. 아프가니스탄을 놓치자 공산주의자들은 바르샤바조약을 내놓았다. 그리고 그다음에는 소련을 내놓고, 마지막에는 러시아까지도 내놓아야 했다.

사람들은 보통 미군이 뾰족한 이유 없이 이라크를 침공했다고 생각한다. 그렇지만 미국에도 카터 독트린이라고 해서 브레즈네프 독트린에 해당하는 것이 있었다는 사실을 기억하는 사람은 드물다. 카터 독트린은 페르시아 만에서 미국의 국익을 지키기 위해서 필요하다면 무력도 사용할 것이라는 선언이다. 카터가 1980년 1월 연두교서를 발표하면서 소련의 아프가니스탄 침공에 맞서 밝힌 원칙이다. 이라크의 석유 자원을 효과적으로 개발하여 거기서 나오는 기름을 후방에서 목이 빠지게 기다리는 차량 운전자들에게 보내는 것이 미국의 국익을 챙기는 일이다. 이라크에서 맞닥뜨린 군사적 실패(이 글을 쓰는 시점에서 이것은 분명해 보인다)는 카터 독트린이 실효성을 잃었다는 뜻이다. 이는 단순히 이라크의 석유를 잃는 데 그치는 것이 아니라 미국이 이 지역 전체에서 발을 빼야 하는 상황으로 몰렸다는 것을 뜻할 수도 있다. 미국 달러의 지속적 가치 하락, 유전 고갈로 인한 석유 생산 감소의 만연, 여러 석유 수출 국가에서 점증하는 정치 불안처럼 여러모로 바람직하지 않은 상황이 맞물리면 미국은 이라크 말고 다른 지역에서도 원유 이용권을 잃을지 모른다. 이것은 미국의 운전자들에게는 달갑지 않은 소식이다. 이렇게 되면 세계를 제패한다는 미국의 꿈은 막을 내리고 초강대국이라는 지위도 영영 잃어버릴 수밖에 없다.

소련이 무너지고 나서 러시아는 딜레마에 부딪쳤다. 동유럽 중 특히 동독 지역에는 주둔해온 소련군이 많았다. 그런데 이 군인들이 다 러시아인은 아니었다. 그들은 소련 연방을 구성하는 다양한 공화국에서 온 군인들이었고 그들이 충성을 바치는 대상은 이제는 더 이상 존재하지 않는 실체인 붉은군대였다. 이 군인들이 고향에서 자리를 잡고 살도록 돌려보내기란 이만저만 어려운 일이 아니었다. 귀환병에게는 거처도 일자리도 없었다. 그러나 미국이 부딪칠 어려움에 비하면 이 정도는 약과다. 미국은 해외에 둔 군사 기지가 1,000개가 넘는다. 이런 해외 군사 기지의 압도적 다수는 딱히 정해진 임무가 없는데 이것도 군사비가 턱없이 부풀려졌음을 보여주는 또 하나의 예다. 앞으로 연료와 자원이 떨어지면 이 해외 주둔 미군은 쓸모가 없다는 차원을 넘어 골칫거리가 될 것이다. 이 군인들을 정리해서 본국으로 송환하는 과정에서 미국은 소련의 경우와 비교가 안 될 만큼 크나큰 어려움에 부딪칠 것이다. 혼란이 휩쓰는 가운데 규모가 작은 군사 기지라면 아예 잊힐 가능성이 높다. 이렇게 되면 군인들은 알아서 자구책을 찾아야 할 것이고 그 과정에서 분실되는 무기도 생길 것이다.

초강대국 군비 경쟁에서 마지막으로 언급할 만한 것은 무기 판매 경쟁이다. 미국과 소련은 각자 종속국들에게 무기를 공급했다. 미국은 더 나은 조건으로 무기 장사를 했다. 미국은 종속국에게 무기를 사라고 돈을 빌려주거나 아니면 종속국에게 석유 수출로 번 돈을 무기체계에

쓰라고 강요했다. 소련은 자기 영향권 안에 있던 우호국들에게 무기를 그냥 준 편이었다. 소련의 방위산업을 물려받은 러시아는 신모델을 개발하여 지금은 무기 판매액에서 미국을 앞서나가고 있다. 미국의 군사적 패배는 무기 판매에 좋은 영향을 미치지 못했다.

세계의 교도관들

감옥 경쟁에서는 혁신적인 굴라그 사업 덕분에 소련이 단연 앞섰다. 레닌 치하에서, 그리고 나중에는 스탈린 치하에서 수백만 명이 강제노동 수용소로 집단으로 보내졌고 발틱해와 북해를 잇는 벨로모르운하 건설 현장 같은 대형 토목 공사에 투입되어 노예처럼 일했다. 수용소에는 늘 범죄자가 많았지만, 세월이 흐르면서 베를린, 파리, 뉴욕으로 이민 가택시를 몰면서 새 인생을 개척할 만큼 날쎄지 못했던 구체제 관련 귀족도 들어왔다. 그런가 하면 체첸인 같은 소수 민족(체첸인은 나치가 쳐들어왔을 때 이들을 반겼다가 미운털이 박혔다), 용감하게 싸우다 죽지 않고 적에게 항복한 군인(항복은 탈영의 일종으로 여겨졌다), 수녀와 사제(비과학적인 '종교적 미신'을 나라에서 뿌리 뽑기 위해)도 들어왔고 아무 지은 죄가 없는데도 사법부를 악용한 자들의 농간에 휘말려 들어온 사람들도 있었다. 체포는 보통 한밤중에 이루어졌다. 체포된 사람은 사회에서 그냥 사라졌다. 실종은 애써 무시되었고 실종자의 가족은 사회에서 외면당했다. 사회는 불안에 떨었지만 공포의 시인은 죄의 시인(체제 자체가 범죄의 장본인이라는 의심을 표현한 죄)으로 오인될 수 있었으므로 공포조차 마음 놓고 드러낼 수 없었다.

스탈린이 죽고 나서 조금씩 자유화가 이루어졌다. 잘못 기소되었거나 투옥된 사람이 대거 사회로 복귀했다. 죽고 나서야 명예회복을 한 사람도 있었다. 그 뒤로는 정치범 숫자가 꾸준히 줄어들었다. 알렉산드르 솔제니친의 『수용소 군도』는 분수령이었다. 자기만의 언어와 관습을 가진 또 하나의 세상이었지만 지극히 소련다운 모습을 띠었고 비밀로 덮였던 세상의 뚜껑을 연 작품이었다. 그 작품은 그늘 속에서 굴러다닐 수도 있었지만 일단 밝은 세상으로 밀려나오자 대번에 그 실상을 드러냈다. 그것은 나치의 학살과 쌍벽을 이루는 세계 정상급의 고약한 세상이었다.

양심수의 행방을 좇고 양심수의 이름을 해외 언론에 알리는 데 발 벗고 나서는 사람들이 운동을 벌이기 시작했다. 그 바람에 해외에서 압력이 들어오니까 소련 정부도 이제는 예전처럼 무지막지한 재판을 벌일 수가 없었다. 이런 제도를 굴리는 괴물은 전 세계 관객 앞에서 자신의 극악무도함을 과시하는 데 환장한 것까지는 아니었다. 그러기에 젊은 피를 확보하는 데 신경을 쓰지 않았고, 그러다 보니 제도를 운영할 인재가 차츰 부족해졌다. 안드로포프 서기장 밑에서 반체제 인사 몇을 잡아들여 엄단하려는 시도가 막바지에 일어나기는 했지만 소련의 반체제 운동 역시 그 무렵에는 꽤 대담해진 상황이었다. 또한 안드로포프가 죽고 나서는 그런 시도 자체가 부질없어졌다. 그래서 소련은 감옥 경쟁에서 자꾸만 뒤처졌다. 소련이 쪼개질 무렵에는 최악의 만행 역시 벌써 역사의 뒤안으로 사라지고 있었다. 그런 만행을 저지른 사람들에게 앙갚음해야 한다는 목소리도 그다지 높지 않았다. 그런 사람들은 어차피 이제 현직을 떠났거나 저세상 사람이 된 지 오래였다.

결국 감옥 경쟁에서 승리를 거둔 것은 미국이었다. 미국은 전체 인구 중 수감자가 차지하는 비율이 세계 최고다. 소련의 무지막지한 재판은 감추기에 기댔지만 미국의 무지막지한 재판은 아리송함에 기댄다. 미국 법원은 돈 없고 배경 없는 사람은 마구 삼켜대지만 돈 많고 배경이 든든한 사람은 조심스럽게 다룬다. 시민을 상대로 퍼붓는 적나라한 공격을 덮기 위해서 미국은 예로부터 헌법이 보장하는 권리라든가 정당한 절차 같은 사탕발림을 입혔다. 그러나 삭풍이 온 나라를 휩쓸면서 사탕발림을 벗겨내는 지금은 일주일이 멀다 하고 새로운 공권력의 남용이나 만행이 언론에 오르내린다.

미국의 사법 제도는 고학력자, 기업, 부자는 두둔하고 저학력자, 평범한 시민, 빈민에게는 부당하게 불이익을 준다. 아무리 법적으로 복잡하게 꼬인 일이더라도 돈을 처바르면 해결되지 않는 경우가 드물다. 하지만 관선 변호사에게 기댈 수밖에 없는 사람이 괜히 법하고 맞붙었다가는 벌금을 두드려 맞고 심지어 투옥될 각오까지 해야 할 것이다. 요컨대, 어떤 법이든지 그 내용이 어지간히 복잡하면 그 법은 그 극단적인 복잡성을 헤쳐나갈 만한 자원을 가진 소수의 사람만을 비호한다는 점에서 원천적으로 정의롭지 못한 셈이다. 미국이 바로 그렇다. 미국에서는 개인과 개인 사이에 분쟁이 생겼을 때 돈 많은 사람이 어김없이 이긴다. 고소하겠다는 위협만 해도 상대는 꼬리를 내린다.

범죄자는 범죄 행위를 저지른 사람이라고 믿는 사람이 많다. 적어도 미국의 사법 제도에서는 그렇지 않다. 미국에서 범죄자는 범죄 행위를 저질렀다고 고발당하고 재판을 받아서 유죄 판결을 받은 사람을 말한다. 그 사람이 정말로 죄를 지었는지 안 지었는지는 중요하지 않다. 증인이 거짓말을 할 수 있고 증거를 날조할 수 있고 배심원도 매수할 수 있기 때문이다. 반면에 범죄 행위를 저질렀지만 재판을 받지 않았거나 재판을 받고 무죄로 풀려난 사람은 범죄자가 아니다. 그리고 이런 사람을 범죄자라고 부르는 사람은 명예훼손으로 고발당할 수 있다.

따라서 미국의 사법 제도 안에서는 범죄를 저지르고 빠져나가는 사람은 사실상 범죄를 저지르지 않은 셈이다. 부유한 고객은 합법성의 한계를 늘 시험하고 확대하는 데 골몰하는 변호사를 쓴다. 기업은 변호사를 집단으로 거느리고 있어서 개인을 상대로 거의 언제나 이긴다. 또한 기업은 분쟁이 일어나면 정치권에 줄을 대서 구속력 있는 중재를 요청하며 정치권은 기업을 싸고돌면서 기업에게 유리한 합의를 끌어낸다.

무고한 사람을 감옥에 보내고 처벌하면서 정작 죄를 지은 사람은 눈감아주는 곳은 결코 미국만이 아니다. 하지만 다른 나라에서는 그런 불의가 부패, 억압, 사법 제도의 문제점 때문에 일어나는 반면 미국에서는 그런 불의가 사법 제도 자체 안에 설계되어 있다. 그러니 합법성과

도덕성을 혼동하거나 윤리와 정의를 혼동하는 사람은 구제불능의 어수룩한 사람이라고 말할 수밖에 없다. 언제나 합법적으로 행동하긴 해야겠지만 그런다고 해서 꼭 감옥에 안 가란 법도 없다. 어떤 식으로 합법적으로 행동할지는 내가 나의 양심을 따르느냐 신을 따르느냐 혹은 변호사가 있다면 변호사의 조언에 따르느냐로 결정되겠지만 그것은 법을 지키는 것하고 상관이 있을 수도 있고 아무런 상관이 없을 수도 있다. 합법성은 사법 제도의 소유고 정의는 유구한 미덕이다. 이것을 구분하지 못하는 사람은 별로 없다. 대부분의 사람은 정의는 정의대로 알고 또 그것과는 별개로 무엇이 합법적인지를 알고 또 불법을 저지르고도 어떻게 법망에 걸리지 않는지를 안다.

미국의 사법 제도는 현재로서는 정교한 고급 모델이지만 비용 모델은 확실히 불안하다. 부담할 형편이 되는 사람에게는 좋은 제도지만 형편이 안 되는 사람에게는 좋은 제도가 아니다. 최근 몇 년 동안 사형수 가운데 상당수가 DNA 검사를 받고 그냥 풀려났다. 이렇게 살인 미수 비율이 높다면 응당 그렇게 높은 살인 미수 비율을 만들어낸 책임이 있는 형사 재판 제도 전체를 비판해야 하고 그게 아니라면 적어도 거기에 관여한 모든 사람이 더 이상 공직을 맡지 못하게 만들어야 한다. 하지만 그런 일은 일어날 가능성이 높지 않다. 희생자의 대부분은 가난뱅이라서 사법 제도에는 있으나 마나 한 존재이기 때문이다.

빈곤의 나락으로 떨어지는 사람은 날이 갈수록 늘어나지만 이들은 자신에게 유리한 판결을 확보하는 데 들어가는 비용을 댈 길이 없다.

그들은 사법 제도를 정의를 구현하는 제도가 아니라 억압의 도구로 슬슬 보기 시작할 것이며 사법 제도에 도움을 요청하기보다는 사법 제도를 피해가는 요령을 터득할 것이다. 억압이 일상화되면 어느 시점에 가서는 정의를 섬기는 척하는 가식조차도 벗어던지고 훨씬 간단하고 효율적이고 능률적인 사회 통제 방식을, 다시 말해서 계엄법 같은 것을 들고 나올지도 모른다. 이런 변화는 벌써 어느 정도 일어나고 있다. 지금 미국에는 비밀 교도소가 있고 사람을 무한정 붙잡아둘 수도 있고 비밀 법정도 있다. 소련식의 전시 재판도 있고 재소자 고문도 일어나며 미국이 통제하는 지역을 증빙 서류 없이 지나가다가는 온 가족이 억류당한다. 아이건 어른이건 정신병원에 집어넣어져서 실험용 향정신성 약물을 투약받는다.

통제를 벗어난 미국의 형사 재판 제도를 개탄하는 사람은 이것을 좀 더 효율적으로 운영할 수 있는 방법을 찾고 싶을지도 모른다. 하지만 이것이 너무나 효율적이라는 사실이 문제일 수도 있다. 필요한 것은 이것을 훨씬 덜 효율적으로 만드는 것인지도 모른다. 교도소 경쟁이 법을 집행하는 계급에게 유리하게 작용한다는 것은 자명하다. 그들에게 일자리와 지위와 넉넉한 자금을 제공하기 때문이다. 하지만 이것이 범죄 계급의 이익을 더 챙겨준다는 사실도 지적할 필요가 있다. 형무소 제도는 범죄자에게 많은 서비스를 제공한다. 한 자리에 모여서 네트워크를 만들 수 있게 해준다. 그리고 좀 더 치밀한 범죄 기술과 걸리지 않고 더 크고 짭짤한 범죄를 저지르는 새로운 방법을 놓고 세미나를 열 수 있게 해준다. 뿐만 아니라 범죄자들에게 주기적으로 안식년을 줌으로써, 200만 명이 넘는 범죄자들을 도저히 먹여 살릴 수 없게 된 미국 국민에게 숨통을 터준다. 그들은 범죄를 저지를 만한 절호의 기회가 나타나면 때를 놓치지 않고 덥석 기회를 낚아챌 만큼 충분한 휴식을 취한다. 그렇게 형무소 제도는 고난도의 훈련을 받은 전문가들을 넉넉하게 공급하는 역할을 한다.

200만 명이 넘는 사람을 감옥에 가두는 미국은 세계 최고의 수감율을 자랑한다. 미국이 이렇게 많은 사람을 가둬두면서 내세우는 논리는 범죄 방지이다. 사회학자들은 수감율 증가와 범죄율 감소 사이의 상관도를 밝혀내려고 통계를 이리저리 잘라보고 썰어본다. 이들은 수감율 증가와 범죄율 감소 사이에서 끽해야 0.25 정도의 상관도를 찾아낸 것으로 보인다. 결국 수감 수준이 범죄 수준에 미치는 영향은 전자의 증가가 후자의 감소를 낳는다고 말할 만큼의 의미를 못 갖는다. 대규모 수감 제도가 어떤 의미에서든 제구실을 한다고 단언하려면 더 많은 증거가 필요하다. 오히려 비가 오기를 기원하면서 추는 춤과 강우량 사이에서 더 높은 상관도를 찾아낼 수도 있지 않을까.

형사 사법 제도는 범죄를 조장하는 데도 효율적으로 보이지만, 처벌이 이루어지는 것을 보고 싶어하는 사람들의 역사적으로 유구한 욕망을 더 효율적으로 채워준다. 야만이 지배하던 시절에는 군중은 피라미드 위의 제단이나 교수대, 화형대나 단두대 주위로 몰려들어서 그런 욕망을 채웠다. 지금도 선거로 뽑힌 미국의 위정자들은 정치 토론을 벌이다가 극형이라는 주제가 나오면 묘하게 눈을 반짝인다. 힘없는 사람들은 원래 권력의 자의적 집행을 지켜보면서 대리만족을 느끼는 법이다.

나치는 강제수용소에 사람을 가두고 수감번호를 문신으로 새겨야 했지만 미국은 피부에 박을 수 있는 무선주파수인식칩, 생체인식 시스템, 얼굴인식 시스템, 정찰위성, 도처에 널린 감시카메라, 글로벌 네트워크 데이터베이스 같은 현대 기술을 써먹을 수가 있다. 이런 첨단 기술 덕분에 미국은 이론적으로는 지구의 대부분을 하나의 거대한 굴라그로 만들 수가 있다. 아니면 그런 시도를 무리하게 하다가 무너질 수도 있다. 이런 시스템이 마침내 무너지면 (무너지는 것이 정상이다) 거기서 살아남은 사람들은 더 나은 경험을 해본 적이 없던 만큼 이러한 학대 문화를 더 저열하고 더 야비한 수준에서 또다시 우려먹을 가능성이 높다. 지금으로서는 미국의 범죄 문화에 대한 뾰족한 해결책이 없다. 뿌린 대로 거두는 법이라고 그냥 당하는 것 말고는 정말로 방법이 없다. 정의롭지 못한 불평등한 사회 질서를 영속시킨다면 엄청난 사람이 장기적으로 피해를 볼 수밖에 없다.

악의 제국

로널드 레이건이 소련을 '악의 제국'이라고 불렀을 때 이 딱지는 비록 무례하긴 했지만 그래도 많은 사람이 말이 된다고 생각했다. 그 뒤로

이 딱지는 소련에 착 달라붙었다. 그로부터 20년이 흘렀으니 세상은 참 많이 달라졌다! 레이건이 베를린의 브란덴부르크 문에 서서 "고르바초프 씨, 이 벽을 허무시죠!" 하고 말했을 때 베를린 장벽은 실제로 기념품 크기의 조각들로 부서졌다. 그러나 20년이 지난 지금 거대한 정치적 장벽이 다시 유행하고 있다. 다만, 이번에는 미국과 미국의 종속국들 사이에 장벽이 올라간다는 점이 다르다. 미국과 멕시코 사이의 국경선을 따라 긴 장벽이 있고, 지미 카터가 '아파르트헤이트'라고 제대로 불렀지만 수많은 장벽이 팔레스타인을 갈기갈기 찢었고, 바그다드는 교착 상태에 빠지기는 했지만 시아파 게토와 수니파 게토로 나누려는 계획이 잡혀 있고, 미국 안에도 끼리끼리 모여 사는 공동체와 높은 담장으로 둘러싸인 폐쇄적 단지가 수없이 많다.

미국인은 담 뒤에 숨는 것이 꽤 괜찮은 생각이라고 보는 듯하다. 지난 20년 동안 소련에 대한 기억은 희미해져갔지만 미국이 그 자리를 대신 차지하면서 유럽, 이슬람 국가, 그 밖의 많은 나라에서 모든 악의 대명사로 떠올랐다. 전쟁이든 불의든 세계화든 인권 침해든 환경 파괴든 기후 변화의 재앙을 가속화하는 정책이든, 대중이 저항하는 모든 대상에는 미국이 있다. 미국은 그 크기가 커서 표적으로 삼기도 쉽다. 수많은 세계인이 미국과 협조하는 데 죽어라 반대하므로 정치 지도자들역시 조심해야 한다. 미국은 대놓고 맞서기에는 아직도 너무 막강하다. 그렇지만 미국의 야심을 고분고분 들어주었다가는 지지율이 곤두박질칠 각오를 해야 한다. 그래서 정치인들은 미적거리면서 기회를 노린다.

소련이 아프가니스탄을 9년 동안 무익하게 점령하는 동안 결국 소련 경제는 정체되었다. 얼굴이 부석부석하고 뚱한 표정을 하고 다니던 노쇠한 서기장들은 하나둘 타계하여 레닌 묘역에 안장되었고 공산당 지도부 안에서도 이렇게 악으로 불리는 것은 수치라고 생각하는 사람들이 늘어나기 시작했다. 제국의 지위는 타협 대상이 아니었고 사회주의 이념도 양보할 수 없었지만 악을 없애자면 분명히 무언가 대안이 필요했다. 고르바초프는 글라스노스트〔개방〕와 페레스트로이카〔개혁〕 운동으로 이런 공식적 열망에 목소리를 보탰다. 부분적 사과와 '과오를 자인' 하는 발언이 수없이 쏟아져 나왔다.

나는 80년대 후반에 오갔던 대화를 지금도 기억한다. 대화의 주제는 "이 자식들(소련 정부를 지칭)이 지금 뭘 하자는 걸까?"였다. 몹시 여윈 한 늙은 여자가 내놓은 대답은 처음에는 말도 안 되는 것처럼 보였지만 가만 생각해보니 꽤 일리가 있었다. 악랄하고 '못된' 정권 노릇하는 데 지쳐서 앞으로는 무능하고 '못난' 정권이 되려고 저런다는 것이었다. 그들은 과오에 대해서 일말의 수치심까지 느끼며 모호한 용어로나마 사과할 마음도 있었지만 실제로는 책임을 조금이라도 지지 않는다는 보장이 있어야 사과를 하겠다는 것이었다. 알다시피 악과 무능은 안 어울린다. 어느 구석에 처박혔는지 모를 문서를 찾아내기 위해서 사람의 영혼을 단 한 순간이라도 가지고 싶어하는 악마를 상상하기는 어렵다. 늙은 여자의 말로는 소련의 문서 관리는 엉망이었다. 문서 업무를 맡은 공무원들은 벌을 받아도 쌀 만큼 게을러터졌다. "천벌을 받을 놈들!"이라고 개혁을 부르짖는 악마는 말하고 싶겠지만 그들은 이미 천벌을 받고 있다. 게다가 개혁을 떠드는 악마도 누가 무엇을 언제 잃어버렸는지 세세히 모르니까 할 수 있는 일이 하나도 없다. 그래서 실수는 계속되고 죄인들의 마음은 가벼워진다고 늙은 여자는 독설을 퍼부었다.

그런 무능의 극치를 20년 뒤에 미국 관리들이 보여주고 있다. 하지만 고르바초프처럼 점잔을 빼면서 말하지 않는다. 미국인은 소탈하고 직설적인 대통령 덕분에 기가 막히게 극적인 효과를 만들어낸다. 이라크에서 봉기가 일어날 무렵에 "임무를 완수했다"고 선언한다든지 뉴올리언스 시민들이 죽어가도록 방치한 무능한 재난대책본부장에게 "일을 어쩌면 그렇게 잘하느냐"고 칭찬한다든지 그런 식으로 앞뒤가 안 맞는 말을 수도 없이 쏟아내는 부시 대통령은 국가적 차원의 무능을 소리 높여 알리고 있다. 그런 식의 발언을 실언이나 실수, 기행으로 본다면 오산이다. 이것이야말로 앞서가는 지도자 의식이 아닐 수 없다. 다른 고위 관리들도 그 나름의 전략이 있다. 부통령은 강한 표현으로 허황된 말을 잇달아 내뱉으면서 망상에 빠진 척하고 법무장관을 지낸 사람은 기억이 오락가락하는 모습을 설득력 있게 보여주면서 알츠하이머 초기 증상을 그럴 듯하게 흉내 낸다. 행정부 관리들은 잘못해서 중요한 문서를 파기하는 척하다가 더 주목을 끌려고 불완전하게 파기하는 바람에 사본들이 금세 불쑥 나타난다. 미국 관리들은 지위 고하를 막론하고 저 높은 시나이산에서 받은 십계명처럼 대를 이어 전해 내려온 이 탁월한 전략에 보조를 맞춰야 한다. 여기에 보조를 맞추지 않으면 역사는 그들을 악으로 기억할 것이다. 보조를 맞추는 데 성공하면 역사는 너그러이 그들을 망각으로 밀어 넣고 나서 그저 무능했다고만 평가할 것이다.

파산

무역 적자와 재정 적자가 자꾸만 커지는데도 미국 달러가 벌써 수십 년째 가치를 유지해온 것은 달러가 석유를 사는 데 쓰는 국제 통화이기 때문이다. 다른 나라들은 미국에 물건을 수출할 수밖에 없었다. 석유를 사는 데 필요한 달러를 모으자면 그 방법밖에 없었다. 덕분에 미국 재무부는 횡재를 거듭했다. 이런 호시절은 이제 막을 내리고 있다. 산유국들이 석유를 팔고 돈을 유로화로 받는다든가 식량으로 받는다든가 하는 식으로 고객들과 거래 방식을 다변화했기 때문이다. 그럴수록 달러는 가치를 잠식당한다. 달러 가치가 떨어지면 자꾸만 품목이 늘어나는 필수 수입품의 가격이 올라가 물가가 뛴다. 어느 시점에 이르면 인플레는 자기증식에 들어가 초인플레를 낳는다.

"미국이 초인플레를 겪어? 말도 안 돼!" 대뜸 이렇게 코웃음 치는 사람이 한둘이 아닐 것이다. 경제학자를 포함해 많은 사람이 초인플레의 가능성을 진지하게 검토하는 데 애를 먹는다. 초인플레는 정부가 마구 돈을 찍어내야만 일어나는 일인데 생각이 제대로 박힌 정부라면 그렇게 할 리가 없다는 것이다. 하지만 적자의 늪에서 허우적거리는 이 정부는 궁지에 몰린 정부들이 언제나 선택했던 길을 따를 것이다. 빚을 못 갚겠다면서 채무불이행 선언을 하기보다는 빚을 부풀려서 날려버리는 쪽을 선택할 것이다. 세수 기반이 붕괴하고 해외 차입도 여의치 않은 상황에서 그나마 약간의 지불력이라도 유지하려면 그 수밖에 없다. 연방준비은행 사람들도 먹고는 살아야 할 것 아닌가.

경제가 인플레의 소용돌이에 휘말려드는 것은 노동자들이 집단 교섭력을 발휘해서 물가 상승분을 임금에 반영하도록 만들기 때문인데 노동자들의 조직률이 낮은 미국에서는 노조가 허약해 그런 일을 벌일 수 없을 것이라면서 초인플레의 필연성에 의문을 던지는 분도 있다. 이런 분들은 출근하려고 차에 기름을 사서 넣으면 한 달 월급이 몽땅 날아가는 판에도 직장인들이 여전히 일할 수 있을 것이라고 생각하는 모양이다. 이런 분들을 보면 말이 먹이를 먹지 않도록 길들이려던 우화 속의 농부가 생각난다. 이제는 성공했구나 싶어서 농부가 속으로 쾌재를 부른 순간 말이 먼저 죽어버리고 말았다. 사람한테 시킬 일이 있으면 먼저 사람이 몸을 움직일 수 있도록 제대로 먹이고 나서 일을 시키든가 말든가 할 일이다.

미국에는 물가가 오르면 손해를 안 보도록 생활 보전금을 자기 자신은 물론이거니와 자기와 한 배에 올라탄 아랫사람한테도 야섭지 않을 정도로 주려는 사람이 무척 많다. 주로 경제 먹이사슬의 꼭대기에 있는 사람이나 꼭대기에 있다고 믿는 사람 중에 그런 사람이 많다. 그들은 파산하는 순간까지 그렇게 할 것이다. 미국은 부가 워낙 소수에게 집중

되어 있으므로 이런 사람들이 자기네 연봉을 꼬박꼬박 챙기면 물가 상승에 엄청난 영향을 미친다.

끝으로, 그런 문제는 경제학자들이 알아서 판단할 일이라고 생각하는 사람도 많다. 그렇다면 이런 문제는 어떻게 판단하시는가? 1999년 3월 영국의 이코노미스트지는 '기름 홍수'라는 제목으로 특집 기사를 실었다. 그런데 그해 12월에 가서는 그 기사를 철회할 수밖에 없었다. 경제학자들은 슬슬 꼴이 좀 우습게 되어간다. 번번이 형편없는 예측 능력이 드러나기 때문이다. 뿐만 아니라 경제학이라는 학문 전체가 슬슬 겉도는 느낌을 준다. 경제학의 주된 관심사는 체제를, 다시 말해서 화석연료에 기반을 둔 성장 경제를 묘사하는 것인데 이런 체제 자체가 슬슬 무너져가니 그렇게 보이나 보다.

연방준비은행 총재를 역임한 앨런 그린스펀은 유류비 지출이 전체 경제에서 차지하는 몫이 얼마 안 되므로 유가가 올라도 경제에는 별 영향을 미치지 못한다는 생각을 피력했다. 그린스펀의 말은 어느 시점까지는 맞다. 소비자들이 시장에서 밀려나면서 경제가 심각한 타격을 받으려면 유가가 앞으로 몇 번 더 갑절로 껑충껑충 뛰어야 할 것이다. 하지만 그런 시점이 영영 오지 않는다 하더라도 우리는 가격과는 무관하게 석유의 총량이 떨어진다는 사실을 우려해야 마땅하다. 기름으로 돌아가는 경제에서 기름이 줄어들면 경제 활동은 그만큼 위축되기 때문이다. 더 줄어든 나라 경제로 어떻게 더 늘어난 나라 빚을 감당할 수 있을까? 방법은 있다. 돈을 찍어라. 새로 연방준비은행 총재에 오른 버냉키 씨는 나의 조언을 따른 듯하다. 그러나 인쇄기를 돌린 것이 아니라 몰래 거액의 달러 자금을 조성해서 유동성을 공급하고 자산 가치를 인위적으로 떠받치기 위해 금융 시장에 직접 쏟아 부었다. 이런 전략은 먹혀들지 않고 있다. 그래서 달러화는 다른 통화들에 비해 연일 기록을 갈아치우면서 가치가 떨어지고 있다.

어쩌면 미국 달러가 휴지 조각이 될 가능성을 받아들이기가 어려워진 것은 경제가 아닌 역사와 문화 때문인지도 모른다. 역사적으로 한두 번 이상 초인플레를 겪었던 러시아인이나 독일인과는 달리 미국인은 자기 나라 종이돈이 같은 무게의 화장지보다 가치가 없어지는 상황을 도저히 상상하기가 어렵다. 하지만 그런 상황은 실제로 일어난 적이 있다. 저금은 수증기가 되어 허공으로 날아간다. 아직도 수표로 받은 월급이나 연금이 있는 사람은 그것을 당장 현금으로 바꿔서 물가가 다시 오르기 전에 살아남는 데 필요한 물건을 빨리 부지런히 사두어야 한다.

무가치한 종이 다발을 싸들고 돌아다니는 것도 망신스러운 일이지만 국가 파산은 더 심각한 파장을 일으킨다. 하나는 연금생활자처럼 고정 수입으로 살아가야 하는 상당수 국민이 무일푼이 된다는 사실이다. 또 하나는 수입품의 씨가 마른다는 사실이다. 이렇게 되면 에너지의 절반 이상을 수입하고 소비재의 상당량을 수입하는 미국 같은 나라는 휘발유난에 봉착하여 전등불이 꺼지고 가게에는 물건이 없어 텅텅 빈다. 여기에 금융 경색까지 겹치면 새로운 사업에 필요한 자금을 댈 길이 없어진다. 이런 일들이 겹치면 경제 활동은 느려지다 못해 멎어버리고 개인 수입은 곤두박질치고 정부의 세수는 줄어든다. 그리고 국민에게 돌아오는 서비스도 그만큼 줄어든다.

잘살든 못 살든 대부분의 미국인은 돈 없는 삶을 생각도 못한다. 하지만 문제가 닥치기 전에 미리미리 생각해두는 것이 좋을 것이다.

합법성의 붕괴

두 초강대국의 정체성은 사회주의 아니면 자본주의라는 각자 굳게 뿌리박은 이념에서 나왔다. 그들의 사회가, 그리고 결국에 가서는 그들의 경제가 파국을 맞이한 것은 어느 한쪽으로만 극단적으로 밀어붙였기 때문이다. 잘나가는 나라는 정도는 달라도 모두 사회주의 국가면서 동시에 자본주의 국가다. 시간이 웬만큼 흐르면 이념에는 한계가 있다는 사실을 깨닫게 마련이다. 한 사회가 전체적으로 성공을 거두려면 사회 전반의 필요에 부응하여 이윤 추구에도 어느 정도 제동을 걸어야 한다. 마찬가지로 경제의 모든 책임을 답답한 정부 관료에게 떠넘기는 것만으로는 경제의 장밋빛 시나리오를 기대하기 어렵다. 건강한 민주주의 국가에서는 정파를 초월해 모든 정치 세력이 교육과 의료 같은 공공 부문에서는 폭리를 취하는 일이 없도록, 또 산업에 지나친 규제가 일어나지 않도록 중심을 잘 잡는다.

자본주의 아니면 사회주의만을 고집하는 나라는 오른뇌나 왼뇌의 존재를 부정하는 중풍 환자와도 같다. 이념의 구분이 인위적이라는 사실을 처음 알아차린 사람은 알베르 카뮈다. 카뮈는 서양의 공업주의도 공산주의의 그것도 산업화와 노동 전문화라는 비슷한 수단으로 비슷한 결과에 이른다고 지적했다. 카뮈는 1950년대에 벌써 『반항인』이라는 책에서 공산주의의 실험이 실패할 경우 그것은 서양의 이념적 승리로 오인될 것이라고 정확히 내다보았다.

카뮈는 또 두 체제가 어디서 실패했는지도 구체적으로 짚어냈다. 둘다 창조적이고 의미 있는 일을 만들어내지 못했다. 우리는 우울증을 마음의 병으로 보려고 하지만 그것은 삶을 의미 있거나 즐거운 것으로 만들지 못하는 문화적 실패의 징후다. 우울한 상황에 직면한 사람의 우울증은 무의식적 반항의 징후다. 약으로 이런 반항을 다스리려고 하지만 그렇게 해서는 밑바탕에 깔린 문제가 해결되지 않는다.

확실히 미국은 소련이 자본주의적이었던 것보다 훨씬 더 사회주의적이다. 소련의 중앙계획 관료주의가 남긴 폐해는 농업에서부터 패션과 액세서리에 이르기까지 온갖 분야에서 기업가 정신에 저주를 퍼부었다. 예외가 있다면 무기나 비행기 같은 기술 상품을 만들어서 수출하는 대표 산업 정도다. 문화 활동에 악영향을 미친 것은 중앙계획보다는 이념 통제였지만 이념과 계획이 별로 중요하지 않은 분야에서는 나라가 꽤 잘 돌아갔다.

인정하고 싶어하지 않는 사람이 많을지 몰라도 미국은 사회주의적인 면이 많은 나라다. 가령 개인연금 이야기를 많이 하지만 대부분의 퇴직자는 사회보장에 크게 기대며 아마 사회보장이 없으면 굶주릴 것이다. 마찬가지로 메디케어도 노인들의 장수에 필요한 서비스를 제공한다. 메디케어가 없으면 미국인의 수명은 뚝 떨어질 것이다. 실제로 소련이 무너지고 나서 사회 보건 기구가 점차 사라지니까 러시아에서 그런 일이 벌어졌다. 또한 미국 정부는 교통 인프라의 대부분을 맡고(역사적 이유에서 철도는 무시된다) 농업에도 거액의 보조금을 지급한다.

정부가 산업에 직접 투자하지 않아도 살아남을 수 있는 현대의 공업 경제는 없다. 미국도 예외가 아니다. 그런데 미국 정부는 이념적 제약으로 인해 이런 일을 공개적으로 효과적으로 할 수가 없다. 대신 점점 규모가 커지는 적자 예산으로 산업 기반을 뒷받침해야 한다. 이는 아주 비효율적이다. 이런 투자가 만들어내는 상품은 대체로 쓸모가 없으며 쓰이더라도 부를 창출하기보다는 부를 파괴하기 때문이다.

또한 미국에서는 정부와 민간 기업의 유착이 많이 일어난다. 특히 의약 부문이 그렇다. 이런 유착은 공개적으로 일어날 수 없다. 전문가가 프로젝트를 가지고 민간 부문과 공공 부문 사이를 넘나드는, 이른바 '회전문'이라는 제도적 장치를 통해 이루어진다. 그래서 신약을 규제하는 사람이 세월이 흐르면 그 약을 팔아서 돈을 버는 회사에서 일한다. 이런 구조는 정부가 기업을 드러내놓고 통제하는 것보다 부패에 물들 가능성이 훨씬 높고, 정부 예산에서도 국민한테서도 이익을 빨아들일 가능성 역시 훨씬 높다.

이념을 가진다는 것은 좋고 바람직한 일이다. 하지만 이념은 국민 대다수에게 만족스러운 삶을 제공해야 한다. 소련 모델이 뒤처진다는 사실이 자명해졌을 때 소련 모델은 실패한 것이 되어버렸다. 공산주의가 만들어내려고 애썼던 노동자의 지상낙원에서 살아가는 보통 노동자보다 서방 국가의 노동자가 더 잘살았던 것이다. 고삐 풀린 미국의 자본주의 모델이 압도적 다수 국민의 재산을 물속으로 가라앉히면서도 버티는 이유는 소수의 사람들에게 큰 부자가 될 수 있는 길을 터준다는 사실과 그런 부자가 되는 기적이 나에게도 일어날 수 있다고 믿는 사람이 많기 때문이다. '아메리칸 드림'이라는 병적 허상에 언론이 열심히 바람을 불어넣고 그 희생자는 주로 노동 계급에서 나온다. 부지런히 일하고 규칙에 따라 역할을 충실히 하면 성공하리라는 것이 그 신화의 핵을 이룬다. 그것은 희망으로 변장해서 비뚤어진 자존심을 통해 힘을 쓴다. 자신의 무력함을 은폐하려고 스스로에게 부리는 심리적 술수다. 그들은 자신들이 억눌렸다는 것을 알지만 그런 억압에 반기를 들어봐야 부질없다는 것도 안다. 그래서 무엇보다도 억압자들 때문에 지금의 처지로 내몰렸는데도, 마지막 자존심이라도 지켜보려고, 자기가 잘못해서 지금처럼 살아가는 것처럼 군다.

소련도 미국도 자기가 추구하는 민주주의라는 제도를 지나치다 싶을 정도로 요란하게 떠벌였다. 두 나라보다 훨씬 더 민주적인 나라들은 민주주의 제도에 대해 그렇게까지 떠들어대지는 않는다. 민주주의가 잘 돌아가는 나라에서는 그냥 민주주의를 당연히 받아들일 뿐이다. 소련의 선거 제도는 강압된 동의의 제도였다. 공산당은 후보자들을 고르고 유권자는 기표하지 않은 투표지를 투표함에 넣음으로써 찬성표를 던지든가 선거관리공무원이 눈을 부릅뜨고 지켜보는 가운데 투표지에다 줄을 박박 그음으로써 반대표를 던졌다. 두말하면 잔소리겠지만 대부분의 후보는 압도적인 지지율로 공직자가 되었다. 미국의 선거 제도는 그릇된 선택을 마음대로 할 수 있는 제도다. 유일하게 의미 있는 선택은 '적임자 없음'이지만 그런 선택지는 어김없이 빠져 있다.

소련은 고착되고 제대로 부패한 일당을 중심으로 굴러갔다. 그리고 그 일당이 권력을 독점했다. 미국은 고착되고 제대로 부패한 양당을 중심으로 굴러가고 양당이 권력을 독점하지만 두 당의 입장은 구분이 안 될 때가 많다. 소련이든 미국이든 지배 엘리트는 하나다. 그런데 미국에서는 지배 엘리트가 두 팀으로 나뉘어서 겨루니까 지배 엘리트의 권력 장악이 어쩐지 스포츠맨십에 가까운 것처럼 보인다. 투표할 당이 공산당 하나밖에 없는 것보다는 옥신각신하는 두 개의 자본주의 정당을 가진 것에 아무래도 좀 더 으쓱해진다. 하지만 두 당이 옥신각신하는 대상은 대체로 대중 앞에서 포장하기 쉬운 것으로 골라잡은 사회 정책의 작은 상징적 표본일 뿐이다. 공산당은 단 하나의 쓴 약만 주었다. 두 자본주의 정당은 두 개의 가짜약 중에서 하나를 고르라고 한다. 최근에는 사진으로만 결승선을 누가 먼저 통과했는지를 판정할 수 있는 박빙의 승부라는 혁신을 선거에 몰고 왔다. 선거 자원을 어느 한쪽으로 치우치지 않고 대체로 비슷하게 배정받은 두 당은 정확히 50퍼센트씩의 표를 미리 사들인다. 그리고 마술사가 모자에서 토끼를 꺼내듯이 깜

짝쇼에 가까운 돌발 변수의 작용으로 결과가 나온다. 애써 투표장까지 가는 미국 국민의 숫자가 그렇게 적다는 사실은 미국 국민의 지성을 웅변한다.

소련식 민주주의는 분명히 사산되었다. 미국식 민주주의는 어떤 면에서는 아직도 살아 있지만 실제로는 정치판에서 벌이는 흥정의 눈가림일 뿐이다. 주로 밀실에서 이루어지는 그런 흥정에서는 어마어마한 돈이 오고간다. 미국은 민주주의의 1.0 베타판이라고나 할까 아직 민주주의의 초기 시제품 단계에서 굴러가는 정도다. 기회가 있었으면 현대의 대의제 민주주의로 발전할 수도 있었겠지만 지금은 군주제로 퇴보한 듯하다. 부시 왕조가 있고 그다음에는 클린턴 왕조가 이어질 수도 있다. 서로 엎치락뒤치락하는 두 왕실의 존재는 그들이 동일한 세력의 대리인이라는 사실을 물타기하는 데나 요긴하다.

소련이나 미국이나 자기의 이념과 통치 체계를 온 세계에 퍼뜨리려고 기를 썼다. 소련은 독일의 공격을 물리친 부산물로 세력권을 동유럽으로 넓혔다. 그리고 다른 지역에서는 사람들이 식민지 정권과 서양의 수탈에 맞서 들고 일어났을 때마다 지원을 하면서 활로를 찾았다. 종속국들의 입장에서는 혹은 무지에서 그런 처지로 빠져들었건 혹은 절박한 상황에 몰려 그런 처지로 빠져들었건 경제적 수탈에서 벗어나는 대신 정치적 억압을 당해야 했으니 썩 유리한 거래는 아니었다.

미국은 세력권을 넓히는 일에서 국민의 지지를 대체로 얻지 못했다. 그래서 이란, 이라크, 칠레에서 그랬던 것처럼 암살을 비롯한 다양한 수법에 기댔다. 물론 대개는 대리자를 내세웠지 직접 나서지는 않았다. 노골적으로 쳐들어간 적도 몇 번 있지만 결과는 들쭉날쭉했다. 그렇지만 경제를 발전시킨다는 명목으로 벌인 또 다른 수법은 한동안 상당히 잘 먹혀들었다. 개발 자금을 지원하여 한 나라의 자원을 개발하고 이용하는 것이었다. 개발에서 나온 수익금은 그 나라 안에서 재투자된 것이 아니라 대부분 해외로 반출되었고 서방 은행에 입금되었다. 지원은 융자 형식으로 이루어졌는데 일부는 그 나라의 친서방 엘리트 집단이 착복하고 나머지는 자원을 개발하는 미국 기업들에게 지불되었다. 그러면 그 나라는 외채 상환의 부담을 떠안아야 했다. 융자는 대체로 굉장한 규모로 이루어져서 미국 기업들은 짭짤한 수입을 올렸고 그 나라는 영원히 빚더미에 올라앉기 딱 좋았다. 빚을 갚지 못하면 IMF가 와서 혹독한 구조조정을 강요했다. IMF와 세계은행의 손아귀에서 벗어난 나라들이 그러지 못했던 나라들보다 대체로 잘되었다.

몇 년 전부터 미국은 소련의 세력권에 있었던 불행한 나라들에서 민주주의 혁명을 연출하는 시도까지 해왔다. 이런 혁명은 색깔혁명공작소의 작품이다. 해외에서 자금 지원을 받는 이런 잘 조직된 행사에는 대량생산된 깃발과 티셔츠가 동원되고 국제 언론을 통해 대대적으로 홍보까지 된다. 여기에 편승해 서방 정부들은 합심해서 정치적 압력을 넣는다. 대부분 젊고 할 일이 없어서 별거 아닌 일에도 뛰쳐나가 목소리를 높이는 시위대에게는 식사까지 제공된다. 시위대는 자유와 민주주의를 요구했지만, 실상 그 자유라는 것은 외국 기업을 위한 자유였고 민주주의도 금권 정치와 연출된 선거를 대변할 뿐이다. 그들의 단순한 머리는 이런 섬세한 데까지 미치지 못했다.

시범 행사는 2000년 세르비아에서 벌어졌다. 오랜 수모를 겪은 그루지야에서 벌인 장미혁명도 그런 대로 성공을 거두어 늙은 친서방 꼭두각시 셰바르드나제가 젊은 꼭두각시 샤카슈빌리로 교체되었다. 미국이 지배하는 중앙아시아의 송유관이 경유하는 나라들, 이름 하여 '파이프라이니스탄'에서 그루지야에게 확실한 역할을 기대했기 때문이다. 하지만 성공은 거기서부터 제동이 걸렸다. 우크라이나의 오렌지혁명은 손발이 영 안 맞는 엉터리 정부의 출범으로 끝났다. 키르기스스탄의 튤립혁명은 모스크바와 아주 궁합이 잘 맞는 새 정부를 낳았다. 레바논의 삼나무혁명은 헤즈볼라의 집권과 뒤이은 이스라엘 침공으로 이어졌다. 벨라루시에서 어설프게 벌인 무채색혁명은 하품과 신파로 결말이 났다.

색깔혁명공작소는 별로 해낸 일도 없이 이제는 녹초가 된 것처럼 보이지만 어딘가에서 무언가가 미국식을 따르고 있다는 허구를 영속화하기 위해 국내용으로 언론 플레이를 벌이는 새로운 시도가 펼쳐지고 있었다. 일례로 서방 언론이, 특히 미국 언론이, 왕년에 체스 세계 챔피언이었던 게리 카스파로프가 얼굴 마담으로 나선 2007년 4월 모스크바와 상트페테르부르크에서 벌어진 반정부 시위를 얼마나 대대적으로 보도했던가. 카스파로프가 미국의 네오콘 세력과 연루되었다는 사실이나 시위대가 민족주의자, 골수 페레스트로이카 공산주의자와 학생이 뒤섞인 어중이떠중이였고 학생 중 상당수는 돈을 받고 동원되었다는 사실을 언급한 서방 언론은 단 한 곳도 없었다. 정치의식이 조금이라도 있는 러시아인은 카스파로프가 러시아의 국익을 염두에 두지 않고 있다는 사실을 알아차렸다. 하지만 그것은 중요하지 않다. 카스파로프가 둔 수는 어디까지나 해외용이기 때문이다.

냉전의 불길을 다시 지피려는 이런저런 허튼 노력들은 미국 선전 당국이 느끼는 절박감을 웅변한다. 이라크에서는 철저히 패배했고 테러와의 전쟁은 테러리스트 공격 숫자를 배가시키기만 했고 퇴역한 미군 장성들은 이란과의 전쟁은 위험천만한 도박이라는 경고를 날리고 있다. 그러니 미국은 싸움에서 이기지도 못하는 지금의 군대를 유지하는 것을 정당화해줄 적수가 절실하다. 이 적수는 안심하고 욕설을 퍼부을 수 있어야 하지만 직접 공격하기는 어려울 정도로 강력해야 한다. 그러니 천생 택할 수 있는 행동은 의도적이고 자랑스러운 마비 상태일 수밖에 없다. 이런 적대적 접근에 러시아가 별로 반응을 보이지 않으니까 코미디 효과는 줄어들지만 대신 치욕스러운 코미디가 되어버린다. 부시 대통령은 "우리는 이기는 것도 아니고 지는 것도 아니다"라고 했다지만 그렇다면 적어도 상대방을 굉장히 짜증스럽게 만들 힘이라도 우리에게 있으면 좋겠다. 하지만 아무리 도발을 해도 우리가 적으로 여기는 대상이 짜증스러울 만큼 꿈쩍도 안 한다면? 그때는 어이 하시렵니까, 천하의 초강대국이시여!

Reinventing Collapse

3

붕괴의 차이

2장에서 나는 두 초강대국, 다시 말해서 현재의 초강대국 미국과 과거의 초강대국 소련이 유익한 비교를 불허할 만큼 턱없이 다르지는 않다는 사실을 보여주었다. 소련을 정치적으로 경제적으로 붕괴하게 만들었던 요인들이 (시기는 꼬집어 말하기 어렵지만) 어느 시점에 가서는 마찬가지로 미국을 주저앉힐 가능성이 아주 높은 요인들로 보인다. 이렇게 말하면 그렇게 못되게 굴더니 꼴좋다, 알고 보니 속 빈 강정이었다, 못된 처신을 정당화하기 위해서 두 나라가 내걸었던 이념은 한마디로 위선이었다면서 두 초강대국이 응분의 대가를 치른다는 식으로 받아들이는 사람이 많다. 이렇게 고소해하면서 군침을 흘리는 사람들에게 나는 두 가지를 말해주고 싶다. 소련은 이제 더 이상 먹음직스럽지 않다는 것이고 미국은 아직 메뉴에만 올라간 상태라는 것이다. 우리가 정말로 따져보아야 할 중요한 문제는 따로 있다. 그러는 당신의 식권은 어디서 오느냐는 것이다. 당신은 앞으로도 그 식권이 초강대국한테서 발급될 것이라고 믿는가? 그렇지 않다면 당신의 대안은 무엇인가?

(어떤 나라를 초강대국이라고 생각하는지는 사람마다 다를 수 있겠지만) 초강대국은 그 판도 안에서 살아가는 사람들에게 생명 유지에 꼭 필요한 모든 서비스를 제공한다는 점에서 보통의 나라와 여러모로 비슷하다. 눈부신 빛으로 잠깐 동안 다른 모든 별을 압도하는 초신성처럼 초강대국의 서비스는 한동안은 남아돌 수 있다. 직접적이건 간접적이건 그것은 음식과 잠자리, 진료, 이동 수단, 자녀 교육, 노인 부양 등을 책임질 수 있다. 이 중 어느 하나라도 끊기면 (앞에서 말한 초신성이 블랙홀이나 중성자별로 변할 때 금세 닥치는 일이지만) 수많은 사람이 어려움에 처하고 심지어 죽기도 한다. 따라서 핵심 서비스에 초점을 맞추어 경제가 붕괴할 때 서비스가 어떤 영향을 받는지를 알아보고 경제 붕괴에 뒤따르는 파란과 마비를 내다보는 것이 중요하다. 소련은 이런 핵심 서비스의 대부분을 공공 부문을 통해 제공했지만 미국 국민은 전부는 아니더라도 서비스의 대부분을 민간 부문에 절대적으로 의존한다. 이런 방식은 경제가 아직 잘 굴러갈 때는 더 높은 생활수준을 제공할지는 몰라도 경제가 일단 무너지면 생존에는 훨씬 불리하다. 왜 그런지 그 이유를 지금부터 하나씩 알아보자.

붕괴의 일반적 양상

1장에서 나는 내가 본 대로 적었다. 미국에서 벌어지는 일이 적어도 전반적 양상에서 왜 소련에서 벌어진 일과 전혀 달라야 하는지 나는 잘 모르겠다. 물론 구체적으로 들어가면 다른 점이 있을 것이고 잠시 후에 우리는 그것을 하나하나 따져볼 것이다. 그렇지만 우리는 연료, 식량, 의약품, 수많은 소비재가 바닥나고 전기, 가스, 물이 끊기고 교통망과 각종 인프라가 망가지고 물가가 치솟고 조업 중단과 해고가 확산되면서 절망과 혼란과 폭력과 무법천지가 기승을 부릴 것이라고 예상할 수밖에 없다. 어떤 웅대한 구제안이나 혁신적 기술 개발이나 사회적 단합의 기적이 일어나리라는 기대는 확실히 접어야 한다.

정치 체제는 적어도 초반에는 온전히 유지될 것이고 체면을 살리려고 노력하겠지만 지금까지와는 달리 돈을 쓸 수가 없다 보니 서서히 마비를 경험할 것이다. 정부는 중앙에서 말단에 이르기까지 모든 수준에서 권위를 잃을 것이다. 공권력은 사설 보안 조직과 급조된 주민 자경단에 의해 제압당하고 부분적으로는 대체될 것이다. 수많은 법이 그냥 무시될 것이다. 또한 도로와 다리에서 상수도와 하수도에 이르기까지, 공공시설에서 교통망에 이르기까지 모든 유형의 사회기간시설이 민영이든 공영이든 상관없이 배급제로 운영되거나 아예 방치되어 크고 작은 재난이 수없이 일어날 것이라 봐야 한다. 쓰레기 수거처럼 지방자치체에서 처리하는 업무는 축소되거나 아예 중단될 것이다. 오지에는 더 이상 연료가 공급되지 않을 것이며, 난방이나 냉방을 하지 않으면 곤란한 지역에서는 사람이 살 수가 없어 국내 난민이 쏟아져 나올 것이다.

새로운 대규모 진정책이 수립될 것이라는 기대도 당연히 접어야 한다. 그런 상황에서는 장기 계획을 세울 수가 없기 때문이다. 계획을 짠다 해도 발등에 닥친 그날의 일 아니면 끽해야 그 주의 일을 계획하는 데 그칠 것이다. 새로운 대형 사업을 벌일 엄두는 낼 수 없다. 초인플레 시대에 자금 조달을 한다는 것도 말이 안 되지만 수송망이 붕괴되어 물류난이 닥치면서 모두가 쪼들리고 약탈과 사재기가 성행할 것이다. 그런 판국에 공급품 확보는 있을 수 없는 일이다. 따라서 새롭게 대형 프로젝트를 벌인다고 해도 그것은 제2차 세계대전 이후 유럽을 살린 마셜 플랜보다는 최근의 이라크 재건 사업처럼 될 가능성이 더 높다. 결국 달라진 상황에 성공적으로 적응하려면 중앙이 아닌 지역에서 움직여야 하며 기존의 사회기간시설, 재고, 지역 단위에서 구할 수 있는 재능과 기술에 기대야 한다.

사태가 심상치 않게 돌아가면 일부 사람들은 살기 위해 무엇을 해야 하는지를 재빨리 깨닫고 대개는 허락을 받지 않고 그 일을 시작한다. 완전히 비공식적이고 절반은 범죄에 가깝다고 말할 수 있는 경제가 출현하는 것이다. 이런 경제는 기존 경제의 자투리를 재활용하고 처분하면서 굴러간다. 그 밑바탕에 깔린 것은 소유권이나 합법적 자격이 아니라 자원에 대한 직접적 접근과 공갈 협박이다. 이런 방식으로 사업하는 데 애를 먹는 사람은 금방 밀려난다.

공식 경제가 서버리면 주식, 채권, 현금으로 이루어진 구식 자본은 금세 휴지가 되어버린다. 트럭이나 여객기 같은 자본설비는 싸고 풍부한 에너지가 없으면 가동과 유지를 못하므로 좌초자산이 되고 고철로밖에는 쳐주지 않는다. 과학 설비와 산업 설비는 예술품, 골동품과 함께 해외로 수출될지 모른다. 이른바 자산 반출이다. 아울러 개인적 연줄과 연고, 필요한 공급품에 대한 물리적 근접성이 두고두고 중요해진다.

명목상의 공식 정부가 상황을 장악하지 못하면서 무력함을 드러내고 더 이상 아무런 힘을 쓰지 못하는 것으로 판명되면 새로운 권력 구조가 나타난다. 범죄조직원, 도시 갱, 군인 출신, 군납업자, 프리랜서, 경찰 출신이 이렇게 저렇게 융합되어 대단히 복잡하고 유혈이 난무하는 패권 다툼을 벌인다. 이런 갈등에 인종 감정이나 민족 감정까지 겹쳐지면 내전이 벌어질 수 있고 그것을 그대로 방치하면 민족 청소나 학살극으로까지 비화될 수 있다.

많은 지역에서 식량이나 식수, 거처의 부족으로 당장 사람의 목숨이 왔다 갔다 할 판국이 아니라면, 사람들은 굼벵이처럼 느리게만 살아갈 것이다. 출퇴근의 혼잡은 사라지고 차량으로 붐비던 다차선 고속도로는 이동주택 주차장이나 노천 시장, 판자촌으로 둔갑할 것이다. 전에는 차가 북적거리던 대로에는 하루에 두세 번 스쿨버스 한 대만 지나갈 것이다. 스쿨버스는 푹 파인 웅덩이들을 피하면서 아이들이 아닌 어른들을 싣고 굼뜨게 굴러갈 것이다. 그리고 남은 도로를 차지한 것은 느릿느릿 굴러가는 자전거와 보행자일 것이다. 이동 수단이 없는 대부분의 사람에게 광활한 세계라는 것은 현실과는 거리가 먼 이야기와 허구의 차원으로 끌어내려지고 현실 세계는 자기가 발로 걸어 다니는 땅과 그 길에서 자기가 만나는 사람으로만 채워질 것이다.

이것이 일반적 양상이다. 그럼 좀 더 구체적으로 들어가보자.

주택

붕괴에 대비하는 중요한 요소 중 하나는 정상적으로 굴러가는 경제에 기대지 않고도 머리 위에 지붕이 얹힌 그 안에서 살 만한 집을 확보해둔다는 것이다. 소련에서는 주택이 모두 정부 소유였고 정부가 주택을 직접 국민에게 공급했다. 또 집이란 집은 모두 정부가 지었으므로 정부가 대중교통 서비스를 제공할 수 있는 곳에만 집을 지었다. 그래서 붕괴가 일어난 다음에도 거의 누구나 보금자리는 지킬 수 있었다.

소련에서는 주거지를 소유한 사람은 아무도 없었다. 그 말은 경제가 무너져도 거리로 나앉지는 않는다는 뜻이었다. 경제가 무너진 다음에도 모두들 살던 집에서 전과 다를 바 없이 살아갈 수 있었다. 미국에서처럼 퇴거나 차압은 있을 수가 없었다. 나라에서 배정받은 거주지는 내국여권에도 주소가 박혀 있었고 그 공간의 점유권은 본인이 원하든가 아니면 본인이 죽었을 때만 양도될 수 있었다. 누구나 한곳에 묶여 살았지만 덕분에 사회가 해체되는 일은 일어나지 않았다.

러시아의 만성적인 주택난은 부분적으로는 러시아 농업의 엄청난 부진 때문에 일어났다. 농촌이 힘들어지니까 사람들은 도시로 이주했다. 정부가 건물을 제때 빨리 짓지 못한 데도 원인이 있었다. 정부가 지은 주거지는 언제나 아파트 건물이었다. 5층, 9층, 심지어 14층짜리도 올렸다. 아파트는 공터나 재개발지에 들어섰는데 그 주변에는 대개 쓰레기장이 넉넉히 확보되었다. 그래서 소도시나 읍에서는 사계절 내내 땅이 꽁꽁 얼어붙은 동토가 아닌 한, 혹은 인근 공장에서 나오는 유황이나 매연으로 덮이지 않는 한, 그 쓰레기장을 재빨리 채소밭으로 써먹을 수 있었다.

　아파트 건물은 보기에는 좀 볼품이 없을지 몰라도 구조는 굉장히 튼튼했고 아주 실용적이었다. 대개는 콘크리트판으로 보강했는데 밖에는 세라믹 타일을 바르고 안은 단단한 석고벽으로 방열 처리를 했다. 또 거대한 중앙 보일러에서 온수를 일괄 공급하니까 난방비가 적게 들었고 보온도 양호하여 파이프가 동파하는 일은 없었다. 난방, 수도, 쓰레기 수거를 비롯하여 모든 서비스가 중앙화되어 있었으므로 품이 적게 들었고 물자와 에너지도 적게 들었다. 그래서 경제가 무너진 다음에도 지역 사회가 최소한의 노력으로 기본 서비스를 유지할 수 있었다.

　소련 시절에 세워진 가장 형편없는 아파트는 이것을 지으라고 명령한 흐루시초프와 러시아어로 '빈민가'를 뜻하는 '트루시초비'를 합쳐 '흐루시초비'라고 보통 부른다. 그런데 이 흐루시초비가 언제 무너질지 모른다는 소리들을 많이 하지만 아직은 무너지지 않았다. 눅눅하고 을씨년스러운 것도 사실이고 아파트가 비좁고 벽에 금이 가고 지붕이 새고 복도와 계단이 어둡고 지린내가 나는 것은 사실이지만, 그래도 집은 집이다.

아파트를 얻기가 하도 어려우니까, 차례가 돌아오려면 몇 십 년씩 기다려야 하니까, 대개는 여러 세대가 한 집에서 살았다. 그렇게 살다 보면 너무 불편하고 스트레스가 쌓이고 괴로운 일이 많겠지만 돈만큼은 아주 적게 든다. 부모가 일을 하는 동안 아이는 보통 할아버지와 할머니가 키워주었다. 경제가 무너지고 나서도 조부모가 힘든 정원일까지 하고 여름 몇 달 동안 식량을 재배했다. 젊은 사람들은 암시장에 나가서 이래저래 살 방도를 찾았다. 어떤 사람은 운이 좋아서 돈을 많이 벌었지만 재미를 못 본 사람도 많았다. 그래도 여럿이서 같이 살다 보니까 가족 중 수입이 들쭉날쭉한 사람이 있는 반면에 벌이가 좋은 사람 또한 있기에 이래저래 살림을 꾸려갈 수가 있었다.

미국에서는 완전히 자기 집에서 사는 사람은 극소수다. 그리고 그런 사람도 부동산세를 내려면 수입이 있어야 한다. 미국에 있는 부동산의 실소유주는 은행과 회사다. 벌이가 없는 사람은 거리로 나앉아야 한다. 경제가 무너졌는데도 수입이 있는 사람은 얼마 안 될 테니 거리로 나앉는 사람이 쏟아질 수밖에 없다. 미국에서는 통장 잔고가 바닥나면 대부분의 사람이 선택할 수 있는 것은 차에서 살거나 숲속 외딴 곳에서 살거나 텐트나 침낭 속에서 지내는 것이다. 지금은 돈을 못 낸 세입자를 집주인이 쫓아내지 못하도록 하거나 은행이 융자금을 못 갚는 집에 차압을 걸지 못하도록 하는 장치가 없다. 월세를 나라에서 규제하는 것은 정치적으로 불가능해 보인다. 일단 주거용 부동산과 업무용 부동산이 충분히 비워지고 공권력의 집행이 느슨해지거나 아예 존재하지 않는 상황이 벌어지면 무단점유가 현실화될 수 있다. 무단점유자는 편지도 못 받고 기본적인 공공 서비스도 못 받지만 그런 건 아주 하찮은 문제다. 더 중요한 것은 그들이 자꾸만 쫓겨날 수 있다는 점이다.

미국 국민의 절반이 현재 교외에서 산다. 교외에서 살려면 절대적으로 차가 필요하다. 그런 점을 감안하면 앞으로 많은 사람이 교외를 버리고 좀 더 버텨내기가 쉬운 시내로 우르르 몰려들 것이라고 예상할 수 있다. 다행인지 이런 교외 주택의 상당수는 그저 기둥 몇 개, 방습포 조금, 비닐과 합판 약간을 뚝딱거려서 만든 것들이라 원천 가치가 사실은 아주 낮다. 이런 날림 주택은 허물기도 쉽다. 좀 더 튼튼한 주택은 기중기에 육중한 쇠공을 매달아 몇 번 휘둘러야 할지 모르지만, 이렇게 시장 거품으로 조성된 주택들은 불도저로 슬쩍 밀기만 해도 끽 소리 하나 못 내고 불쏘시개와 먼지더미로 허물어져 내린다. 교외 주택단지는 웅장한 유적으로 남지 않을 것이다. 탈산업화 시대를 살아가는 미래의 주민은 별 어려움 없이 이곳을 농경지나 목초로 개간할 것이다.

좀 더 인구밀도가 높은 주거 지역에서도 이제는 아예 텅 빈 주차장과 주차공간이 이동주택 단지와 판자촌으로 바뀔 것이다. 도시의 공원은 파헤쳐서 감자 같은 작물을 심고 고가도로 옆에다가는 물통을 줄지어 세워놓아 빗물을 받을 것이다(일단 공장이 웬만큼 멎고 차량 소통도 끊기면 빗물도 깨끗할 것이다). 상행위와 사업활동이 사실상 중단되면 사무용 빌딩을 비롯한 상업용 부동산의 태반은 사람이 들어와 살 것이다. 물론 승강기가 작동을 안 하면 10층 이상의 공간은 별로 쓸모가 없어질 것이다.

더없이 상식적이고 최소한에 그치는 용도 변경도 부동산법을 밀어붙일 것이냐 사람들을 죽게 내버려둘 것이냐 하는 괴로운 선택으로 미국 공무원들을 내몰 것이다. 공유지와 사유지라는 연속체에서 미국과 소련은 극에서 극이다. 소련에서는 대부분의 땅이 공유지였다. 심지어 아파트조차도 공유하는 경우가 많았다. 침실은 사유했지만 부엌, 욕실, 복도를 공유하는 경우가 많았다. 미국에서는 대부분의 땅이 사유지고 내 땅을 침범하는 사람은 총으로 쏘겠다고 협박하는 경고판도 심심치 않게 볼 수 있다. '공유지'로 통하는 곳도 '손님 전용'이나 '배회 금지' 같은 안내문이 대부분 적혀 있으니 사실은 사유지인 셈이다. 공원이 있다지만 밤에는 대개 닫으며 공원에서 밤을 보내려고 해도 경찰이 내버려두지 않는다. 배회를 뜻하는 영어 loiter는 러시아어로는 번역도 안 된다. 가장 가까운 말이라면 공공장소에서 '어슬렁거린다'거나 '시간을 허비한다'는 정도가 아닐까 싶다. 이것은 중요하다. 왜냐하면 일자리가 없는 사람은 집에 붙어 있거나 아니면 밖에서 어슬렁거리거나 두 가지밖에는 할 일이 없기 때문이다. 어슬렁거리는 것이 불법이라면 남은 길은 집에 죽치고 있는 것뿐이다. 그런데 집마저 없다면 남은 유일한 길은 법을 어기는 것뿐이다.

나라가 무너지고 나서 러시아에는 머리글자를 따서 만든 '봄지예'라는 말이 널리 퍼졌다. '일정한 거처나 직업이 없는 사람들'이라는 뜻이었는데 여기에 해당하는 사람이 눈덩이처럼 불어났다. 봄지예는 도시나 농촌의 안 쓰는 땅에 사는 경우가 많았는데 그곳은 어차피 주인 없는 땅이라서 다른 데로 가라고 말할 사람도 없었다. 그들은 마음 편히 거기서 지낼 수가 있었다. 그렇게 사람들이 무작정 눌러 붙어 사는 곳을 보통 '봄자트니크'라고 불렀다. 영어에도 같은 의미의 말이 시급히 필요하다. 미국 경제가 무너지면 취업률과 함께 주거율도 당연히 곤두박질칠 것이 뻔하다. 미국 인구 중에서 몇 퍼센트가 노숙자가 될 것인지 점치기는 어렵지만 수치가 아주 높아질 가능성은 충분하다. 어쩌면 더 이상 노숙자라는 것이 이상하게 여겨지지 않을 만큼 흔해질 가능성도 있다. 부동산 가치를 지키기 위해 재력이 딸리는 사람은 받아들이지 않고 끼리끼리 모여 사는 동네가 다수를 차지하는 나라는 부랑자가 살기에 좋은 나라가 아니다. 하지만 부동산 가치가 제로로 떨어지기 시작하면 이런 부동산 가운데 '봄자트니크'로 저절로 재편되는 곳이 나타날 것이고 거기에 손을 쓸 수 있을 만한 정치권력이나 정치적 의지는 어디에서도 찾아보기 어려울 것이다.

나는 러시아의 부랑자들이 호시절을 보냈다고 말하려는 것이 아니다. 하지만 대부분의 러시아인은 비록 경제는 무너졌어도 살던 곳에서 계속 살 수 있었으므로 전체 인구 중 '봄지예'가 차지한 비율은 한 자리 숫자에 그쳤다. 더없이 불운했던 이 사람들은 술에 찌들어서 힘들게 살다가 고단한 삶을 일찍 마감했고 러시아 국민의 사망률이 급증한 것도 주로 이 사람들 때문이었다. 그중에는 새로 독립을 하면서 갑자기 민족주의 의식이 고양된 옛 소련 공화국들에서 러시아인이라는 이유로 쫓겨 왔지만, 러시아의 만성적인 주택난으로 인해 러시아 사회로도 쉽게 재흡수되지 못한 난민도 포함되었다.

교통

소련의 대중교통에는 특별한 것은 없었지만 그래도 모자라지는 않았다. 러시아의 웬만한 도시에는 지하철, 버스, 전차, 전기버스가 다녔다. 도심을 외곽과 이어주는 것은 '엘렉트리치키'라는 전철이었고 도시와 도시를 이어주는 장거리 승객을 위한 열차도 있었는데 침대칸도 '플라츠카르트'(마치 사람 몸으로 기하학 실험을 하듯이 몇 단으로 접을 수 있는 간이침대가 있고, 그런 침대들이 들어찬 삼차원 공간에 몸을 차곡차곡 포갤 수 있도록 공간 활용에 역점을 두었지만 문이 없어서 사생활 보장이 안 되는 공동침대칸)와 '쿠페'(미닫이문이 있어서 사생활은 조금 더 보장되고 인구 밀도도 좀 더 낮다)에서 최고급 SV(침대차)에 이르기까지 다양했다. 이 모든 대중교통 시설은 거의 무한정 쓸 수 있도록 설계되었고 실제로 나라 경제가 완전히 무너졌을 때도 계속 운용되었다.

러시아의 집은 일반적으로 대중교통을 이용해서만 갈 수 있는데 대중교통은 최악의 시기에도 여전히 운행되었다. 소련 시절에 개발된 주택 단지는 대부분 중앙설계형이었는데 이 방식은 단지가 문어발처럼 퍼지는 것을 좋아하지 않는다. 대중교통을 유지하기도 어렵고 돈도 많이 들기 때문이다. 자가용을 가진 사람이 드물었고 자가용으로 출퇴근하는 사람은 더욱 드물었다. 그래서 최악의 휘발유난이 닥쳤지만 보통의 사람들이 겪은 불편은 적었다. 봄에는 다차에 심을 씨앗을 도시에서 교외로 실어 나르는 데 애를 좀 먹었고 가을에는 수확물을 도시로 실어 오느라 애를 좀 먹었을 뿐이다.

미국은 인구의 대부분이 차에 기대어 살아간다. 석유 수입과 정유, 배달을 관장하는 시장과 도로 건설과 수리에 지속적으로 투자되는 정부 예산에 의존할 수밖에 없다. 차 자체도 부품이 꾸준히 수입되어야만 굴러가며 수명이 아주 오래 가도록 설계되지도 않았다. 이렇게 미묘하게 얽힌 시스템이 작동을 멈추면 인구의 대다수는 발이 묶인다. 인구의 상당수가 차를 이용하지 못하는 사태가 벌어지면 미국의 포용성이라는 신화는 사망선고를 받으며 차를 굴리지 못하는 사람들의 분노와 질시는 차를 몰 수 있는 사람들도 안심하고 차를 몰고 다니기 어렵게 만들 것이다. 여기서 초래되는 상황은 이스라엘에서 벌어지는 상황(준군사 조직에 기대야 하는 치안, 높은 담장과 감시탑, 부자들만 다니는 사설 도로)과 이라크에서 벌어지는 상황(수많은 초소, 길가에서 터지는 폭탄, 무장 호송대) 사이의 어딘가가 될 가능성이 높다.

자동차에 생사를 걸고 싶어하지 않는 우리 같은 사람 앞에 놓인 과제는 단순히 우리 생활에서 차를 없애는 것이 아니다. 차의 소멸이 우려와는 달리 별다른 차이를 불러일으키지 못할 만큼 자동차에게 호의적이지 않은 환경을 조성할 필요가 있다. 이런 과제는 자동차 범퍼에 붙일 스티커를 찍어내고 사람들이 차로 몰려드는 대회를 조직한다고 해서 해결할 수 있는 성질의 문제가 아니다. 그런 방식을 고수한다면 이 문제는 미국 정치의 시야에서 이탈한다. 차를 못 굴리는 사람이 많아지면 미국 정치는 현실의 시야에서 이탈하지만 시간이 흐르면 사람들은 결국이 유난히 불편한 진실을 깨달을 수밖에 없다. 앨 고어는 유명해진 영화 〈불편한 진실〉의 끝부분에서 너무 많은 탄소발자국을 남기지 않으려면 기본적으로 차를 조심스럽게 몰아야 한다는 처방을 음악에 맞춰가면서 유쾌하게 내놓지만 나는 이것이 핵심에서 좀 벗어난 처방이라고 생각한다. 기름이 한 통밖에 안 남았으면 어떻게 하겠는가? 에너지를 아끼기 위해서 차를 살살 몰아서 낭떠러지 아래로 떨어지겠는가?

탈석유 시대에도 나라는 하나로 묶어야겠지만 그 점에서 미국은 나라를 하나로 묶을 수 있는 방안이 굉장히 적다. 위기 상황이 닥치기 전에 합심해서 대륙횡단 철도를 다시 깔아야 할 것이다. 항공노선과 주와 주를 잇는 고속도로망이 유명무실해지면 동부 해안과 서부 해안은 파나마운하를 통해서만 연결되므로 아무래도 갈라서게 마련이다. 하지만 철도 부설을 고려하는 것으로 보이는 증거는 하나도 없다. 배가 다닐 수 있는 강과 운하는 다시 중요한 역할을 떠맡으면서 세계와 계속 이어질 수 있는 요충지를 결정할 것이고 나머지 지역은 대체로 고립될 것이다. 운하망은 대부분 온전히 남았고 바지선은 고도의 기술이 필요하지 않아 경제가 아무리 어려워도 기본 공구와 재생 물자만으로도 만들 수 있다. 많은 도시의 항만 시설이 일부는 그냥 방치된 채로 있다. 이런 항만 시설은 처음에는 기차에, 그다음에는 고속도로와 공항에 밀려났지만 앞으로는 잘 써먹을 수가 있다.

가장 돋보이는 교통수단은 누가 뭐래도 자전거다. 지금 미국에는 거의 한 사람에 한 대꼴로 자전거가 있지만 이런 자전거는 대부분 차고나 지하실에 처박힌 채로 녹이 슬거나 먼지만 뒤집어썼다. 언제라도 탈 수 있는 자전거는 십분의 일 정도 될 것이다. 많은 사람이 한꺼번에 자전거를 타겠다고 나서면 아무래도 당장에는 자전거 타이어가 동이 나게 마련이다. 오래 세워두었으니 타이어가 성할 리 없기 때문이다. 타이어 문제를 해결한다 하더라도 이런 자전거는 운동을 하라고 만든 장난감에 가깝지 짐을 잔뜩 싣거나 매일 출퇴근을 하기에는 적당하지 않다는 사실을 깨닫는 데 오랜 시간이 걸리지 않을 것이다. 매일같이 혹사당하면 이런 자전거는 1년도 안 가서 수명이 다할 것이다. 대대적으로 손을 보자면 이래저래 수입된 부품이 많이 필요한데 그런 부품을 구할 길도 막막하다. 기어가 3단까지만 있고 150킬로그램이 넘는 짐을 싣고 15만 킬로미터 이상을 달려도 끄떡없도록 튼튼하게 만든 구식 짐자전거가 갑자기 상종가를 달릴 것이다. 다른 자전거들도 쓰기는 쓸 테지만 타는 자전거가 아니라 베트남의 호치민 도로에나 어울릴 짐짝을 싣고 밀고 가는 자전거로 쓰일 것이다. 안장은 확 낮추고 핸들에 철봉을 덧

대고 무거운 짐이 잔뜩 든 자루들을 물지게처럼 자전거 중앙축에 걸칠 것이다.

망한 쇼핑 구역에 갇혀 있다가 우르르 쏟아져 나온 쇼핑카트도 걷잡을 수 없이 불어날 것으로 봐야 한다. 쇼핑카트는 이미 널리고 널렸다. 한번은 보스턴 서쪽 바로 외곽으로 찰스강 강둑을 따라서 숲길을 잠깐 걷는데 강변에서 평화롭게 널브러진 녹슨 쇼핑카트를 십여 개나 보았다. 쇼핑카트는 볼품없고 시끄럽고 미덥지가 못하지만 그래도 교통수단을 이용할 길이 막혀버린 사람들에게는 분명히 큰 힘이 된다. 어디를 가도 흔한 것이 쇼핑카트인 데다가 특별한 기술이 없어도 얼마든지 관리하고 조작할 수 있다는 장점이 있다. 쇼핑카트는 마음만 먹으면 누구나 손에 넣을 수 있을 것으로 보인다.

고용

경제 붕괴는 결국 공공 부문의 고용에도 거의 민간 부문의 고용만큼이나 영향을 미친다. 정부 관료 조직은 아무래도 대응이 늦어 붕괴도 더 늦게 이루어진다. 아울러 국가 소유 기업체는 아무래도 비효율적이라서 재고를 많이 쌓아두었을 것이다. 종업원들은 남은 재고를 집으로 가져가서 물물교환을 할 수가 있다. 소련에서는 대부분의 고용이 공공 부문에서 이루어졌으므로 사람들은 앞날에 대비할 시간의 여유를 가질 수 있었다. 사기업은 사람을 해고한다든지 문을 폐쇄한다든지 자산을 처분한다든지 하는 식으로 많은 점에서 훨씬 더 효율적으로 굴러가게 마련이다. 미국에서는 대부분의 고용이 민간 부문에서 이루어지므로 항구적 실업 상태로 넘어가는 과정이 대부분의 사람에게는 아주 갑작스럽게 닥칠 것이다.

대기업이 이사회의 결정으로 회사 문을 닫기로 결정하고 직원을 해고하고 자본설비와 재고를 경매 처분하는 미국 같은 나라에서는 자연스러운 연착륙을 기대하기가 어렵다. 많은 경우 설비는 빌려서 쓰고 재고도 꼭 필요한 양만 두면서 적게 유지하니까 사업 자체도 사실상 하루아침에 접을 수가 있다. 많은 경영자들이 똑같이 경기를 내다보고 엇비슷하게 경기를 해석하면서 손실을 줄이기로 한꺼번에 결정을 내리면 지역 사회는 파탄난다.

소련의 거대한 중앙계획 경제는 지극히 비효율적이어서 모든 수준에서 손실이 컸고 낭비도 심했다. 보급체계가 워낙 경직되어서 기업들은 재고를 잔뜩 쌓아두었다. 자본재를 생산하는 데는 뛰어났지만 소비재를 만드는 데는 실패했다. 소비재를 생산하자면 중앙계획 시스템보다 훨씬 더 유연한 시스템이 필요했다. 계획 경제는 또 식량 생산에서도 초라한 성과밖에 못 거두어 수많은 기본 식료품을 수입할 수밖에 없었다. 소련은 거대한 군사 정치 제국을 꾸려나갔지만 역설적으로 거기서 경제적 이익을 끌어내지는 못했고 전체 손익을 따지면 적자였다.

그렇지만 역설적으로 이런 실패와 비효율성 덕분에 연착륙할 수 있었다. 국영기업을 파산시키는 메커니즘이 없다 보니 임금을 제때 못 주거나 생산을 줄이더라도 낮은 수준에서 한동안은 국영기업이 굴러갔다. 그래서 하루아침에 이루어지는 대량 해고나 무식한 폐업은 보기 드물었다. 그리고 그런 대량 해고나 무식한 폐업이 이루어진 회사에서는 하루아침에 무능력자가 되어버린 상실감을 극복하지 못한 45세에서 55세 사이의 중년 남자들이 술 때문에 몸이 상해 죽거나 자살로 세상을 뜨는 바람에 사망률이 치솟았다.

사람들은 거의 망하다시피 한 과거의 일터를 거점으로 삼아 일종의 암시장 사업을 운영하기도 했다. 이런 사업체들 가운데 상당수가 조금씩 사기업으로 변신하는 데 성공했다. 비효율적인 배급망과 그로 인한 원자재 쌓아두기로 말미암아 재고 수준이 아주 높았고 덕분에 그것을 맞바꿀 수가 있었다. 일부 사업체들은 이런 식으로 계속 굴러가면서 남은 재고를 다른 업체들과 맞바꾸었고 덕분에 직원들도 쓰거나 팔 수 있는 물건을 손에 넣을 수 있었다.

경제가 무너지고 나서 미국의 고용 상황도 소련과 비슷한 상황으로 전개될 수 있을까? 공공 부문에서는 일자리를 지킬 수 있을 확률이 그래도 조금 높을 것이다. 가령 모든 초등학교, 중고등학교, 대학교에서 교직원을 한꺼번에 해고할 가능성은 낮다. 관공서나 정부에서 자금을 대는 연구소, 정부의 업무를 대행하는 유지 보수 기관들도 직원을 단칼에 자를 것이라고 보기는 어렵다. 그냥 잘리기보다는 먹고 살기에 충분한 임금을 지급받지 못할 가능성이 높지만 그래도 사회 안에서 나름의 역할은 한동안 이어나갈 수 있을 것이다. 부동산과 시설 관리는 그나마 안전할 것이다. 가치 있다고 판단되는 부동산이 존재하는 한 그런 부동산을 보살필 필요가 있다. 나중에 부동산을 헐어서 중고 자재로 팔아넘길 때가 온다 하더라도 그때까지 부동산이 온전하고 또 내가 그 부동산의 열쇠를 손에 쥐고 있다면 아무래도 유리하게 마련이다.

한 가지 중요한 차이는 소련은 숙련 노동력을 완전히 자급했다는 점이다. 경제가 무너지기 이전이나 이후나 숙련 노동력은 원유, 무기, 산업기계와 함께 소련의 주요 수출품이었다. 미국은 그렇지 않다. 미국은 제조업의 대부분이 해외로 이전되었고 국내 서비스도 대부분 이민자에 의존한다. 농장 노동, 조경, 사무실 청소만이 아니라 공학이나 의학처럼 사회의 골간을 이루는 전문직까지도 그렇다. 이런 분야에 종사하는 사람은 더 높은 생활수준을 누리고 싶어서 미국에 왔다. 그리고 더 이상 높은 생활수준을 누릴 수 없다면 결국 자기 나라로 돌아갈 것이고 미국의 사회 조직에는 구멍이 뻥 뚫릴 것이다.

나는 미국의 많은 회사들을 그 안에서 들여다보았다. 그리고 회사들마다 직원 구성에서 어김없이 관철되는 패턴을 짚어낼 수가 있었다. 꼭대기에는 아주 두둑한 보수를 받고 점심을 꼬박꼬박 챙겨먹는 고위직이 있다. 그들은 크고 작은 다양한 방식으로 서로를 띄워주면서 세월을 다 보낸다. 그들은 수다 테크닉과 상대성 잔머리 분야에서 학위를 딴 고학력자인 경우가 많다. 그들은 돈 문제에 집착하며 탄광촌에서 벗어난 지 한 세대밖에 안 지났는데도 전원 별장풍의 우아한 분위기를 키워

나간다. 전문 지식을 요구하는 문제를 풀어보라고 하면 그들은 점잖게 뿌리치면서 오히려 자기를 비하하는 한두 마디의 농담으로 자신의 번득이는 재기를 뽐내고자 한다.

이 상하 위계에서 조금 아래로 내려가면 실무를 떠맡은 사람들이 있다. 사회적 시혜는 더 적게 받고 사교술도 뒤떨어지지만 실제로 일이 어떻게 돌아가는지를 아는 사람들이다. 반짝이는 아이디어를 내는 주역이니까 회사를 먹여 살리는 살림꾼이라 할 수 있다. 점심을 잘 챙겨 먹는 회사 상층부는 대개 미국에서 태어난 사람이고 밑에서 일하는 사람은 대개 잠시 체류하는 외국인 아니면 이민자다. 이런 사람들의 처지는 취업 비자를 받고 일하므로 직장을 잃으면 귀국해야 하는 사람부터 영주권 취득 자격을 얻기 위해 경우의 수를 잘 따져야 하는 사람, 영주권을 딴 사람, 시민권을 딴 사람까지 천차만별이다.

상층부의 토박이 미국인은 직무 내용을 표준화하여 밑바닥에서 일하는 이민자들을 경쟁시키면서 계속 임금을 깎으려고 애쓰는 반면 자기들은 시장에서 사고팔 수 있는 몇 가지 직무 기술로 환원할 수 없는 독보적 역량을 가진 경영의 귀재로 그리려고 애쓴다. 하지만 사실은 정반대다. 토박이 미국인이야말로 사고팔 수 있는 상품인 경우가 많다. 분야가 생명과학이든 생선을 소금에 절이는 사업이든 그들이 하는 일은 대동소이하며 그 밑에서 일하는 사람들이야말로 지금까지 아무도 한 적이 없는 일을 해내는 독보적인 전문가일 가능성이 높다.

이런 상황이 초래된 데는 그럴 만한 이유가 있다. 지난 몇 세대 동안

토박이 미국인은 법학, 언론홍보학, 경영학 쪽을 선호했고 이민자와 외국인은 과학과 공학 쪽으로 많이 갔다. 토박이 미국인은 세상은 끝없이 번영한다는 소리만 듣고 살았기 때문에 풍요한 사회의 조직에서 한낱 장식 역할밖에 못하는 전문직을 택하면서도 불안을 느끼지 않았다.

이런 과정을 일컬어 '두뇌 유출'이라고 한다. 미국이 외국에서 인재를 빨아들여 미국만 이득을 보고 외국은 손해를 본다는 것이다. 그런데 이런 두뇌의 흐름이 역전될 가능성이 높다. 그렇게 되면 미국은 경제적 곤경에서 벗어나는 데 애를 먹을 것이다. 철도 복원이나 재생에너지처럼 혁신과 발전의 여지가 많은 분야에서도 필요한 인력을 조달하기가 쉽지 않을 것이다.

가정

과거 러시아에서 여성은 미국보다 교육과 취업의 기회를 더 많이 누렸다. 하지만 러시아도 미국도 높은 이혼율과 혼외출산으로 가정이 똑같이 딱한 처지에 놓였다. 만성적 주택난으로 많은 가정이 근근이 버텼는데 거기에는 장단점이 있었다. 한 지붕 밑에서 3세대가 같이 살 때가 많았다. 당사자들에게는 불편했겠지만 그래도 가족이라 서로에게 익숙했다. 또 같이 살다 보니 어떤 일이 닥치더라도 같이 버텨내리라는 기대감도 있었다. 러시아와 미국의 또 한 가지 차이는 러시아인은 세계 어디를 가도 대부분 그렇듯 일반적으로 한곳에서 평생을 산다. 하지만 미국인은 늘 이동한다. 러시아인은 보통 가족하고 멀리 떨어져 살지 않으며 주변에서 사는 사람들도 대체로 잘 알고 또 적어도 알아보기는 한다. 경제가 무너지면 모두가 낯선 환경에 직면한다. 적어도 러시아인은 생면부지의 사람들과 함께 경제 붕괴를 맞이하지는 않았다. 반면에 미국인은 설령 모아놓은 것이 있다 하더라도 러시아인보다 남을 도울 가능성이 훨씬 낮다.

미국에서는 가정이 대체로 원자화되었고 여러 주에 흩어져 산다. 경기가 아주 좋을 때도 미국인은 추수감사절이나 크리스마스에 모였을 때 서로를 너그럽게 품어주지 못할 때가 있다. 경기가 안 좋아지면 서로 화합하기가 더 어려워질 수 있다. 미국은 그렇지 않아도 고독한 사람이 너무 많은 나라인데 경제 붕괴가 고독을 치유할 리는 만무하다.

어려움이 닥치면 사람은 보통 가족의 도움에 기댄다. 그런데 미국인은 워낙 핵가족으로 살아가다 보니 이런 도움을 기대하기 어려운 사람이 대부분이다. 그러니 결국 다른 길을 알아보아야 한다. 러시아인이 공산주의자가 되는 데 얼마나 관심을 가졌는지는 몰라도 참으로 놀라운 것은 미국인이 러시아인보다도 더 우수한 공산주의자라는 사실이다. 미국인은 방을 같이 쓰는 쾌적하고 안정된 룸메이트 상황이 많다는 데서도 알 수 있듯이 공동생활에 뛰어나다. 이런 공동생활이 빈약하거나 무시되거나 부재하는 가정의 빈자리를 채운다. 룸메이트 관계를 전범으로 삼아 이것을 마을 크기의 자치공동체로 키울 수도 있다. 불안하고 자원이 부족한 상황에서는 자원을 공유하는 대가족이 개인주의적 방식보다 훨씬 합리적이다. 경제가 제대로 굴러가지 않으면 일인 가구나 핵가족 가구는 살아남는 데 불리하다. 그러므로 사람들은 더 큰 가구로 결집하게 마련이고 룸메이트 관계는 입주자가 늘어나면 마을 수준으로 덩치가 커질 수도 있다. 러시아인은 실패로 끝난 소련의 집단화 실험과 강제 공동생활의 기억이 아직도 생생한 만큼 그런 기억을 들쑤실수록 그런 발상에 치를 떨었을 것이다. 하지만 미국인은 빨리 친구를 사귀고 같이 어울려 지내는 재주가 남다르다. 대체로 군집성과 공동체 정신과 시민의식에 바탕을 둔 마르지 않는 자원을 지닌 것처럼 보인다.

미국에서는 저렴한 에너지와 이것이 펌프질한 거대한 경제 거품 덕분에, 항구적 에너지 부족 사태가 닥치면 금방 주저앉고 말 사회관계들이 만들어졌다. 그중 하나는 만난 적도 없고 이름을 들어본 적도 없는 수많은 노인의 복지를 위해 소수의 젊은이가 자기 수입의 상당 부분을 익명으로 기부할 것이라는 생각이다. 인류 역사를 보면 부모는 세상없어도 자식부터 챙겼다. 다른 종도 그렇지만 새끼를 돌보는 것은 생물학적 당위였다. 하지만 생물학을 들먹이지 않더라도 아이들이 살아남지 못하면 자기들도 살아남지 못한다는 것을 대부분의 부모가 의식했다. 자식이 살아남지 못하면 부모의 유전자, 부모의 기억, 부모의 문화, 부모와 관련된 모든 것이 결국 시간이 흐르면 지워진다. 아이의 양육은 식구들이 맡았지 생판 모르는 남들에게는 맡기지 않았다. 아이의 교육도 옛날이야기를 들려준다거나 같이 일을 한다거나 통과의례 같은 의식을 통해서 주로 집에서 이루어졌다. 노인 특히 조부모가 아이를 키우고 가르치는 데 적극 나섰다. 어린 아이들을 온종일 지키고 보살피면서 교훈담, 신화, 실용 지식 같은 조상의 지혜를 지루한 반복을 통해서 끝없이 아이들에게 심어준 것도 할머니 할아버지였다.

외로운 초강대국이 지금 처한 상황이지만 화석연료 시대의 꽁무니에서 풍요한 사회는 사뭇 다른 모습을 띤다. 엄마 아빠는 파산을 모면하기 위해 대부분 집에서 멀리 떨어진 곳에서 점점 시간만 허비하는 비참한 일을 하면서 산다. 잘나가는 부모는 아이들보다 일에 훨씬 더 많이 신경을 쓰고 아이들은 거의 하루 종일 남들 손에 맡겨놓는다. 조부모는 따로 살면서 인생의 황금기를 만끽한다. 조부모가 한 노동의 결실은 일부는 부동산에 일부는 투자에 일부는 다 망하더라도 적어도 먹여 살리려는 주겠다고 약속한 너그러운 중앙 정부의 연금에 간직되어 있다. 조부모는 바야흐로 작동을 멈추려는 인공생명유지장치에 기대어 살아간다.

잔치판이 끝나면 인간 사회는 정상으로 돌아가겠지만 고통을 겪는 사람과 수명이 일찍 다하는 사람이 속출할 것이다. 노인도 뿌린 대로 거둘 것이다. 어른이 된 아이들은 무력한 부모를 자기들이 무력했던 어린 시절에 부모가 보살펴준 만큼만 보살펴줄 것이다. 탁아소에서 자랐거나 기숙학교로 보내졌거나 군대나 가라는 소리를 들었는가? 그렇다면 노인이 된 부모도 시설에 들여보내면 딱이다! (불평해도 소용없다. 아이가 세 살 때 그런 데 가기 싫다고 했을 때 듣는 척이라도 했던가?) 용돈을 주면서 일을 시키거나 어릴 때부터 자유 기업의 정신을 익혀주었던 가? 그렇다면 팔십 먹은 부모도 생활비를 제 손으로 버는 수밖에 더 있겠는가? 개기려거든 때려치우라! 이런 말을 꼭 드러내놓고 하지는 않겠지만 살면서 피부로 느끼게 할 것이다.

더욱 문제는 엽기적이었던 지난 한두 세기를 빼놓고는 사람의 아이를 수백만 년 동안 단련시켰던 이야기, 신화, 시련을 맛보지 못하여 '속빈' 인간이 되어버린 아이들은 인공생명유지장치 바깥에서 살아가는 데는 심각한 결함을 지녔다는 점이다. 그들은 공산품이다. 거의 태어날 때부터 인공적 사회 환경에 놓여서 일련의 시설로 떠밀려져서 평가되고 분류되고, 상품화된 인간을 주원료로 삼는 시스템 안에서 평생을 복무하도록 훈련받는다. 적절한 증명서를 갖추고 시장에서 거래되는 최신 기술을 갖춘 A등급 인간이다. 부모와 조부모가 온전히 지혜를 불어넣어 주었다 하더라도 아이들은 그런 종류의 정보를 처리하도록 설계되지 않았다.

미국에서 사람들이 기대할 수 있는 것은 이방인들이 자기들을 잘 대접하리라고 바라는 것뿐이다. 러시아에서는 소련 체제를 거치면서 거의 박살났지만 그래도 미국 사회의 일부에는 기본적인 품위와 격조의 층이 남아 있는 것으로 보인다. 남을 도우려는 이타심과 남에게 도움이 되는 데서 느끼는 자부심 같은 것이 있다. 많은 점에서 미국인은 문화적으로 동질적이다. 이런 미국인들의 상호 소통을 막는 최대의 장벽은 인종적으로 또 경제적으로 분리된 생활 조건이 조장하는 공포와 소외다.

미국에서 가장 중요한 사회 제도를 두 개만 뽑으라면 개인과 핵가족이지만, 둘 중 어느 것도 경제 붕괴를 이겨내도록 설계되지는 않았다.

돈

소련에서는 돈으로 구할 수 있는 것이 아주 적었다. 돈은 재산이라기보다는 토큰처럼 여겼고 친구들끼리 공유했다. 주택과 대중교통을 비롯하여 많은 것이 공짜 아니면 헐값이었다. 소련 경제에서는 돈이 딱히 쓸모가 없다 보니 돈으로 신분이나 성공을 나타내지도 않았다. 그래서 돈을 유난히 높이 쳐주지도 않았고 비교적 자유롭게 돈을 나누어 썼다. 친구들은 어려움에 처했을 때 서로 돕는 일을 아무렇지도 않게 여겼다. 한 사람이 나머지 사람들보다 더 많이 갖는 것이 중요한 것이 아니라 누구나 약간은 가지는 것이 더 중요했다. 시장 경제가 나타나면서 이런 문화 특성이 사라졌지만 그래도 습관은 오래 가는 법이어서 사람들이 어려움을 헤쳐나가는 데 도움을 주었다.

  미국에서는 대부분의 사람이 벌이 없이는 오래 버틸 수가 없다. 어떤 미국인은 이런 이야기를 들으면 눈이 동그래질 것이다. 벌이 없이 살아남을 수 있는 사람이 세상천지 어디에 있단 말인가 하고. 경제가 무너지고 나서 러시아에서는 집세나 공과금을 안 내도 되었고 (어차피 내는 사람이 없었다) 도와줄 친구나 친척이 있으면 살아남는 데 꼭 돈벌이가 필요하지는 않았다.

악마의 발을 묶어두려면 미국인에게는 돈이 있어야 한다. 경제가 붕괴하면 대개 초인플레가 와서 모아둔 돈은 똥값이 된다. 또 실업률이 높아져서 벌이도 없어진다. 그래서 무일푼 인구가 늘어난다. 가처분소득이 영이라는 데서 오는 불편함은 접어두고라도 파산자는 사회적으로 손가락질을 당한다. 그래도 미국에는 적은 돈으로나마 그런 대로 살아가는 사람이 점점 늘어나고 있다. 마음만 먹으면 더 많은 사람이 그렇게 살아갈 수 있다. 많지 않은 돈으로 살아가는 사람은 소액의 고정 수입만 있는 연금생활자, 정부의 지원을 받는 장애인 등이다. 또 부모의 차고나 지하실에서 얹혀사는 성인 자녀처럼 창조적 저취업 상태에 있는 다양한 범주의 사람이 있고 또 뜻한 바 있어 의도적으로 치열한 경쟁을 회피하면서 소박하게 살아가려는 사람도 늘고 있다. 아니면 남의 집을 봐주거나 야영을 하거나 배 위에서 살면서 집세를 내지 않고 사는 사람도 있다. 하지만 열악한 사회 환경 때문에 그렇게 살기는 참으로 고달프다. 벌이가 없는 사람은 경제적 궁핍으로부터의 자유를 만끽할 수 없는 처지로 내몰리며 여간 심지가 굳은 사람이 아니면 품위를 지키면서 어려움을 이겨내지 못한다. 경제가 잘 돌아가고 원하는 잉여 물자가 척척 쏟아져 나올 때도 미국에서 무일푼으로 살아가려면 상당한 실력이 필요하다. 경제가 일단 무너지면 아무리 돈 없이 살아가는 데 일가견이 있는 사람이라도 쩔쩔맬 것이고 무일푼이 아닌 사람은 대부분 발만 동동 구를 것이다.

앞으로 수입이 없을 것 같을 때 그런 현실을 감내하는 상식에 맞는 접근법은 돈이 안 드는 생존 방식을 모색하는 것이다. 그런 생존 방식은 그것을 실천에 옮기는 사람만큼이나 독특하고 창조적이고 독립적이어야 한다. 무일푼으로 무언가를 손에 넣는 요령이 충분히 알려지면 다른 사람들이 얼른 그것을 가로채서 돈을 요구하기 마련이다. 이런 접근법은 또 돈이 있어도 살 물건이 없다는 문제도 말끔히 해결해준다. 설령 물건이 있다 하더라도 갈수록 값어치가 올라가는 물건 대신에 아무런 가치가 없는 돈을 받으라고 물건 주인을 설득하기 위해 애를 써야 하는 부담도 덜 수 있다. 마지막으로 이런 접근법은 범죄 문제도 해결해준다. 강도를 당하지 않는 최선의 방법은 훔치고 싶은 마음이 들 만한 물건을 아예 지니지 않는 것이다. 하지만 이런 상식적 접근법을 따르지 않고 너무나 많은 사람이 에너지 부족과 이것이 미국 경제에 미치는 여파를 잘 알면서도 더 위험성이 높은 접근법을 선호한다. 바로 사재기다. 무엇을 사재기하고 어디에 쌓아둘 것인가를 놓고 엄청난 논의가 벌어질 수 있다. 금이라야 하나 은이라야 하나? 땅이라야 하나 다른 자원이라야 하나? 그리고 그다음에 꼭 따라오는 후속 질문이 있다. 이렇게 쌓아둔 것을 다 지키려면 어떤 무기를 사야 하나?

하지만 사람들이 좀처럼 묻지 않는 또 하나의 후속 질문이 있다. 쌓아둔 것의 값어치가 얼마나 될까 하는 것이다. 지금은 금화를 비롯해서 돈이라든가 그 밖의 부를 나타내는 징표의 가치가 미국인 한 사람 한 사람에게 수백 명의 몸종이 해주어야 할 만큼의 노동력을 대신 제공하는 화석 에너지 덕분에 부풀려졌다. 석유는 돈으로 살 수 있는 가장 싼 액체다. 우유보다도 싸고 심지어는 생수보다도 싸다. 이 화석연료를 구할 수 없게 되면 훌쩍 어디선가 나타나서 하루에 몇 푼을 받고 기꺼이 일해주는 몸종도 구할 수 없게 된다. 그 푼돈으로는 어차피 아무것도 사지 못한다. 농지처럼 언제나 쓸모 있어 보이는 자산도 두 손만 가지고 농사를 지어야 하는 상황이라면 안심할 수가 없다. 트랙터나 콤바인, 지하수를 퍼올리는 펌프와 비료, 살충제, 농작물을 시장으로 실어나르는 트럭이 없으면 대농장은 그저 한 뙈기의 휴경지일 뿐이다. 1만 5,000평이 넘는 땅은 부풀려진 자산이다.

돈 없이 살아가는 것이 미국에서 대부분의 사람에게 정상으로 받아들여진다면 사람의 흐름은 필연적으로 두 갈래로 나뉠 것이다. 가장 막막한 사람은 안에 있는 사람이다. 형무소, 정신병원, 오갈 데 없는 사람을 위해 서둘러 만들어진 난민촌 같은 시설이 유지되고 물자 공급이 지속되는 동안 산 채로 수용된 사람들이다. 좀 더 머리가 잘 돌아가는 사람들은 안보다는 밖에 있으려 할 것이다. 이들은 국가 시설이 유지되고 물자 공급이 지속되는 동안은 테러리스트로 몰리면서 핍박당할지 모르지만 이들을 계속 몰아세우는 데 필요한 물자가 바닥이 나면 나중에는 아무도 건드리지 않을 것이다. 영리한 사람들은 두 세계를 잇는 통로 역할을 하는 길을 기어이 찾아낼 것이다. 바깥세상에서 살면서 제도권 상전을 위해 정보를 수집하는 척하겠지만 실제로 그들은 자기 자신과 친구들만 챙기면서 사람과 물자를 안팎으로 실어 나를 것이다.

소비

소련의 소비재는 늘 조롱거리였다. 냉장고는 방을 덥히라고 만든 것이 었고 식료품도 변변한 것이 없었다. 그나마 물건을 손에 넣으면 운이 좋았고 일단 집으로 가져온 물건을 움직이게 만드는 것은 주인의 몫이 었다. 하지만 일단 작동하는 데 성공하면 그 물건은 가보로 대물림할 수 있을 만큼 튼튼했고 거의 무한정 쓸 수가 있었다. 미국에서는 "수리 할 만한 값어치가 없다"는 말을 자주 듣는다. 그런 소리를 들으면 러시 아인은 흥분한다. 한번은 나이 지긋한 러시아인이 보스턴의 한 철물점 에서 침대 용수철 부품을 팔지 않는다면서 분통을 터뜨리더라는 이야 기를 들은 적이 있다. "너무나 멀쩡한 매트리스를 버려들 대는데 어떻 게 감히 고칠 생각이 들겠는가?" 경제가 무너지면 국내 생산과 수입이 모두 중단되므로 내가 가진 것이 서서히 닳는 것에 당연히 민감해질 것 이고 고장이 나면 내 손으로 고칠 수 있어야 한다. 소련제 물건은 대체 로 믿기 어려울 정도로 튼튼했다. 지금 미국에서 볼 수 있는 중국제는 훨씬 약하다.

중요한 차이는 소련의 소비재는 영리 목적으로 만든 것이 아니고 그 냥 정부가 치르는 비용이었다는 점이다. 미국에서는 임금으로 지급된 돈을 다시 국민으로부터 뽑아내는 핵심 기제가 소비자 지출이라면 소 련에서는 임금도 임금을 가지고 쓰는 돈도 자본재에 정부가 퍼붓는 돈 에 비하면 약과였다. 소비재 생산은 소비자의 수요를 충족하는 것이 아니라 배급제 공급으로 소비자의 발목을 묶어두는 수단으로 여겨졌다. 이것은 아주 성공작이라고 보기는 어려웠지만 그래도 뜻밖의 장점은 있었다. 영리에 목적이 있는 것이 아니니까 일부러 교체 주기를 짧게 가져가면서 금방 무용지물이 되게끔 물건을 만들어야 할 이유가 없었다. 한시적으로만 제품이 내구력을 갖도록 만드는 방법을 알아내는 데 공을 들일 이유가 없었다. 그래서 생산이 중단되고 한참 시간이 지나서도 얼마든지 제구실을 하는 실용적이고 수리 가능한 소비 품목이 쌓였다.

반면에 이윤 추구가 신성불가침의 동기로 작용하는 미국에서는 소비재 부문이 흥청거린다. 하지만 여기에는 몇 가지 근본적 결함이 있다. 그런 결함의 하나는 내구력 있는 새로운 제품을 만드는 것이 해당 제조업체에게는 재앙이라는 사실이다. 한 제품이 충분히 팔리면 시장은 몇십 년 동안 포화 상태에 놓이고 신규 판매는 가뭄에 콩 나듯 한다. 제조업체들은 이런 곤경에서 벗어나 생산 라인을 뗄 수 있으면 임대료 기반수익 모델로 전환하기 위해 다양한 수법을 동원한다.

한 가지 수법은 제품을 일회용으로 만들어 소비자가 매번 사용할 때마다 지불하게 만드는 것이다. 또 한 가지 수법은 사전에 정해둔 비율로 부식되는 재료를 가지고 제품을 만드는 것이다. 플라스틱은 이런 종류의 미세조율을 하기에는 더없이 안성맞춤이다. 플라스틱은 시간이 흐르면 잘 부스러진다. 문짝으로 쓰는 품목들이 그런데 태양의 자외선으로 광분해가 일어나기 때문이다. 플라스틱 성분이 깨지면 여간해서는 수리하기도 힘들고 수제 부품으로 갈아치우기도 어려우므로 아무래도 짝이 맞는 대량 생산 부품으로 교체하기 십상이다. 제조업체는 또 부품을 새것으로 팔기를 거부하여 소비자가 울며 겨자 먹기로 가격이 더 비싼 신모델로 '업그레이드' 할 수밖에 없도록 만들 수도 있다. 제품 전체의 수명은 금속 부품 하나를 플라스틱 부품으로 바꾸기만 해도 충분히 줄일 수 있을 때가 많다. 가령 요즘 나오는 자전거의 변속 기어는 플라스틱 받침대를 보통 쓰는데 중량을 줄이기 위해서라지만 무게 감소 효과는 미미하고 대신 수명이 10년 안팎으로 고정된다.

경제가 망가졌을 때 이런 접근법이 치명적 결과를 초래하리라는 것은 명약관화하다. 제품의 흐름이 감소하면 일회용 제품은 가볍게 사라진다. 아무리 처음에 사재기를 해두었더라도 일회용 제품은 점점 보기가 어려워지고 어쩌다 눈에 띄어도 소량으로밖에는 구할 수가 없으니까 조심스럽게 다루면서 쓸 수 있을 때까지 쓰고 또 쓴다. 일회용 컵, 일회용 접시, 일회용 비닐, 일회용 주사기, 일회용 면도기 같은 수많은 일회용 제품이 갑자기 일회성을 크게 상실하면서 모든 사람을 점점 쓸모없어지고 절반은 깨진 탈소비자 시대의 쓰레기통으로 파묻는다. 구식의 투박한 면도기와 스테인리스와 유리로 된 주사기가 갑자기 각광을 받는다.

새것만을 숭배하는 데 익숙한 나라에서 이것은 극적인 문화의 반전이 아닐 수 없을 것이다. 수십 년 동안 마케팅이 해온 일은 결국 새것이 헌것보다 좋다는 인식을 만인에게 심어주면서 수많은 제품의 질이 서서히 저하되는 모습을 생생히 지켜보도록 만든 것이었다. 가구를 예로 들자면 처음에는 단단한 경목으로 만들더니 다음에는 경목 베니어판을 댄 연목으로 바뀌었고 나중에는 나무 부스러기를 압착하여 만든 파티클보드에다 경목 베니어판을 대더니 결국에 가서는 파티클보드에다 나뭇결만 그려 넣은 플라스틱 베니어판을 대서 가구를 만들었다. 단단한 경목 가구는 샌드페이퍼로 밀어서 겉만 다시 손을 보면 새것처럼 보이는데도 새것 숭배 열풍에 휩쓸린 사람들은 이런 가구를 내버리고 새것처럼 보이기만 할 뿐 일회용이나 다를 바 없는 조잡한 재질의 가구를 장만하느라고 돈을 쓴다. 여러 해 전부터 나는 가구점에서 파는 가구보다 더 질이 좋은 가구를 사람들이 내다버리는 쓰레기장에서 거뜬히 찾아냈다. 그런데 쓰레기장에서도 가구의 질은 갈수록 떨어지는 추세다. 지금은 아주 잘사는 동네에서 나오는 헌 가구도 질이 형편없어서 들고 올 만한 가치가 없는 것이 대부분이다.

소비자가 계속 새 제품만을 찾도록 만드는 또 하나의 방법은 유행을 퍼뜨리는 것이다. 한편으로는 추한 제품을 만들면서 또 한편으로는 올해는 이런 풍의 추한 제품이 '뜬다'고 소비자를 설득하는 데 주안점을 둔다. 다음해에는 똑같이 추해도 약간 다르게 만들어서 다시 유행을 시키면 1년 전의 추함은 그저 추할 뿐이라서 사람들은 더 이상 갖고 싶어하지 않는다. 이렇게 다수를 집단으로 추하게 만드는 수법은 십대의 반항, 청소년 특유의 따라 하기, 미숙하고 어리석은 판단력이 어우러진 풍토에서 활개를 편다. 그 결과도 명약관화하다. 추한 신제품을 유행으로 몰아가는 흐름이 끊기면 남는 제품은 그냥 추한 물건일 뿐이고 어쩔 수 없이 그런 물건을 써야 하는 사람들의 자부심은 낮아지게 마련이다.

일회용이고 조잡하고 늘 용도 폐기되는 제품의 줄기찬 공세를 순순히 받아들이도록 소비자를 구워삶는 데 일단 성공하면 이윤을 추구하는 세력이 그다음으로 내딛을 행보 역시 뻔하다. 이런 상태를 빚에 바탕을 둔 재무 관계로 옭아매는 것이다. 여기서 구사되는 것은 양면작전인데 한편으로는 임금이 싼 나라로 외주를 주어 생산 거점을 옮기면서 에너지자원을 아끼고, 제조업 일자리의 감소로 수입이 줄어든 국내 소비자에게는 소비자 대출을 내준다. 이렇게 되면 나라도 그렇고 나라 안에서 살아가는 소비자도 그렇고 영원히 빚더미에서 헤어 나오지 못한다. 이 빚의 이자를 갚으려면 소비자는 더 열심히 일하고 더 적게 소비해야 한다. 소련의 중앙계획경제 입안자들이 보았더라면 보나마나 침을 질질 흘렸을 상황이다.

이제 미국 소비주의라는 비극의 마지막 장은 홀라당 벗겨진 소비자가 거대한 플라스틱 쓰레기 더미 꼭대기에 올라선 모습으로 끝날 것이다. 모든 제품을 일회용으로 만드는 경제의 종착점에는 일회용 소비자만 남는다. 그런데 일회용 소비자가 처리되고 나면 누가 남아서 대신 쓰레기를 처리해줄까?

식품

국민을 먹이지 못했다는 것이 소련의 가장 큰 실책으로 거론된다. 유럽의 곡창이었던 나라가 겨우 두 세대 만에 유럽 농업의 허수아비로 전락했다. 막판에 가서는 소련은 이해를 달리하는 적대국들로부터 곡물 수입 차관을 얻어야 할 만큼 재정적으로도 정치적으로도 불구의 몸이 되었다. 1970년대에는 유가가 오르니까 방심했지만 좋았던 시절이 끝나고 유가가 떨어지니까 버틸 재간이 없었다. 소련의 원유 생산 능력은 80년대 중반을 고비로 내리막길을 걸어 생산량을 끌어올려 수출을 늘리고 싶어도 그럴 수가 없었다.

어떤 나라보다도 경작지가 넓고 푸짐한 음식 축제가 만발한 유서 깊은 농경문화의 전통이 있고 곡물이 언제나 남아돌았던 역사를 가진 나라가 어쩌다가 그렇게 초라한 결과를 낳았을까? 여기서 잠깐 러시아 역사를 들여다보면 유익할 것이다. 작은 재난은 우연히 일어날 수도 있지만 이 정도 규모의 참극은 상당한 노력을 쏟아 부어야 일어난다. 농업을 덮친 재앙에 대해서 말하기 전에 먼저 농사는 굉장히 단조로운 일이라서 곱사등이가 되도록 온종일 허리를 숙이고 땅을 만지는 것도 마다하지 않는 정말로 소박한 사람들이 가장 잘 짓는다는 점을 알아둘 필요가 있다. 농작물을 키우는 일을 천직으로 알고 태어났다고나 해야 할 이런 사람은 세계 어디에서나 전통 농업 사회가 있는 곳에서는 찾아볼 수가 있다. 그들은 땅을 일구지만 흙은 그들의 손에서 아주 천천히 깎

여나가고 만약 그들이 수확량을 늘려야 한다는 압박감에 시달리지 않고 또 조금만 영리하다면 흙은 아무런 손상을 입지 않는다. 그렇게 겸손하게 땅에 묶여 사는 대신 그들은 매일 자연과 접촉하면서 자연이 내리는 변덕스러운 하사품을 누리면서 자연의 일부가 된다. 옥수수든 감자든 한 가지 작물만 심는다든지 하는 편법에 기댄다면 모를까, 허리가 굽은 농사꾼의 숫자는 기후에 따라 자연에 맞추어 들쭉날쭉하게 마련이다. 이제 이 소박한 농사꾼을 대학 교육을 받은 농학자로, 호미를 트랙터로, 조상 전래의 씨앗 자루를 대량 생산된 교배종으로, 빗물을 급수펌프로 갈아치우면 그때부터는 환경을 까맣게 잊은 망각의 길로 접어든다. 러시아 농업은 우리에게 정말 겁나는 사례를 보여주지만 똑같은 쪽으로 미국이 기울이는 노력도 무시하지는 말자. 화학 농업, 유전자 조작, 재보충이 불가능한 지하수의 남용, 에탄올 생산, 각종 대량살막화무기를 통해 자연을 굴복시키려는 노력이 충분히 이루어지면 여기 미국에서도 기아를 비롯하여 무슨 일이든 이루어낼 수가 있다.

19세기 중반까지 러시아 제국은 미국 남부 지방의 대농장 체제와 얼추 비슷한 방식으로 굴러갔다. 갈수록 멀어져가는 상층부에는 프랑스어를 쓰는 귀족이 군림했고 그 밑에는 글은 못 읽고 러시아어로 말하는 수많은 농노가 있었다. 노골적 노예제보다는 조금은 인간미가 있었던 농노제에서 농민은 땅에 예속되었고 지주는 땅의 쓰임새를 통제하면서 농민의 복리에 대해서도 형식적인 책임을 졌다. 19세기 중반 이후 러시아 황제는 농노제의 온존이 유럽 열강이라는 국제 지위에 어울리지 않는다는 생각을 하게 되었고 결국 1861년 미국에서 남북 전쟁이 터지기 한 달 전에 황제령으로 농노제를 철폐했다. 유혈극은 벌어지지 않았고 농업 생산도 심각한 타격을 받지 않았다. 일부 농민은 조금씩 자기 땅을 넓혀나갔고 20세기 초반에는 러시아와 우크라이나 곡창 지대에 자영농이 많이 생겼다. 혁명 전의 러시아는 어느 모로 보나 인구를 잘 먹이는 땅이었다.

그러더니 집단화라는 인재가 닥쳤다. 그것이 초래한 결과는 지금도 러시아 시골과 주변 지역을 가본 사람은 확연히 알아볼 수가 있다. 이 재앙의 진원지는 중부 러시아고 거기서 좀 더 바깥으로 발틱 국가들과 서부 우크라이나까지 나가도 그 파탄의 잔해가 정도는 덜하지만 지금도 남아 있다. 마치 흑사병이 몇 차례에 걸쳐 휩쓸고 지나간 땅처럼 빈곤과 삭막함만 남았다. "모든 땅을 민중에게!"라는 혁명 구호 아래 부유한 자영농은 계급의 적으로 낙인찍혀 처형당했다. 굶는 도시를 위해 종자를 포함하여 곡식을 징발했다. 그 바람에 시골은 굶주렸고 농촌 인구는 급감했다. 융성하던 자영농을 없애고 집단농장을 만들어 농민을 또다시 땅에 예속시켰지만 옛날처럼 교회에 묶인 봉건제 전통의 수혜는 받을 수가 없었다. 기계화 영농, 화학비료, 살충제, '과학' 농사법의 도입은 재앙을 막아내는 데 이렇다 할 역할을 못했다. 실력 있는 농부는 죽지 않았으면 도시로 달아난 지 오래였다. 로켓으로 씨를 살포하는 등 심하게 창조적인 해법을 동원해가면서 정부가 애를 많이 썼지만 농작물 생산량은 과거 수준을 결코 회복하지 못했다. 결국 집단화를 없애야만

치유될 문제였는데 그것은 정치적으로 용납할 수 없는 시책이었다.

정치적으로 용납할 수 없는 또 다른 시책은 국민을 제대로 먹이지 못하는 것이었다. 특히 언제 어디서나 빵만큼은 넉넉히 공급해야 했다. 어떤 주식보다도 빵이야말로 공산주의 정부와 거기에 순종하는 민중 사이에 맺어진 언약의 상징이었다. 무슨 수를 써도 누를 수가 없었던 빵폭동은 천우신조로 빵이 배달되는 바람에 겨우 가라앉을 수 있었다. 폭동은 모든 지방 공산당 간부의 가슴에 두려움을 심어놓았다. 그런 시나리오가 현실화되지 않도록 모든 도시마다 현지에서 조달한 양식을 정부 할당 계획에 맞추어 잔뜩 비축해놓았고 빵 같은 주식은 거의 언제나 충분히 공급되었다. 다른 정부 공급 식품의 질은 의심스러울 때도 있었지만 빵은 언제나 최고 수준이었다. 빵은 그만큼 상징성이 있는 중요한 식량이었다.

그러나 잘 먹을 권리는 기본 탄수화물의 수준을 넘어서지 못할 때가 많았고 변두리 지역은 더 그랬다. 모스크바는 언제나 우선적으로 식량이 공급되었고 레닌그라드는 1위와 격차가 큰 2위였다. 지방 도시의 상점에 가면 빵, 보드카, 종류가 얼마 안 되는 통조림을 빼놓고는 진열대가 텅텅 비었을 때가 많았다. 소시지처럼 진귀한 품목이 나타나면 삽시간에 줄이 만들어지면서 동이 났다. 쇼핑은 중노동에 가까웠고 이만저만 부담이 크지 않았다. 상점 매대 뒤편에 몸을 숨긴 고기 덩어리가 언제 나타났다가 사라질지 몰라 숨죽이고 기회를 노리는 모습을 보면 영락없는 사냥꾼이었다.

소련이 붕괴하기 조금 전에 한 집당 300평씩 할당된 채마밭을 모두 합치면 소련 농지의 10퍼센트에 달했다. 여기서 국내 식량의 90퍼센트가 생산된다는 비공식 통계가 나돌았다. 경제 붕괴의 와중에서 그리고 그 이후에 국영 상점이 텅텅 비다시피 하고 아예 문을 닫기도 했을 때 이 텃밭은 많은 가정의 구세주였다. 1990년 여름은 유난히 잊히지가 않는다. 그해 여름 우리는 (수입된) 쌀과 (집에서 기른) 호박과 (동네 사람들이 근처 호수에서 잡은) 생선만 먹었다.

소련 농업의 암울한 상황은 채마밭 경제를 육성하는 데 역설적으로 이바지했다. 러시아인은 채마밭 덕분에 경제가 무너졌는데도 살아남았다. 러시아인은 언제나 자기가 먹을 것은 집에서 길렀다. 양질의 농산물을 국영 상점에서 구하기가 어렵다 보니 채마밭 전통은 경제 사정이 좋았던 60년대와 70년대에도 사라지지 않았다. 붕괴 이후에 이 채마밭은 구세주로 떠올랐다. 많은 러시아인이 혹은 부모한테 배운 대로 혹은 시행착오를 거쳐서 혹은 그냥 게으르게 지은 농사라 해도 어떤 면에서는 새로운 유기농법이나 생태농법과 비슷하게 되었다. 러시아의 많은 텃밭에서 허브와 채소와 꽃이 뒤섞여 마구 자란다. 소련이 기울어가던 시절에 채마밭 경제는 날이 갈수록 중요해졌다. 명령과 통제에 따른 소련식 기계화 농업의 크나큰 문제점을 강조하는 것 이상으로 개인이 농사를 짓는 채마밭의 성공은 보편적 사실 한 가지를 암시하기에 중요하다. 농사는 소규모로 사람 손으로 지을 때가 훨씬 효율적이라는 사실이다.

대부분의 가정은 집에서 요리해 먹었지만 시설에서 제공하는 음식도 중요했다. 임금이 동결된 데다가 어차피 돈을 주고 살 만한 물건도 별로 없었으니까 일터에서 얼마나 먹느냐가 각별한 의미를 지녔다. 시설 음식의 질은 천차만별이었다. 해군 핵부대에 근무하는 장교는 특급 대우를 받았지만 보병부대의 사병한테는 맛없는 죽과 수프만 나왔다. 많은 정부 기관, 공장, 연구소의 일자리는 구내식당의 질로 가치를 매겼다. 이런 구내식당은 경제가 무너지고 생산 라인이 멎고 임금이 몇 달씩 밀리는 상황에서도 문을 열 때가 있어서 중요한 구명선의 역할을 톡톡히 했다. 어떤 공장의 구내식당에서는 더운 음식만 제공한 것이 아니었다. 노동자들은 그곳에서 요리하지 않은 생닭도 샀고 구하기 힘든 통조림 식품도 샀다. 가격도 하나같이 아주 저렴했다.

식당도 있었지만 웬만한 가정에서는 호주머니 사정 때문에 식당에 갈 엄두를 낼 수가 없었다. 내 눈에는 식당이 언제나 기이하게 보였다. 차림표는 엉터리나 다를 바 없었다. 주문하려고 하면 종업원은 언제나 "니예트!"("없어요") 하고 짧게 내뱉었다. 이것저것 먹고 싶은 것을 시켜보다가 결국은 포기하고 이렇게 묻게 된다. "뭐가 있는데요?" 이 수수께끼에 대한 답변은 가령 이런 식이다. "보르슈. 그게 오늘 좋아요." 놀랄 일이지만 정말로 맛이 좋을 때가 많았다. 식당은 드물었지만 분식집, 아이스크림가게, 음료수가판대는 언제나 많았다.

텃밭 말고도 숲도 언제나 러시아에서는 중요한 식량원 노릇을 했다. 러시아인은 식용 버섯을 귀신처럼 알아내고 종류를 가리지 않고 먹는다. 식용 베리도 종류별로 다 먹는다. 버섯이 한창 나는 철은 주로 가을인데 이때는 버섯 따는 사람으로 숲이 바글거린다. 버섯은 절이거나 말려서 저장하면 겨울 내내 먹을 수 있다.

소련 농업의 무지막지한 실패에도 불구하고 소련식 식량 배급제의 전반적 구조는 경제 붕괴와 혼란이 빚어졌을 때 역설적으로 남다른 신축성을 발휘했다. 빵폭동이 일어나는 날에는 정치인으로서 끝장이라는 생각에 젖은 사람들이 지방마다 식량을 잔뜩 쌓아두었고, 정부 기관은 종업원들이 배를 곯지 않도록 신경 썼다. 채마밭이 많았으므로 정말로 곯는 사람은 없었고 영양실조에 걸린 사람도 드물었다. 하지만 운명이 이렇게 미국에게도 똑같이 친절하게 나올까?

미국에서는 보통 식량을 슈퍼마켓에서 구한다. 이 식량은 멀리서 냉동 디젤 트럭으로 실어온다. 그러니까 수송연료가 풍부하고 주와 주를 잇는 고속도로망이 잘 유지되어야만 굴러가는 시스템이다. 에너지가 귀한 세상에서는 이 두 가지를 모두 보장하기 어렵다. 대부분의 슈퍼마켓 체인은 겨우 며칠분의 식품만 재고로 두고 첨단 물류 계획에 기대어 주문이 들어오면 그때그때 배달한다. 그러니 많은 곳에서 십중팔구 식품 공급에 문제가 생길 수 있다고 보아야 한다. 식품 공급에 문제가 생겨도 지방 정부는 상황을 통제할 역량이 없다. 문제는 연방 비상관리청으로 넘어간다. 태풍 카트리나가 덮쳤을 때 보여준 실력을 보면 연방정부는 무능하기 이를 데 없었으며, 어차피 정부에 얹혀 살아가는 사람들이 생기는 것을 막기 위해서라도 구호를 제공하기보다는 차라리 구호를 거부하는 것이 상책이라는 사고방식에 젖어 있는 듯했다.

미국인 중에는 쇼핑하는 것도 귀찮아서 그냥 패스트푸드만 먹는 사람도 많다. 원가를 최소화하고 이윤을 극대화하려는 기업의 욕망은 쓰레기나 다를 바 없는 것을 먹을 수 있는 음식으로 받아들이도록 감각을 조작하는 식품을 만들어냈다. 엄격한 공정 관리를 거쳐서 농업 쓰레기, 설탕, 지방, 소금을 버무려서 그럴 듯하게 포장한 식품을 요란하게 광고해 팔아치운다. 여기에 한번 넘어가면 일관된 공세에 감각이 마비되어 평생 나쁜 음식에 중독되고 만다. 화학 산업은 이런저런 탈취제를 만들어 대령해서 그런 음식을 먹었을 때 나는 역겨운 냄새를 덮어준다. 화학 공정을 통해 만들어진 맛과 냄새가 지배하는 인공 감각에 일평생을 젖어 살면 사람들은 삶은 닭의 간이건 건강한 사람 몸에서 나는 냄새건 자연스러운 맛과 냄새 앞에서 오히려 치를 떤다. 그러면서도 어찌된 영문인지 자동차 배기가스에는 거부감을 안 느끼고 발암 성분이 있는 가죽의 '새 차 냄새'는 좋아라 한다.

요리를 할 때도 처음부터 하는 경우는 좀처럼 없고 그저 공장에서 만든 포장 요리를 재가열하는 데 그친다. 요리를 처음부터 하더라도 싱싱해 보이는 성분은 수천 킬로미터 떨어진 곳에서 오고 그 성분을 고른 이유는 바람직한 질이 있어서라기보다는 운송하기가 쉽기 때문이다 보니 나무껍질처럼 맛대가리가 없고 마지못해 먹어주는 수준일 뿐이다. 맛에 자신이 없으니까 양으로 승부를 걸려고 하고 그러다 보니까 단백질과 녹말을 지방으로 처발라서 추수감사절이면 특히 심하지만 나라 전체에서 보기 딱할 정도로 먹자판을 벌인다. 결국 사업자만 재미를 보고 암, 당뇨병, 심장병 관련 산업만 콧노래를 부른다.

모두 건강에 썩 안 좋은 상황이라 할 수 있다. 미국 국민의 허리둘레로 나타난 그 결과는 주차장 어디에서나 똑똑히 확인할 수 있다. 그저 차하고 차 사이만 왔다 갔다 하는 사람들이 너무 많다. 그런 사람들은 앞으로 닥칠 일에 전혀 준비가 안 된 것처럼 보인다. 만약 그들이 갑자기 러시아인처럼 살기 시작했다간 무릎이 남아나질 못할 것이다. 대부분은 나설 생각조차 안 하고 그저 누군가가 와서 먹여주기만을 참을성 있게 또는 조바심을 내면서 기다릴 것이다. 그리고 기다리던 음식이 오고 스티로폼 상자 안에 커다란 모조빵 두 판 사이에 모조고기 한 판이 끼어 있고 모조시럽이 가미된 플라스틱 물병이 들어 있으면 더없이 만족할 것이다.

그러나 음식은 아마 죽어도 오지 않을 것이다. 미국에는 이미 굶주림이 팽배했으며 많은 가정이 음식과 휘발유 사이에서 선택을 하도록 내몰린다. 두 필수품 중에서 더 긴요한 것은 휘발유다. 휘발유가 있어야 차로 먹을 것을 구하러 다닐 수 있기 때문이다. 차부터 먹이고 보아야 한다. 시간이 흐르면 선택은 그들의 몫이 아니게 될 것이다. 그들은 가격 때문에 시장에서 밀려날 것이다. 그들의 음식은 에탄올 생산에 쓰일 것이다. 그렇게 생산된 에탄올로 운 좋은 사람은 조금 더 오래 자동차를 몰 것이다. 이런 아사 과정을 경제학자들은 에둘러서 표현하기를 좋아한다. '수요파괴'는 조금 섬뜩한 말일 수 있지만 '부하분산' 정도면 조금 부드럽게 들리기도 한다. 이 과정은 멕시코에서 이미 진행 중이다. 가난한 사람들이 주식으로 사먹는 옥수수 가루 생산 농가가 에탄올 생산 농가에게 밀려나고 있다. 그다음 차례는 미국이다. 픽업트럭을 모는 저 말라깽이는 누구인가? 내가 아니라 다른 사람이길 빌자. 나보다 운이 없는 사람, 나하고는 생면부지의 사람이길 빌자.

의료

소련 정부는 면역 사업과 전염병 통제, 기초 의학에 자원을 쏟아 부었다. 나라 소유의 전문병원, 종합병원, 요양소로 이루어진 의료 체계를 운영했다. 천연두, 소아마비 같은 풍토병과 전염병은 적극적인 면역 사업을 통해 제거했다. 결핵 같은 병도 잘 관리했다. 중병에 걸렸거나 만성 질환에 시달리는 사람은 불만을 털어놓을 만했고, 돈이 있는 사람은 따로 치료를 받기도 했다. 그러나 치료는 누구나 받을 수 있도록 했다. 의사가 필요하면 큰 걱정 없이 찾아가서 진료를 받으면서 그럭저럭 살아나갔다. 소련의 의료 체계는 치료를 받지 못할까봐 걱정하다가 병에 걸리게 만들지는 않았다. 또한 병에 걸린다고 빚더미에 올라앉게 만들지도 않았다. 물론 치료비를 못 낸다고 해서 죽게끔 내버려두지도 않았다.

소련의 의료 제도에서 정말로 고약한 점 하나는 정치범을 정신질환자로 몰아서 가두고 향정신성의약품을 대거 투약하는 관행이었을지도 모른다. 이 분야에서 미국은 이제야 겨우 따라올 기미를 보이지만 미국이 놀랄 만큼 앞서가는 분야도 있다. 비행 청소년을 가족의 반대에도 아랑곳하지 않고 정신병원에다 집어넣는 아동 정신병원 감금제다. 이런 아이 중에는 아무한테나 먹여서는 안 되는, 실험 목적으로 제약회사가 제공한 향정신성의약품을 집중 투약당한 아이도 있다.

소련이 해체되고 나서 러시아 의료는 상당 부분 민영화되었다. 그것은 국민 보건에 참혹한 결과를 낳았다. 지금도 돈을 안 내고 병원에 입원할 수는 있지만 병원에 있어도 돈이 안 오면 치료를 안 해주니 환자가 괴롭다. 내 어릴 적 친구 하나는 심한 교통사고를 당했는데 처음에는 의식을 잃었다가 나중에는 공간감각을 잃고 지방 병원으로 실려 갔다. 그러고서 거기에 그냥 방치되다시피 있었는데 잘나가던 친구가 우연히 그 모습을 보았다. 경악한 친구는 수석외과의의 방을 찾아가서 권총을 꺼내 의사의 책상 위에 탁 하고 놓고 철저한 해명을 요구했다. 그제야 상대는 소스라치게 놀라면서 "아, 치료를 해달라는 말씀이시군요?" 하고 나왔다.

소련의 붕괴는 돌발적이고 천지가 개벽할 사건이었지만 의료 체계가 와해되는 데는 10년은 족히 걸렸다. 의사는 계속 수술을 했고 종합병원과 동네 의원은 여전히 문을 열었고 아이들은 계속해서 예방 접종을 맞았다. 심한 부상을 당한 사람은 여전히 꿰매주고 소생시켰다. 워낙 방대한 제국이라 미처 손길이 닿지 않는 오지에서는 특히 심장약 같은 생명유지약품을 보내달라는 절박한 호소가 잇따랐다. 하지만 이런 호소는 시간이 흐르면서 더 이상 들리지 않았다. 공공보건망이 약해지니까 에이즈의 확산을 막기가 어려웠다. 러시아 감옥은 약을 써도 안 드는 신종 결핵의 배양소가 되었다. 그런가 하면 러시아 중산층 정도면 대개 진료비를 낼 만한 여유가 있었다. 고급스러운 전문병원에서는 여유 있는 사람을 상대로 온갖 특별 진료를 제공하기도 했다.

소련식 진료는 지금도 쿠바에서 시행된다. 아울러 특히 카리브해 지역의 여러 나라도 쿠바 의사의 덕을 톡톡히 본다. 파키스탄에서 기자들이 떠나고 서방 구조대가 서둘러 떠난 다음에도 쿠바 의사들이 남아서 지진 피해자를 보살폈다. 이윤보다는 공익을 생각하는 마음으로 일하는 쿠바 의사들은 많은 생명에 긍정적 변화를 가져다주었다. 벨리즈는 아주 가난한 나라지만 나는 그곳의 쿠바 의사에게서 신속하고 탁월한 응급 치료를 공짜로 받았다. 미국은 비슷한 상황에서 응급실에서만 꼬박 여덟 시간을 기다려야 했다. 수면 부족에 시달리는 모습이 역력한 수련의가 겨우 5분 내 몸을 살피더니 이 세상 거의 모든 나라에서 처방 없이도 구할 수 있는 약의 처방전을 휘갈겼다. 그리고 나서도 내가 응급실을 찾은 것에다가 의사가 나를 보러 와준 것까지도 병원이 비용 청구를 할 수 있는지의 여부를 놓고 보험회사와 병원이 몇 달 동안 종이쪽지로 실랑이를 벌였다. 미국의 응급실에서는 의사가 필수가 아닌 선택사항인 모양이다.

미국의 의료는 이윤을 추구한다. 사람들은 이를 대수롭지 않게 여기는 듯하다. 실제로 미국인이 이윤 추구를 불허하는 활동 영역은 굉장히 드물다. 병자의 고통으로 돈을 버는 것은 누가 뭐래도 비윤리적이라고, 이는 결국 무력한 사람을 등쳐먹는 일이고 문명사회에서는 용납할 수 없는 짐승이나 하는 짓이라고 말할 수도 있을 것이다. 의료산업을 이끄는 세력과 한통속이 되어 적당한 비용으로 공공 보건의 혜택을 누리고 싶어하는 국민의 자명한 의지에 따르기를 거부한 정치권을 요란하게 성토할 수도 있을 것이다. 문명국에서 이런 일이 있어서는 안 된다는 하나마나 한 소리는 접어두고라도 이것이 정말 문제인 까닭은, 일단 경제가 사라지면 이윤도 사라지고 이윤을 먹으면서 돌아갔던 의료 서비스도 사라지기 때문이다. 이렇게 되면 당장 발병률과 사망률이 천정부지로 치솟고 지병을 앓는 사람, 노인, 어린이처럼 아주 취약한 층부터 한꺼번에 죽어나간다.

영리를 추구하는 의료 제도가 갖추었다는 장점이라는 것도 대단히 의심스럽다. 여기다가 항구적 정규직을 가진 사람만 감당할 수 있는 의료보험의 몰상식한 술수까지 가세하여 영리 추구 의료를 사회 독재의 강력한 수단으로 만들어버렸다. 의료보험이 없는 사람은 한 번만 사고를 당해도 저금과 재산을 날리고 아무리 열심히 일해도 갚을 길이 없는 빚더미에 올라앉을 수밖에 없다. 이런 악몽이 현실로 나타날까봐 사람들은 감히 이직할 엄두를 못 낸다. 결국 미국인은 마음대로 직장을 그만두지 못하니까 일종의 노비문서에 묶인 셈이다. 또한 의료보험 없이 사고를 당하는 경우에도 거액의 치료비 때문에 빚을 져야 한다. 이것 역시 또 다른 노비문서인 셈이다. 미국에서는 진료비를 걱정하다가 병에 걸리는 사람이 늘어나고 있다. 의사들은 제약회사와 손잡고 시간이 걸리는 치료보다는 가급적이면 손쉽게 약을 처방하는 방법을 통해 환자를 노예로 만드는 데 일조한다. 의사들은 특허가 있는 신약을 선호하고 제약의사들은 여기서 떼돈을 번다. 항우울제만 하더라도 그렇다. 의사들은 우울증에 걸릴 만한 이유가 있다는 것만으로도 항우울제를 처방한다. 우울한 감정을 해소하는 삶으로 바꾸어나갈 수 있도록 상담해주기보다는 위험하며 대개는 중독성이 있는 완화제를 처방한다. 악순환이다. 직장이 우울증을 유발하고 약은 직장에서 버틸 수 있게 해주고 직장은 약을 계속 받을 수 있게 해준다. 이런 악순환을 영속시키는 의사 자신도 악순환의 고리에 빠져 있다. 의대 공부를 하면서 진 거액의 학자금 융자를 갚아나가려면 시스템 안에 어떻게든 남아야 한다.

미국에도 국민의료보험 비슷한 이야기를 하면서 입 발린 소리를 하는 정치인들이 있다. 하지만 그들이 연방법으로 통과시키겠다는 것은 능력이 되건 안 되건 국민 누구나 의무적으로 민간 의료보험에 가입하도록 만드는 법안이다. 그들의 목적은 의료 수혜의 폭을 끌어올리는 것이 아니다. 의료산업에 종사하는 그들의 친구들이 좋아하지 않는 빈곤층에 대한 무상 의료 혜택을 과거의 일로 만드는 것이다. 한 사람의 건강을 보험으로 보장한다는 발상 자체가 사실은 말이 안 된다. 보험은 산불이나 홍수처럼 예측불가능하고 어쩌다가 일어나는 사건에 적용되어야지 질병이나 사망처럼 누구한테나 어김없이 닥치는 사건에 적용하라고 만든 것이 아니다. (생명보험은 한 사람이 일찍 죽어서 다른 사람들이 낭패

보는 일이 없도록 만든 보험이니까 예외에 들어간다.) 더욱이 건강보험은 건강에도 좋지 않다. 기본 치료는 언제나 무조건 제공되지만 만성 질환이나 치명적 질환은 사회가 감당할 수 있는 만큼 최대한 관심을 기울이는 상황이라면, 사람들은 건강해지려고 노력한다. 본인의 불찰에서 비롯되었을지도 모르는 상태의 치료까지 보험으로 보장해주면 사람들은 위험한 행동이나 생활방식을 삼가야 할 강력한 동기를 잃어버린다. 끝으로 건강보험은 계속적인 진료 제공의 실행가능성에 대한 정책 결정의 범위를 재정 수준의 고려 사항으로만 축소시킨다. 의료의 책무가 죽음을 정복하는 일이라면 그런 의료제도가 떠맡아야 할 재정적 부담은 무한하다. 건강보험이 문제의 중심에 오면 의료의 책무는 돈이 떨어질 때까지 환자를 살려두는 것이 되어버린다. 환자와 노인 인구가 점점 늘어나는 추세로 볼 때 이런 방식은 유지될 수가 없다. 고령자와 장애인을 대상으로 한 메디케어 보험을 좀 아는 전문가라면 자금난 때문에 결국 벽에 부딪힐 것이라 말할 것이다. 이 문제를 지금까지 다룬 논의의 수준에서 보면 메디케어 개혁은 백보 양보해도 실효성이 없어 보인다.

상황이 이렇다 보니 임금의 노예가 되어 나뒹굴기 싫은 사람이 상식적으로 할 수 있는 일은 그리 많지 않다. 돈이 조금 있는 사람이라면 비적용 항목이 굉장히 많은 최악의 건강보험에 들었더라도, 만약 비적용 항목의 치료비에 해당하는 돈을 따로 꼬불쳐두었다면 사고가 나도 웬만큼 버틸 수 있다. 물론 좋은 습관을 기르고 적당히 육체노동을 하고 스트레스, 과로, 패스트푸드, 오염된 장소와 질이 안 좋은 사람을 피하면서 건강을 지키라는 것은 모든 사람에게 해줄 수 있는 조언이다. 병원 문턱이 낮은 나라로 의료 대피를 하는 것도 무시할 수 없는 대응 방안 중 하나다. 끝으로 의사와 특히 병원을 멀리하는 것도 고려해볼 만하다. 의사가 처방한 약을 먹고 죽은 사람도 많고, 약에 내성을 가진 박테리아를 비롯하여 병원 자체가 병을 퍼뜨리기 때문이다. 지금 또는 가까운 시일에 병원을 찾아야 할 만큼 몸이 안 좋은 사람은 미국에 남아 있다가 크게 곤욕을 치를지도 모른다. 그런 사람은 전 국민에게 기본 치료와 응급 치료 서비스를 무상으로 제공하는 많은 나라 중 어느 한 나라로 피신하는 것을 고려해봄직하다. 의료만 놓고 보자면 직장을 잃은 의료전문가, 보험설계사, 의료비청구전문가가 바글거리는 나라보다 못한 나라도 없다.

교육

소련의 교육 체계는 대체로 아주 뛰어났다. 문맹률이 아주 낮았을뿐더러 실력 있는 전문가도 많았다. 모든 단계에서 교육은 무상으로 제공되었고 대학생은 학교에서 먹여주고 재워줄 때가 많았다. 심지어 생활비를 따로 주기도 했다. 경제가 붕괴한 다음에도 교육 체계는 많이 흔들리지 않았다. 문제는 막상 졸업을 해도 졸업생들이 직장을 못 구한다는 사실이었다. 대학을 졸업한 많은 사람이 길을 잃었다.

소련의 많은 부분이 그랬지만 교육도 중앙에서 주도했다. 커리큘럼도 모스크바에서 짰고 교과서도 모스크바가 승인했다. 학교는 동네를 끼고 있었고 대중교통을 이용하기도 했지만 대부분의 학생은 걸어서 통학했다. 교수법은 확실히 구식이었다. 학력평가시험처럼 학생들의 학력을 기계적으로 측정하는 표준시험을 소련에서는 들어본 적이 없었다. 성적은 구술시험을 바탕으로 매기는 경우가 많았다. 호명된 학생은 교실에서 일어나 친구들 앞에서 배운 내용을 암송하거나 칠판으로 가서 문제를 풀었다. 표준시험이라든가 분포곡선으로 성적을 매긴다든가 학교 대항 운동시합이라든가 졸업 무도회 같은 것 역시 들어본 적이 없다. 학교는 공부를 하는 곳이었다. 하지만 방과 후에는 목공이라든가 체스라든가 동아리 활동도 할 수 있었다. 공부하도록 압력을 넣는 방법은 간단했다. 공부를 안 하면 괴로웠다. 낙제를 한 학생은 바로 티가 났다. 학생들은 그룹을 지어서 상급 학년으로 올라갔는데 (나는 B그룹이었다) 낙제를 하면 나이는 자기보다 어리지만 똑똑한 아이들이 모인 그룹으로 옮겨야 했기 때문이다. 우등생은 기숙학교로 보냈는데 그곳의 학칙은 훨씬 엄격했다. 9학년과 10학년으로 올라가는 시험을 통과하지 못하면 실업학교에 가거나 군대에 들어간다. 10학년 과정을 모두 무사히 마치면 공과대학이나 일반대학에 들어가기 위해 따로 과외를 받아가면서까지 머리를 싸매고 공부한다. 대학 입학시험도 평가위원들 앞에서 보는 구술시험이다. 합격하면 숙식을 제공받고 생활비도 지급받는다. 경제가 붕괴하기 전까지만 해도 졸업을 하면 취업을 보장

받았다. 불합격하면 다시 군에 입대했다.

　미국의 공립 초등학교와 중등학교는 소련 학교가 보통 8년에 거쳐 가르친 내용을 12년에도 못 끝낸다. 여기에는 많은 변수가 작용한다고 확신한다. 당분과 인스턴트식품을 너무 많이 먹는 식습관, 사고력을 망치는 장시간의 텔레비전 시청과 비디오게임, 교외 주거 환경과 차량 중심 사회로 인해 메말라가는 감수성, 원자화된 미국 사회, 열악한 교사 처우, 말도 안 되는 표준시험 등이다. 시간이 남아도는 사람은 그런 변수를 얼마든지 더 깊이 따져봐도 좋겠지만 훨씬 더 간단한 설명이 있다. 미국 학교가 교육에 실패하는 이유는 미국 학교의 역할은 교육이 아니기 때문이다. 미국 학교가 하는 일은 일찍부터 아이를 시설에 수용하는 것이다. 그리고 때가 되면 아이는 다른 시설로 갈 것이다. 감옥으로, 정신병원으로, 군대로 가거나 순종을 배웠지만 그래도 조금이라도 멀쩡한 의식이 남은 사람은 전문대로, 대학으로 갈 것이다. 감옥, 병원, 학교 건물이 건축학적으로 비슷비슷한 데는 다 이유가 있다. 감옥, 병원, 학교는 똑같은 시스템의 상이한 부분일 뿐이다. 시설에 수용되는 인생 역정의 상이한 단계를 나타낼 뿐이다.

　나는 두 교육 제도를 모두 경험했기 때문에 소련과 미국이 공교육에서 어떻게 다른지를 나름대로 구체적으로 설명할 수 있다. 레닌그라드의 한 학교에서 별 볼일 없는 성적으로 6학년을 완전히 못 마치고 미국에 와서 8학년에 들어갔다. 나는 언제나 수학이나 과학보다는 언어, 역사, 사회에 훨씬 관심이 많았다. 그러므로 수학은 더 이상 안 하려고 애를 많이 썼다. 알고 보니 그러기는 굉장히 쉬웠다. 그리고 러시아에서 6년 동안 배운 수학으로 이번에도 한결같이 별 볼일 없는 성적으로 나는 졸업했다. 졸업 후 컴퓨터 관련 일이 가장 쉽게 돈을 버는 길이라는 사실을 알고 공부를 더 했다. 그런데 막상 일을 해보니 좀 따분했고 그렇지 않아도 긴 근무 시간이 갈수록 길어졌다(나는 큰 은행의 자잘한 회계 업무를 자동화하는 일을 맡았고 초과근무수당은 분기 보고서를 편집하는 일을 하면서 주로 벌었다). 그래서 공부를 더 하는 것도 나쁘지 않겠다 싶었다. 컴퓨터의 생리는 웬만큼 알았으므로 같은 쪽 공부를 더 하는 건 별로 어렵지 않겠다는 생각이 들어 지원을 했다. 지방 대학 두 곳에서 컴퓨터 엔지니어링 전공으로 나를 받아주었고 전액 장학금을 제시했다. 나는 나를 수학 재교육 과정에 집어넣으려고 하지 않았던 대학을 택했다.

성적이 한결같이 별 볼일 없었던 대학 시절, 나는 미적분에서 다변수 함수에 이르기까지 일부 응용 수학을 포함하여 모두 6개의 수학과목을 들어야 했다. 그런데 미국인 교수가 가르칠 때는 한결같이 성적이 안 좋았고 교수가 우연찮게 러시아인일 때는 (예나 지금이나 그 학교에는 러시아인 교수가 많았다) 성적이 쑥 올라갔다. 미국인은 어김없이 시험에 대비한 강의를 하면서 아무 의미가 없는 공허한 문제를 예로 들면서 가르친 반면 러시아인은 일반 원리를 따라 생각하도록 가르쳤고 예로 드는 주제 하나하나도 될수록 일반적 표현으로 나타내려고 했다. 가끔은 특정한 이론적 논점이 어떻게 해결되었고 왜 아직도 우리에게 그것이유의미한지에 대해 배경 정보도 알려주었다. 대부분의 미국 학생은 러시아 교수법이 무지막지하게 뛴다고 생각했다. 미국 학생은 중간시험과 기말시험에 어떤 문제가 나오는지만 알고 싶어했다. 하지만 교수가 그런 것에 전혀 관심을 안 보이자 실망했다. 시험장에서는 희비가 엇갈렸다. 무작위로 제시된 문제에 자신이 이해한 원리를 적용하여 자신이 원리를 이해했음을 입증한 사람은 합격이었고 연습 문제만 풀면서 시험공부를 한 사람은 성적이 형편없었다. 지금도 기억이 나는 시험에서 나는 네 문제 중에서 세 문제밖에 못 풀고 기가 죽어서 교수 방으로 갔다. 그런데 교수는 환한 표정을 지었다. 나는 75점이었고 낙제선은 22점이었다.

　미국의 고등교육 체계는 여러모로 훌륭하다. 정부 연구소와 기업 연구소, 단체 운동, 직업 훈련이 뛰어나다. 하지만 미국 대학은 소련의 중등학교에서 (9학년과 10학년) 2년 동안 해내는 것을 4년을 들여도 못 해낼 때가 많다. 다시 말해서 미국 대학은 일반 지식도 웬만큼 갖추고 자기 모국어도 잘 구사하고 따로 학교를 다니지 않고도 전문 지식을 익힐 만한 능력을 갖춘 졸업생을 배출하는 데 실패하고 있다. 그 원인으로는 여러 가지를 들 수 있다. 인맥 관리에 뛰어난 능력을 보이는 저명한 정교수는 어떻게 자기들이 훌륭하고 왜 자기들이 훌륭한지를 가르치는 세미나나 지도하고 실제 강의는 조수, 부교수, 박사후연구원, 강의조교를 비롯한 올챙이들이 맡는 스타 교수 중심 시스템이 원인이기도 하고, 동문 자녀에게 입학 특혜를 주면서 이른바 붕어빵들의 무게에

짓눌리는 것도 원인이다. 실력 있는 미국인이 가르치지 않으려 하니까 자기 나라에서는 명함도 못 내밀 외국인이 빈자리를 채우는 것도 원인이다. 시간이 남아도는 사람은 원인을 얼마든지 더 깊이 따져봐도 좋겠지만 역시 훨씬 간단한 설명만으로 충분하다. 미국 고등교육의 목적은 교육이 아니라는 것이다.

배운 사람은 우주를 머리와 영혼으로 자유롭게 혼자 힘으로 탐구할 줄 아는 사람이라고 나는 생각한다. 배운 사람은 돈 잘 버는 직장에 들어갈 줄 아는 사람이라고 생각하는 이도 있을 것이다. 그렇게 생각하는 사람은 몰락한다. 미국의 고등교육 체계는 한 가지는 기가 막히게 잘한다. 미래의 기업체 주인이 못박아놓은 조건으로 노동 시장에 합류할 수밖에 없는 고분고분한 졸업생을 배출하는 것 말이다. 졸업생은 공부하면서 지는 막대한 빚을 감수하는 것 말고도 몇 가지 중요한 양보를 해야 한다. 가령 하고 싶은 일을 하는 것보다는 돈을 잘 버는 것이 더 중요하고 가정생활보다는 승진이 더 중요하다. 또 이 점이 가장 중요할지도 모르겠는데 절대로 실패해서는 안 된다는 강박관념이다. 치대를 갓 졸업한 사람은 썩은 이빨 때문에 돌아버릴지 모르니까 치과와는 무관한 자원봉사 활동도 좀 해야 한다는 사실을 깨달을 만한 여유가 없다. 융자받은 학자금을 갚아야 하므로 필요하다면 약을 먹으면서라도 좋든 싫든 이빨을 갈아야 한다.

미국에서는 고등교육이란 배우는 법을 배우고 그렇게 하는 데서 지적 자유를 누릴 수 있도록 사람들을 교육시킨다는 뜻과는 거리가 멀다.

미국에서 고등교육 하면 보통은 훈련이다. 보편적 지식이 아니라 금방 못 써먹게 될 일시적 기술을 익히게 해주는 것이다. (성인교육과 재교육 같은 형식이 이상하게 성행하는 이유도 따지고 보면 학교에서 스스로 배우는 요령을 가르치지 않았기 때문이리라.) 미국의 고등교육은 복잡한 규칙 준수 시스템 안에서 고분고분하게 순종하는 사람을 만들어내는 데 역점을 둔다. 소련의 시스템은 배운 시민들로부터 절대적 순종을 요구했지만 그래도 일부 시민은 굳이 번역을 하자면 정신의 넓은 지평이라고나 할 '크루고조르'라는 것을 갖고 있어서 적어도 이론적으로는 거역할 능력이 있었다. 미국 고등교육은 수법이 워낙 교묘해서 저절로 순종하게 된다. 배운 시민은 무엇이 거역인지도 잘 모른다. 그는 어떻게 하면 시스템에서 이익을 추구할 수 있는지만 배웠으므로 시스템에서 이익을 추구하기를 거부하는 무익한 자멸로 연결되는 거역 말고는 순종하지 않는다는 것이 무엇인지를 모른다.

아직도 이익을 뽑아낼 수 있는 시스템이 굴러가는 동안에는 그렇게 살아도 그럭저럭 버틸 수 있을지 모르지만 알량한 직업훈련에 너무 많은 값을 치러야 한다. 학교 8년에 직업훈련 2년이면 얼마든지 할 수 있는 일을 하려고 학교 12년에다 대학교 4년을 다닌다는 것은 낭비가 아닐 수 없다. 파산한 나라에 걸맞은 엄혹한 경제 여건에서는 이런 허영심 많은 교육 인프라는 버림받게 마련이다. 북미 대륙에서 그래도 문명 비슷한 것을 지키려는 마음이 있는 사람이라면, 본인과 자녀를 십중팔구 실패할 것이 뻔한 프로그램으로 몰아넣고 싶은 마음이 없는 사람이라면, 집에서 아이를 가르치는 홈스쿨링과 몸으로 배우는 도제 교육과 읽고 쓰는 교육에 역점을 두어야 한다. 미국은 이미 선진국치고는 문맹률이 비정상적일 정도로 높다. 이 문제가 더 이상 악화되지 않도록 하는 것만도 쉽지 않은 싸움이다. 그리고 그것은 분명히 싸울 만한 가치가 있는 전쟁이다.

인종

인종과 민족 분포에서 미국은 러시아보다는 유고슬라비아에 가깝다. 여러 민족이 섞인 사회는 취약하고 폭발하기 쉽다. 붕괴 이후의 미국 사회 분위기는 붕괴 이후의 러시아처럼 차분하고 평온할 가능성이 적다. 적어도 일부 지역에서는 (비옥했지만 우즈베크인, 타지크인, 키르기스인 등 여러 민족이 공유했으므로 인구 밀도가 높았고 정치적 폭발력도 높았던 중앙아시아의) 페르가나 유역이라든가 (미국 대통령의 표현에 따르자면) 코카서스의 '자유의 횃불'인 그루지야처럼 옛 소련에서도 여러 민족이 같이 살아서 갈등이 컸던 곳처럼 분위기가 흘러갈 가능성이 높다.

전통적으로 미국은 굉장히 인종주의가 강한 나라다. 지금도 상대가 어떤 사람이건 딸이나 누이가 배우자로 맞아들여서는 안 된다고 생각하는 수많은 범주의 사람이 있다. 미국은 아프리카 노예를 착취하고 원주민을 절멸하고 세운 나라다. 미국이 커오는 과정에서도 유럽인은 아프리카인이나 원주민과 여간해서는 결혼하지 않았다. 같은 아메리카 대륙이라도 브라질 같은 나라와는 많이 다르다. 지금도 미국에는 앵글로색슨 말고는 다른 종족을 깔보는 태도가 남아 있다. 적어도 교양 있는 집단은 정치적 올바름이라는 금박을 둘렀지만 앵글로색슨이 실제로 누구와 사귀고 결혼하는가를 살펴보면 감이 온다.

러시아는 주로 유럽인이 사는 서쪽에서 아시아인이 사는 동쪽에 이르기까지 인종의 얼굴이 서서히 달라진다. 러시아인은 동진하여 광대한 영토에 정착하면서 모든 종족과 짝을 맺었다. 러시아 역사에 큰 흔적을 남긴 것이 몽골의 침입이었고 이때 러시아인의 혈통에 아시아인의 피가 대거 유입되었다. 그런가 하면 러시아는 서유럽에서도 많은 이민을 받아들였다. 지금 러시아의 민족 문제는 각 민족 안에 뿌리내린 마피아와 규모는 작지만 빈번하게 일어나는 수치스러운 반유대주의 정도다. 반유대주의는 여러 세기를 이어온 러시아 사회의 특징이지만 우리 집안을 포함하여 유대인은 러시아에서 꽤 잘 지냈다. 그렇지만 유대인은 일부 명문 종합대학이나 공과대학에는 들어갈 수가 없었고 그 밖에도 불이익을 당하는 영역이 있었다.

미국은 인종 갈등의 화약고다. 도심에 사는 흑인은 교외에 사는 백인한테 눌려 지낸다고 생각하고 백인은 백인대로 도심의 웬만한 구역으로는 감히 들어가지를 못한다. 항구적 위기가 닥치면 도심의 흑인은 도시에서 폭동과 약탈을 저지를 것이다. 흑인은 가진 것이 없기 때문이다. 교외의 백인은 '숲속의 작은 통나무집'에서 밀려나 근처의 캠핑카

주차장으로 도주할 가능성이 높다. 그렇지 않아도 인종 갈등이 심한데 총을 쉽게 구할 수 있고, 미국 사회 그중에서도 특히 남부, 서부와 디트로이트 같은 죽은 공업 도시에서는 폭력이 성행한다는 점을 감안해보라.

살아남아야겠다는 생각을 가진 사람에게 미국은 어느 곳도 안전하지 않다. 그럼에도 불구하고 더 위험한 지역이 있다. 인종 갈등이나 민족 갈등의 역사를 가진 곳은 아무래도 불안하기 마련이다. 자연히 남부와 남서부는 피해야 하고 다른 지역에서도 대도시는 피해야 한다. 어떤 사람은 자기와 같은 인종이 모여 사는 공간에서 안전한 피난처를 찾을 것이고 어떤 사람은 동화와 결혼을 통해 인종 관계가 굳건해져서 다민족 사회라는 낯설고 취약한 구조가 유지될 가능성이 있는 몇 안 되는 지역 사회를 찾아 나서라는 조언을 들을 것이다.

종교

종교로 보자면 소련은 최후의 심판일이 멀지 않았다고 믿는 종말론 종파를 비교적 구경하기 어려운 나라였다. 지구 크기만 한 원자의 불덩어리가 구세주의 재림을 예고해주기를 간구한 사람은 아주 드물었다. 그것은 그야말로 축복이었다.

혁명이 일어나기 전 러시아의 머리 둘 달린 독수리는 군주제와 교회를 상징했다. 하나는 머리에 왕관을 썼고 또 하나는 머리에 주교관을 썼다. 러시아정교는 도상학과 수도원 전통 같은 고결한 모습도 보여주었지만 재력과 허세로 우쭐거리기도 했고 군주제만큼이나 억압적이었다. 군주가 휘두르는 권력의 정당화를 도운 것도 사실은 러시아정교였다. 그러나 20세기를 거치면서 러시아는 눈에 띄게 세속성을 추구했고 종교를 믿는 사람을 강제된 무신론으로 눌렀다.

　미국은 서방 국가답지 않게 종교성이 강한 나라다. 대부분의 미국인은 교회나 유대교당, 이슬람사원에서 신을 찾고 또 찾아낸다. 영국이라는 제국의 품을 떠나기로 한 식민지들의 조숙한 결정은 문화의 진화라는 관점에서 볼 때 미국을 살아 있는 화석처럼 만들었다. 이것은 (라이베리아와 미얀마와 나란히) 십진법을 파악하는 데 애를 먹는다든가 지금이 18세기도 아닌데 국기에 집착한다든가 하는 사소한 점에서도 드러나지만 세속주의를 뜨뜻미지근한 태도로 받아들였다든가 하는 중요한 점에서도 드러난다.

　경제가 무너진 상황에서 이런 차이가 함의하는 바는 놀랍게도 영에 가깝다. 모르긴 몰라도 미국인은 아마 성경을 인용하고 계시록에 대해서 세상의 종말에 대해서 휴거에 대해서 떠들기 시작할 것이다. 이런 생각은 두말하면 잔소리겠지만 생존에 도움이 안 된다. 하지만 무신론자로만 알았던 러시아인도 알고 보니 마찬가지로 세상의 종말에 대해 떠들었고 새로 문을 연 교회로 확신과 위안을 찾아서 몰려들었다.

　어쩌면 더 중요한 차이는 종교의 비중이 크냐 작으냐가 아니라 어떤 종교가 주역인가일지도 모른다. 러시아정교는 건물은 잔뜩 꾸몄고 의식도 야단스럽고 요란하기 이를 데 없지만 그래도 구원에 이르는 길은 금욕이라는 가르침을 언제나 신자들에게 전했다. 구원은 가난하고 보잘것없는 사람의 몫이다. 왜냐하면 사람은 이 세상 아니면 저 세상에서 보상을 받지 두 세상에서 모두 보상받을 수는 없기 때문이다. 미국의 중심 종교인 개신교는 부자가 구원받을 확률이 지극히 낮다는 뜻으로 예수가 꽤 강하게 못 박은 사실을 도외시하고 재산은 하느님의 축복으로 보아야 한다면서 극적인 변화를 이끌어냈다. 그러면서 가난을 거꾸로 게으름과 악습에 연결 지으면서 가난한 사람한테서 존엄성을 앗아갔다.

러시아인은 졸지에 가난뱅이가 된다고 해서 하느님의 은총을 잃었다고 생각할 가능성이 낮다. 또한 경제 붕괴를 하느님이 러시아 민족에게 내린 천벌로 받아들일 가능성도 낮다. 하지만 개신교, 유대교, 이슬람교 같은 미국의 모든 주류 종교는 신도들이 거둔 세속적 성공은 하느님이 신도들에게 호의를 베푸는 중요한 증거라고 가르친다. 하느님의 호의가 더 이상 드러나지 않으면 무슨 일이 벌어질까? 아마 그들은 화를 내면서 자기들 말고 남에게 책임을 돌리려고 할 것이다. 사람의 심리라는 것이 워낙 그렇기 때문이다. 갑자기 험악해진 하느님의 뜻을 이루겠다고 기를 쓰면서 갑자기 험악해진 부흥회가 나타나리라고 예상해도 좋다.

종교적 심성의 강도로 보았을 때 미국은 결코 동질적이지 않다. 그리고 생존에 유리한 곳을 찾을 때는 종교적 열정이 극단으로 치닫지 않는 곳을 고르는 것이 아마 신상에 좋을 것이다.

에너지

소련은 에너지를 수입할 필요가 없었다. 생산망과 유통망이 흔들렸지만 아주 무너지지는 않았다. 가격을 묶어두어서 초인플레가 기승을 부렸어도 불은 들어왔다. 공급에 차질이 빚어지면서 특히 극지방 같은 오지 중에는 꽁꽁 얼어붙은 곳이 있기도 했다. 에너지 공급 체계는 정치나 경제 전반보다 훨씬 회복력이 뛰어난 것으로 드러났다. 소련의 에너지 공급 체계는 시장성을 고려하는 정신적 요소가 눈곱만큼도 없다. 거의 순전히 물리적 시스템으로만 설계되었다. 자원은 중앙의 감독 아래 배당된 양만큼 파내거나 퍼 올려 가공해서 수송 후 소비하면 그만이었다.

'시장의 실패' 라는 말은 미국의 에너지 사정에나 어울린다. 자유시장은 핵심 물자가 부족할 때 파괴적 결과를 가져온다. 특히나 폭리를 취할 수 있는 완벽한 기회를 소비자가 막아낼 만한 처지에 있지 못할 때면 더욱 그렇다. 제2차 세계대전 때 미국 정부는 이 점을 간파하고 휘발유에서 자전거 부품에 이르기까지 많은 품목을 배급제로 돌렸다. 하지만 그것은 옛날이야기다. 그때 이후로 자유시장의 신성불가침성은 신앙의 덕목이 되었다. 그래도 자유시장 근본주의는 거의 확실시되는 경제 붕괴 결과에 부분적으로밖에 영향을 미치지 못했다. 미국은 자유

시장 근본주의로 말미암아 에너지 생산사들과 장기 생산 약정을 맺지 못했고 그 틈을 타서 미국의 경쟁국들은 세계의 남은 에너지 자원 가운데 상당량을 나눠가졌다. 이것은 미국이 세계에 강요하려고 했던 이데올로기를 세계가 어떻게 능구렁이처럼 피해갔는지를 보여주는 또 하나의 사례다.

미국이 직면한 에너지 상황을 파헤친 책은 서가에 넘칠 정도로 많다. 이참에 암울한 주제를 한번 깊이 파고들어 보고픈 사람이 읽을 만한 책은 얼마든지 있다. 여기서는 주목할 만한 사실 몇 가지만 나열하겠다.

미국은 기름의 4분의 3을 수입한다. 미국의 석유 생산은 1970년을 절정으로 그 이후 내리막길을 걸었다. 전 세계적으로도 종래의 방식에 기대는 원유 생산은 2005년에 절정에 달한 것으로 보인다. 지금 세계가 소비하는 기름의 양이 4라면 새로 발견하는 기름은 1이다. 기름의 상당량은 사우디아라비아의 가와르, 쿠웨이트의 부르간, 멕시코의 칸타렐, 중국의 다칭 같은 노후한 거대 유전에서 나온다. 이 거대 유전은 아주 심각하고 갑작스러운 생산 감소 추세를 드러낸다. 가령 멕시코는 조만간 기름을 미국으로 수출하지 못할 것이다. 세계의 수송 인프라는 대부분 기름으로 돌아간다. 다른 에너지로 돌아가도록 재설계할 수 있다 하더라도 교체 과정은 수십 년이 걸리고 또한 그동안에도 막대한 양의 기름이 필요하다.

석유산업은 신기술에 대대적으로 투자를 했다. 그래서 탐사 기술과 생산 기술이 굉장히 좋아졌다. 그렇게 탐사 기술이 좋아졌는데도 새로 발견되는 유전은 갈수록 적어지고 규모가 작아지는 추세는 되돌리지 못했다. 생산 기술 발달로 시추되는 기름의 양은 늘어났지만 원유를 뽑아 올리는 속도 역시 훨씬 빨라져서 결국 생산량이 서서히 감소하는 것이 아니라 뚝뚝 떨어진다. 멕시코의 칸타렐 유전은 최근 들어 생산량이 해마다 25퍼센트씩 줄어든다. 또 새로운 회수 기술이 에너지를 워낙 많이 잡아먹어서 그런 기술로 만들어지는 에너지 생산의 효율성도 줄어들 수밖에 없다. 결국 신기술을 앞세워 러닝머신 위에서 죽어라고 뛰지만 원유산업은 제자리걸음을 할 뿐이다.

남아 있는 석유 자원의 대부분은 경제 성장으로 국내 석유 수요가 점점 늘어나는 나라에 몰려 있다. 이런 나라들은 국내 석유 생산의 절정기를 지났고 그럴 능력이 있어도 생산을 늘리려고 하지 않는다. 에너지를 더 많이 수출하기보다는 차라리 그 에너지를 국내 산업과 소비에 돌리고 싶어한다. 사우디아라비아는 지금 정유공장과 화학공장을 짓는 중이다. 사우디아라비아의 미래는 석유가 아니라 플라스틱에 달렸다. 러시아는 세계 최대의 석유 생산국이지만 역시 절정기는 지났고 국내 경제가 살아나니까 석유 수출을 줄일 가능성이 있다.

미국은 이런 실정에 변화를 가져오는 데 한결같이 무능했다. 쿠웨이트 같은 왕년의 동맹국한테도 힘을 잘 못 쓴다. 군사적 선택은 이라크에서 이미 써먹었고 그것은 처참한 결과를 낳았다. 하지만 미국이 가령 이란과 새로운 분쟁을 벌이는 것은 별 소용없겠지만 얼마든지 가능하다. "문제를 못 풀겠으면 문제를 키우라"는 격언을 따르기 위해서라도 미국이 그런 수를 던질 가능성이 있다. 이란과의 분쟁은 다양한 국내 시책의 정치적 연막 노릇도 해줄 것이다. 이란을 핑계로 삼아 휘발유 배급제도 도입할 수 있고 계엄령을 선포할 수도, 반체제 인사를 쓸어버릴 수도 있다.

또 하나의 고품위 청정에너지인 천연가스는 북미에서 생산량이 정점을 지난 지 오래다. 지금까지 심각한 천연가스 공급 문제는 국내 생산을 중단하고 수입분으로 메우는 것으로 넘길 수 있었다. 그러나 이것도 웬만큼 갈 데까지 갔다. 가스 파이프라인은 대양을 가로지를 수가 없고 거대한 액화 천연가스 탱커로 실어 나른다는 것도 현실성이 부족하다. 결국 미국은 심각한 천연가스 공급 문제에 직면할 날이 멀지 않았다. 천연가스는 난방에도 쓰고 미국의 상당 지역에서 최대 전기 부하를 생산하는 데도 쓴다. 따라서 겨울에는 불을 못 때고 여름에는 불이 나가더라도 이상할 것이 없다.

석탄은 지금까지는 넉넉한 줄로 알고 있겠지만 석탄 매장량은 많이 부풀려져 있다. 에너지가 풍부한 고품위 석탄은 대부분 벌써 캐서 태웠고 남은 것은 저품위 갈탄이 많다. 석탄은 나치 독일이 개발한 기술로 합성유로 변환할 수 있고 정 안 되면 이 합성유로 차를 굴릴 수도 있다. 하지만 변환 과정에서 잃는 에너지가 워낙 크다 보니 액체 연료에 비할 바가 아니다. 미국에서는 전기의 절반을 석탄으로 만들어낸다. 석탄은 연료 중에서 가장 더러워서 이산화탄소 배출량이 천연가스의 3배이며 산성비와 해양 산성화의 원인이 된다.

바이오연료는 에너지 문제의 해법으로 가끔 거론되지만 결국 농경지에서 식량이 아닌 연료를 기르자는 소리다. 바이오연료를 생산하면 가난한 사람들은 식량을 구할 수가 없어 영양실조에 걸리는 반면 일부 농가는 연방보조금으로 떼돈을 벌고 토양 부실화가 급격히 진행된다. 바이오연료로는 수송연료의 일부분밖에 충당하지 못할 것이다. 야자유에서 바이오디젤을 뽑아내고 사탕수수에서 에탄올을 본격적으로 뽑아내면 열대 우림이 급격히 사라질 것이다.

　태양, 바람, 조수, 핵, 쓰레기소각, 다람쥐쳇바퀴, 워싱턴에서 바로 파이프로 가져오는 뜨거운 공기, 이런 대안 에너지의 대부분은 전체에 미치는 영향이 크지 않다. 미국은 경제를 굴리기에 충분한 에너지를 갖지 못할 것이다. 지금과 똑같은 규모를 유지하면서 에너지 효율이 높은 경제를 만들기에는 에너지도 시간도 부족하다. 최선의 대안은 지금으로서는 경제에서 불요불급한 부문의 가동을 중단하여 에너지 소비를 줄이면서 자원을 징발하고 재분배하여 국민 모두의 복리를 위해 쓰는 것이다. 그런 혁명이 정치적으로 불가능하기에 유일하게 남은 길은 경제와 정치의 붕괴뿐이다.

불가피한 결론

소련은 미국보다 경제 붕괴를 맞이할 준비가 훨씬 잘되어 있었다는 것이 나의 결론이다. 미국 경제는 아침 안개처럼 증발할 것이다. 미국 국민은 어디에 있든 갈팡질팡하면서 구원의 손길을 기다릴 것이다. 누가 먹여주고 재워주고 서로한테서 지켜주고 이렇게 저렇게 하라고 말해주기를 기다릴 것이다. 많은 미국인이 분노와 혼란에 빠져서 애꿎은 희생양을 찾을 것이다. 누구를 희생양으로 삼아야 하는지 잘 아는 사람도 많을 것이고 이들은 날뛰면서 어제오늘에 이루어지지 않은 불의에 화풀이를 할 것이다.

소련은 운이 좋아 어쩌다가 붕괴에 대비할 수 있게 된 것뿐이지 서방이 들이민 충격 요법이 성공한 것은 아니라는 사실을 알아야 한다. 경제 붕괴는 경제의 부정적 내용을 긍정적 내용으로 돌려놓는 면이 있다. 우리가 정말로 바라지 않는 상황은 쑥쑥 성장하면서 완벽하게 굴러가던 경제가 하루아침에 무너져서 모두가 곤경에 처하는 상황이다. 다행히 그런 시나리오가 현실화할 것 같지는 않다. 그보다 우리는 생활의 질이 대부분의 사람에게서 점점 낮아지는 현상을 볼 것이다. 언론은 이것을 은폐하고 호도하려고 애쓰지만 이 얄팍한 부정의 베일을 꿰뚫어 보려는 사람은 얼마든지 꿰뚫어볼 수 있다. 그리고 미국이라는 나라 자체는 소련과 똑같은 수준으로 붕괴에 대비할 가능성이 낮지만 미국 안에서 살아가는 개인과 소집단은 붕괴의 구멍을 좁힐 수 있는 다양한 대책을 마련할 수 있다. 그래야 옛날에 소련 시민이 놓였던 처지보다 조금 더 암울하기만 한 처지를 헤쳐나갈 준비를 할 수 있다.

Reinventing Collapse

4

붕괴의 완화

상황이 위중하면 무언가 해야 한다는 충동이 일어난다. 가령 미국은 9·11을 겪고 나서 (아편 수확량이 많다는 사실 말고는 내세울 게 없는) 아 프간과 (아편도 안 나오는) 이라크에서 수렁에 빠졌다. 묘안이 떠오르지 않는 상황에서 무언가 해야 한다는 강박관념이 어떤 결과를 낳는지는 '혹 떼려다 혹 붙이는 뻘짓!'이라는 절에서 다루겠다. 지금은 이런 행동 의 주체에 초점을 맞추자. 그 주체는 '우리'라는 일인칭 복수 대명사다. 결국 무언가를 하도록 촉구받는 것은 '그들'도 아니고 '당신들'도 아니 고 무언가를 해주어야 하는 선거구 주민도 아닌 우리이기 때문이다. 선 거구 주민은 보통 해결의 주역이 아니라 문제의 주역으로 여겨진다.

그렇기에 설마 그러랴 싶어도 문제의 범위는 일반적으로 '우리'라는 대명사의 범위를 결정한다. 만약 문제가 마약 거래나 매춘처럼 어떤 길거리 한구석에서 일어나는 국지적 현상이라면 공략해야 하는 선거구 주민은, 확 눈에 띄기는 해도 정치적으로는 아무런 목소리를 못 내는 뽕쟁이, 기둥서방, 윤락녀일 것이다. 지역 공무원들과 손을 잡고 지역 사회에서 활동하는 '우리'가 사회적으로 바람직하지 않은 활동을 하는 이들을 사람들이 덜 다니는 거리 한구석으로 옮기는 데 약간의 힘은 쓸 수 있을 것이다. 만약 문제가 전 세계 오존층 파괴라면 '우리'는 냉각제와 각종 프레온가스를 생산하는 화학업체들과 이 업체들을 규제하는 각국 정부들이 될 것이다. 숫자상으로 얼마 안 되는 이들이 주체가 되어 몬트리올 의정서를 만들고 이 의정서를 토대로 국제적 합의에 따라 프레온가스 생산을 차츰 줄여나간다. 그러나 대부분의 문제는 이렇게 간단하지가 않다. 온실가스 배출만 하더라도 공략해야 하는 선거구 주민은 1킬로미터를 달리는 데 기름을 27리터나 잡아먹는 대형 호화 요트와 동토가 녹아내리는 툰드라에서 열심히 퍼지면서 토양을 부식시켜 이산화탄소를 대기로 올려 보내는 데 이바지하는 이끼까지 다양하기 이를 데 없다. '우리'는 환경 영화를 보러 갈 만큼 의식은 깨어 있지만 지구 온난화를 부채질하는 생활 방식을 바꾸라고 그들을 설득할 능력이 없다.

지구가 당면한 최대의 문제는 인구 과밀이다. 여기서는 공략해야 하는 선거구 주민이 애를 낳고 싶어하는 사람들이다. 이들을 정치적으로 공격한다는 것은 말이 안 된다. 이들은 인구 과밀이 왜 필요한지를 굳이 말로 설명할 필요도 없다. 그저 계속해서 아이를 낳으면 그만이다. 그리고 애어른인 '우리'는 감히 이 문제를 거론 못할뿐더러 대책 수립은 엄두조차 낼 수 없다. 서식지 파괴로 생물이 급격히 지구상에서 멸종하는 현상도 이와 관련이 있다. 더 많은 아기를 받아들이느라고 지구를 야금야금 갉아먹고 있는 것이다. 결국은 사람의 아기와 동물의 새끼가 벌이는 인기 경연 대회인 셈이다. 동물이 낳는 새끼의 상당수는 사람답지 않은 동물, 다시 말해서 무척추동물이다. 멸종 위기에 처한 수많은 동물을 모두 동원해도 사람의 아기 단 한 명의 옹알이와 응가가 갖는 정치력에 결코 맞설 수가 없다. 물론 아주 귀엽고 복슬복슬한 새끼 동물은 아기의 보슬보슬한 장난감으로 새 생명을 윤허받을지 모르지만 말이다. 지구를 집어삼키는 이 꼬마 인간은 이제 가공할 위력을 휘두르는 자연이 되었다. 잡초처럼 무섭게 번식하는 이 종은 도를 넘어 번식했다가 결국 자멸하고 마는 자연의 사이클을 거치고 있다. 여기에 대해서 무언가 해야만 하는 '우리'는 실은 쾌감에 떨면서 자기도 모르게 경련을 일으키는, 이 꼬마 인간의 생식선에 불과하다.

아무런 정치적 해결책이 없는 문제에 직면했을 때 불가피하게 나타나는 결과는 부자연스러운 자기검열의 발언으로 꽉 찬 이러지도 저러지도 못하는 상황이다. 소련 체제가 해체로 빠르게 치닫는 동안 고르바초프의 '글라스노스트' 운동은 물을 홍수처럼 뿜어냈다. 온 나라가 마치 억눌렸던 욕구를 언어 치료를 통해 분출하듯이 금기를 깨뜨리고 그때까지 감히 건드리지 못했던 수많은 주제를 공론화했고 중요한 문제를 갑자기 수없이 논의했다. 그래도 아직은 몸조심할 필요가 있었다. 문제들은 '특수한 어려움들'이나 '전무후무한 문제들'로 제시되어야지 명백히 실패로 판명된 체제의 커다란 모자이크가 드러내는 작은 조각으로 제시해서는 곤란했다. 이런 금기를 깨뜨린 사람이 옐친이었다. 옐친은 거사가 실패로 돌아간 뒤 '소련'이라는 말 앞에다 '옛'이라는 접두사를 힘주어 덧붙였다. 그때부터 소련을 두둔하는 케케묵은 낡은 규범은 갑자기 우스꽝스러워졌고 레닌과 스탈린의 초상화를 들고 가두 행진을 벌이는 제정신이 아닌 궁핍한 연금생활자들의 전유물이 되었다. 그 즈음에는 정치 보복에 대한 두려움이 이미 아득한 옛날이야기가 되었다. 하지만 구습은 오래 가는 법이어서 사람들의 생각이 제국이 무너지면서 형성된 새로운 현실을 따라잡는 데 몇 년의 시간이 더 걸렸다. 그것은 쉽지 않은 이행이었고 많은 사람이 사느라 버둥거렸다.

지금의 미국을 놓고도 어려움을 따로따로 떼어내서 말할 수 있고 전무후무한 문제에 대해서도 말할 수 있다. 이것들을 개별 사례로 다루고 그 위에다 낙관주의를 살짝 얹어서 애국심이라는 양념과 함께 내놓는다면 말이다. 빈곤 지역에 대해서, 점점 늘어나는 하층민에 대해서, 심지어는 인권 유린에 대해서 말하는 것은 일도 아니다. 하지만 미국이 만성 빈곤에 시달리는 나라라거나 저소득층이 점점 늘어나는 궁핍한 나라라거나 자국민을 제대로 거두지 못하고 유린하기 일쑤인 나라라는 식으로 말하는 것은 용납되지 않는다. 물론, 금단 증세를 보이는 마약 중독자를 의자에 묶어두는 교도소도 있고 그런 치료 방법이 너무나 잘

들어서 나중에는 시신을 담는 자루에 넣어져서 끌려나오는 경우도 있지만 그거야 알다시피 특수한 어려움이고 전무후무한 문제라고 말해도 좋다. 하지만 이런 소소한 문제에도 불구하고 우리는 자유를 사랑하는 고결한 나라에 살고 있다. 우리끼리 상대하는 데 약간의 문제가 있을 뿐이지…… 남들하고는 아무 문제가 없다. 우리한테 아무런 위협을 가하지 않은 나라를 얼마 전에 쳐들어가서 50만 명이 넘는 민간인을 죽였지만 천만에, 우리는 평화를 사랑하는 나라다! 그건 우리 외교 정책의 특수한 어려움일 뿐이지 우리가 본래 그런 나라라서 그런 게 아니다(불편한 사실을 누군가 들이밀었을 때 그렇게 말하면서 얼버무리고, 명약관화한 증거를 가지고 누군가가 보편적 결론을 끌어냈을 때도 그렇게 말하면서 정색한다).

붕괴의 완화를 두고 말할 것 같으면, 그래도 붕괴를 조금은 견딜 만한 붕괴로 만들려고, 그래도 살릴 수 있는 것은 살리려고, 그래도 피할 수 있는 참극은 피하려고 조직적으로 노력하는 세력은 없을 것이다. 붕괴를 늦추거나 피하려고 최선을 다하는 것은 어디까지나 우리고 그 과정에서 어쩌면 붕괴는 더 앞당겨질지도 모르고 더 악화될지도 모른다. 우리의 공적 가면을 떠받드는 시스템을 포함하지 않는 미래를 그려볼 줄 아는 능력이 구조 자체에 없다 보니까 우리는 우리를 겨누는 비디오 카메라가 돌아가기에 충분한 전기가 있는 한 나라의 밝은 미래를 놓고 수다를 떨어댈 것이다. 고르바초프의 '페레스트로이카'는 그런 식으로 이루어지는 자기기만의 본보기다. 고르바초프는 한번 연설을 했다 하면 몇 시간씩 '사회주의 시장'이라는 아리송한 실체에 대해서 떠들었다. 물을 마실 때만 잠시 말을 그쳤는데 물을 얼마나 많이 마셔댔는지 고르바초프의 뱃속에 요강이 들어 있는 게 아닐까 하는 생각이 절로 들 정도였다.

붕괴의 완화를 위한 노력이 제때 잘 조직되리라는 낙관적 견해를 가질 만한 근거 역시 별로 없다. 그래도 기적은 일어나게 마련이다. 소련만 하더라도 이렇다 할 준비가 없었는데도 나라가 붕괴하고 나서 방사능 유출이 몇 건 보고되었어도 체르노빌 참사의 규모에 필적할 사고는 없었다. 고품위 핵분열 물질도 테러 집단의 손에 하나도 들어가지 않았다. 최악의 상황으로 치닫지 않은 것에 대해 3장에서 설명했지만 어떻게 보면 이는 소련 체제의 성격 덕분이었다. 미국이 그런 식의 횡재를 앉아서 누릴 가능성은 없다. 미국에서는 붕괴 준비가 이루어진다 하더라도 너무 늦게 두서없이 졸속적으로 이루어질 가능성이 높다.

합리적 예상

불가피한 붕괴에 대비해야 한다는 생각을 온 나라가 받아들인다면 새로운 정당이 붕괴당 같은 이름을 달고 만들어질지도 모른다. 양당제라는 독점을 이 신당이 종식시키고 집권하는 데 성공한다면 신정부는 충격 프로그램을 도입하여 가망 없는 조직은 해체하고 붕괴를 견디고 살아남을 수 있는 조직은 새로 만들고 살릴 수 있는 것은 다 살리려고 할 것이다. 그런 다음 정부의 운신을 제약하는 헌법의 족쇄에도 불구하고, 그런 야심찬 시도를 하는 데 필요한 자금이 뻔히 없는데도 불구하고, 도저히 극복하기 어려운 복마전 같은 관료주의에도 불구하고 이런 충격 프로그램이 성공을 거둔다면 다른 사람은 몰라도 나는 정말이지 깜짝 놀랄 것이다!

이렇게 깜짝 놀랄 일이 벌어지지 않는다 해도, 유능하고 의지가 있는 개인들로 이루어진 소집단이 정부가 감히 발을 들여놓지 못하는 영역에서 일을 해낼 가능성도 배제할 수 없기에 여기서는 붕괴에 대비하여 각별히 신경 써야 할 사항들을 알아보기로 한다.

내가 특히 우려하는 것은 방사능 같은 독성을 가진 모든 시설과 물자와 폐기물이다. 특히 지구 온난화로 이런 것이 침수되기라도 하면 앞으로 올 세대는 그것을 관리하기 어려울 것이다. 우리의 목숨을 앗아갈 수 있는 이런 쓰레기는 얼마든지 있다. 버려진 폐광에서는 불도저와 굴삭기가 가동을 멈추자마자 유독성 폐광석과 매립지의 내용물이 흘러넘쳐 주요 강을 오염시키고 범람원과 하구를 몇 세기 동안 사람이 살 수 없는 곳으로 만들 것이다. 원자력발전소는 바닷물을 냉각수로 쓰려고 보통 해안선 부근에 짓는다. 그런데 기상 이변이 일어나거나 지구 온난화로 바닷물 수위가 올라가면 원자력발전소가 침수될 우려가 있다. 또한 사용한 연료봉을 원자로 바로 옆의 웅덩이에 묻어둔 원자력발전소가 많다. 정치권의 직무 유기로 사용한 연료봉을 좀 더 항구적으로 묻어둘 매립지를 확보하지 못했기 때문이다. 인구 밀집지역이나 바다 바로 옆에다 이런 연료봉을 묻어두는 것은 위험하다. 핵무기를 생산하는 과정에서 항구적으로 오염된 지역을 가리키는 핵보호구역은 그런 시설물을 지은 사람들의 기억이 깡그리 사라진 다음에도 오래도록 여행자들이 조심할 수 있게 크고 튼튼한 경고탑을 충분히 세워두어야 한다.

해외에 방치될 군인들도 걱정이다. 자기 나라 군인을 챙기지 않는 것처럼 부끄러운 일도 없다. 나라의 명예에 씻을 수 없는 오점을 남긴다는 것도 문제지만 누구의 말도 듣지 않는 악에 받친 무장 장정들이 하층민으로 쏟아져 나온다는 것도 문제다. 이런 사회에서는 총알 값에다 약간만 돈을 얹어서 주면 청부 살인을 할 수 있다. 미국이 전 세계에 거느린 군사 기지는 1,000군데가 넘는데 대부분은 미국의 군사적 우위를 과시하는 과대망상의 허풍을 유지하는 것 말고는 아무런 쓰임새가 없다. 이런 기지에 물자를 공급하는 것은 민간인 납품업자인데 물자 조달이 원활하게 이루어지려면 국내 민간 경제가 잘 굴러가야 한다. 경제가 탈 없이 굴러가는 동안은 사막 한복판에 자리 잡은 막사도 냉방이 되고 아이스크림도 세 가지 맛으로 들어오지만 경제가 무너지면 이런 것도 끝장나고 군대는 식수를 실어올 자원조차 바닥날 것이다. 따라서 해외 군사 기지는 철거하고 군대는 본국으로 송환해야 한다.

엄청난 숫자의 교도소 수감자들도 닥치는 대로 사면하기보다는 미리 조금씩 정리해갈 필요가 있다. 교도소를 떠받치는 자원의 수급이 중단되면 그런 식의 마구잡이 사면이 일어날 수밖에 없다. 그렇지 않아도 사회 전체가 혼란스러운데 죄수를 한꺼번에 내보내면 풀려 나온 죄수들은 먹고살 길이 막막하니까 다시 다양한 범죄 특기를 발휘하기 시작한다. 비폭력사범을 가석방하고 형기를 단축하고 마약을 합법화하고 전과자에게 숙식을 제공하는 것은 모두 교정행정 체계가 결국 무너지고 나서 걷잡을 수 없이 확산될 범죄를 막기 위한 합리적 조치다.

끝으로 나는 결코 상환되지 않을 이 부채를 둘러싼 코미디를 오래전에 끝냈어야 한다고 생각한다. 담보가 있는 빚도 일단 담보의 가치가 똥값이 되면 허공으로 증발한다. 물과 전기가 안 들어오고 난방이 안 되고 대중교통이 안 다니는 집은 사실상 아무런 값어치가 없으므로 이 집을 담보로 설정한 주택융자금도 날아가버린다. 파산자가 속출하는 시대에는 신용카드 빚처럼 담보가 없는 빚은 다리를 부러뜨리건 임금을 강탈하건 폭력을 휘둘러서라도 받아낼 수 있겠지만 일단 경제가 무너지면 그런 수단을 써도 점점 약발이 떨어진다. 미리미리 길을 깨끗이 닦아놓으면 사회는 새로운 현실에 적응할 여유가 생긴다. 무엇보다도 중요한 것은 상환 불능 상태에 빠지기 전에 빚을 탕감함으로써 부채에 기반을 둔 노비제라고나 할 현재의 시스템이 폭력에 기반을 둔 노비제로 바뀌어 신판 노예제가 미국에 뿌리내리는 것을 그나마 막아줄 가능성이 있다는 것이다. 나는 여전히 예측하기 어려운 힘들이 그런 시스템이 뿌리내리는 것을 막아줄 것이라고 낙관하는 편이지만 그래도 그런 시나리오가 현실화할 가능성을 조금이라도 줄이기 위해 몇 가지 대책을 수립해서 나쁠 것은 없다.

정치적 해결

소련이 붕괴하기 전에도 붕괴하는 동안에도 붕괴한 직후에도 자유주의자, 환경주의자, 민주주의를 옹호하는 개혁주의자 등 우리가 진보주의자라고 부를 수 있는 집단들이 정치 활동을 왕성하게 벌였다. 이들은 소련 시절의 반체제 운동에서 유래했으며 한때 상당한 영향력을 휘둘렀다. 그러나 10년이 지나자 '민주주의'와 '자유주의'는 소련에서 대체로 더러운 말로 여겨졌고 러시아를 약탈하는 외국인과 부패 집단을 이 말에서 떠올리는 사람이 많았다. 러시아 국가는 중도적이며 권위주의적 성향을 갖는다. 대부분의 러시아인은 정부를 싫어하고 불신하지만 약해지는 것을 두려워하여 강력한 사령탑의 지휘를 바란다.

붕괴 이후의 혼탁한 정치 풍토에서 정치적 이상주의가 왜 발붙이기 어려운가를 이해하기는 어렵지 않다. 희생양(외국인과 소수 민족이 될 수밖에 없다)을 찾아내고 싶어하는 민족주의자들은 나라를 오른쪽으로 세게 끌어당기려 하고 남은 권력이나마 놓지 않으려고 하는 구체제 세력은 나라를 가운데로 세게 끌어당기려 하며 왼쪽 진영 사람들은 좋은 일을 해보려고는 하지만 아무 일도 못하면서 결론이 안 나는 토론만 하고 우유부단과 혼란만 부풀린다. 자유주의자에게도 한두 가지 실험을 해볼 기회가 더러 오기도 한다. 예고르 가이다르는 소련이 무너진 뒤 보리스 옐친 밑에서 총리를 지내면서 몇 가지 자유주의 경제 개혁을 시도하려고 했다. 가이다르는 희비극에 어울리는 사람이다. 많은 러시아인이 그가 한 일을 떠올리면 착잡해진다(사실은 가이다르의 개혁이 좋았을지 나빴을지도 우리는 잘 모른다. 실행되지 않은 개혁이 대부분이었기 때문이다).

자칭이건 타칭이건 미국의 자유주의자, 개혁주의자, 진보주의자는 자신들의 의제를 실행하는 데 어려움을 겪어왔다. 사회보장처럼 어렵게 따낸 얼마 안 되는 승리마저도 공중분해가 될지 모른다. 자기들 취향에 좀 더 맞는 대통령을 겨우 뽑았을 때도 그 결과는 서방의 기준으로 보자면 반동적이었다. 카터 독트린은 필요하다면 군사적 공격을 해서라도 원유 공급선을 확보하겠다고 선언했다. 클린턴의 복지 개혁은 편모로 하여금 자식들을 함량 미달의 탁아소에 맡기고 육체노동을 할 수밖에 없게 만들었다.

미국이나 소련이나 사람들이 정치를 보는 시각은 대체로 비슷하다. 미국에서는 이것을 보통 '투표인의 무관심'이라고 말하지만 더 정확하게는 비투표인의 무신경이라고 말해야 할지도 모른다. 소련에서는 완고한 데다가 체계적으로 썩은 일당이 권력을 독점했다. 미국에는 완고한 데다가 체계적으로 썩은 양당이 있는데 입장 차이가 무엇인지 알기 어려울 때가 많은 이 두 당이 권력을 독점한다. 예나 지금이나 두 나라에서는 지배 엘리트가 권력을 쥐고 있는데 미국에서는 지배 엘리트를 두 팀으로 나뉘어 포진시켜서 권력을 장악했으면서도 마치 스포츠맨십을 발휘하는 것처럼 보이게 만든다.

특히 미국은 선거를 앞두고 정치 열기를 자극하는 데 전력을 쏟아 붓는 정치평론가와 해설자가 산업처럼 융성해 있다. 경기에 이목을 집중시키려고 애쓰는 스포츠 칼럼니스트와 해설자와 하는 일이 비슷하다. 미국에서 나타나는 정치 담론을 이끌어가는 배후의 힘은 아무래도 따분함 같다. 날씨에 대해서, 일자리에 대해서, 주택융자에 대해서, 주택융자와 지금의 부동산 가격과 향후 부동산 가격이 어떤 관계가 있는지에 대해서, 자동차와 교통 사정에 대해서, 스포츠에 대해서, 그리고 꼴찌로 스포츠보다 한참 뒤로 밀려서야 정치에 대해서 떠들어댄다. 사람들의 관심을 불러 모으려고 유권자 앞에서 흔들어 보이는 것은 낙태, 피임, 줄기세포 연구처럼 생식과 관련된 내용이고 고만고만한 자질구레한 사회 정책들은 해결책으로 제시하는 것이 아니라 오로지 좋은 점수를 따려고 그냥 퍼뜨리는 데 목적이 있다. 지속가능한 발전, 환경 보호, 에너지 정책처럼 '따분' 하지만 정말로 중요한 전략 문제는 애써 피한다.

사람들은 정치적 무관심이 마치 심각한 사회악이기나 한 것처럼 개탄하지만 내가 보기로는 무관심할 만하니까 무관심한 것이다. 기본적으로 아무 힘을 못 쓰는 사람들이 무엇 때문에 권력을 휘두르는 사람들의 정당성을 드러내기 위해 고안된 광대극에 참여하여 모욕을 자초하겠는가 말이다. 소련 시절의 러시아에서는 생각 있는 사람은 공산당원을 무시하려고 최대한 노력했다. 비판이건 칭찬이건 공산당원에게 관심을 보이면 공산당원은 자기가 중요한 사람이라는 환상에 빠져서 더욱 기가 살았기 때문이다. 공화당원과 민주당원에 대해서 미국인이 왜 다른 반응을 보여야 한단 말인가?

민영화 해법

어떤 소련 국영 기업을 보면 한마디로 국가 안에 있는 국가였다. 그런 국영 기업은 그 자체로 고스란히 하나의 경제계를 이룬다고 해도 과언이 아니었고 또 실제로 더 큰 경제 없이도 굴러갔다. 심지어는 민영화되고 나서도 그런 틀을 이어갔다. 서방에서 온 경영 컨설턴트들은 수없이 많은 유치원과 퇴직자를 위한 주택과 세탁소와 병원과 휴양시설을 보면서 혀를 찼다. 이런 것은 기업의 핵심 역량이 아니므로 처분하고 군살을 빼야 한다는 것이었다. 하지만 서방 경영 전문가들은 가장 중요한 사실을 놓쳤다. 이런 기업의 핵심 역량은 경제가 무너졌는데도 살아남은 능력에 있다는 점이었다. 구글의 젊은 수재들은 이런 현상을 이해하려고 머리를 싸맬지 몰라도 구글의 주주들은 그럴 리가 만무하다.

붕괴를 이겨내려면 회사는 보통 기업체를 운영하는 방식과는 정반대의 전략을 따라야 할 것이다. 부품공급업체를 의도적으로 없애고 외주계약을 취소하고 모든 생산과 공정을 자체적으로 처리해야 할 것이다. 이어서 투자자들을 털어내고 기업공개가 이루어진 회사라면 다시 비공개기업으로 만들어서 수익 창출에 연연할 필요성을 없애야 할 것이다. 끝으로 고객의 필요성도 없애고 자금 유입의 필요성도 없애고 오직 직원들만 섬기는 방식으로 회사를 바꾸어나갈 필요가 있을 것이다. 특히 경제 붕괴에 대비하자면 기업은 광산업, 제조업, 농업, 운송업, 건설업(퇴직사원 주택 건설 사업 포함), 의료, 교육, 보험, 오락 등으로 사업을 다각화하면서 직원들에게 필요한 모든 것을 제공해야만 할 것이다. 이런 조치들을 모두 성공적으로 수행하면 그때 가서는 회사는 주당 노동 시간을 겨우 몇 시간으로 줄이고 휴가도 한 달씩 주고 정년도 50대 중반으로 낮출 수 있을 것이다. 노동자의 지상낙원이 되는 것이다.

미국에는 이런 계획을 추진할 만한 역량이 있는 영리 조직이 없는 것처럼 보인다. 국영 조직이든 공영 조직이든 민영 조직이든, 충분한 시설을 갖춘 거대한 조직, 이를테면 군대라든가 덩치가 큰 대학은 공공 자금과 민간 자금에 워낙 중독된 데다가 자체 기능을 하도 외주로 많이 돌려놓아서 빠른 시일 안에 이런 기능을 다시 자체적으로 운영하기가 어렵다.

그러나 더 큰 장애물은 심리적인 데 있다. 생각이 확 달라져야 하는데 그렇게 만들어갈 힘이 없다. 소련에서는 변화가 몇 세대에 걸쳐서 서서히 일어났다. 중앙계획이 낳은 거대한 공장들은 중앙계획 시스템의 결함에 적응하느라고 많은 지원 기능을 최대한 안으로 끌어들였다. 미국에는 우랄마슈, 가즈프롬 같은 소련의 공룡 복합기업을 단 하나라도 만들어낼 만한 장치가 없다. 뿐만 아니라, 그렇게 엄청난 규모를 가진 공업 시설을 뒷받침할 만한 산업 기반도 없다. 설비와 재고를 상당 부분 수입해야 할 판이니 스스로의 존립 근거를 부정하는 셈이다. 이처럼, 민영화라는 해법으로 붕괴를 누그러뜨리는 것이 아주 불가능하지 않을지는 몰라도 그것이 성공할 가능성은 아주아주, 낮다.

행동파와 방관파

자원 확보를 위한 전쟁이 되었건 핵발전소 건설이 되었건 풍력 발전 단지가 되었건 수소 에너지의 꿈이 되었건 위기를 누그러뜨리기 위해서 '우리'가 실행할 수 있는 현안들은 '우리'라는 실체가 더 이상 힘을 쓰지 못하는 마당에서는 결국 실행되지 못할 가능성이 높다. 붕괴가 닥치기 전에 우리의 현안을 실행하지 못할 가능성이 높으면 그나마 우리한테 남아 있는 것도 앞으로는 실행에 옮기지 못할 가능성이 더 높아진다. 따라서 유익한 일을 해보겠다고 정치적 조직을 꾸리는 것은 별다른 의미가 없다. 하지만 암담한 상황을 오히려 이용해보고 싶은 생각이 있는 사람이라면, 그때는 이야기가 달라진다!

　정치는 암담한 상황을 더욱 암담하게 만들어가는 능력이 탁월하다. 정치는 전쟁과 민족 청소와 학살극을 만들어낼 수 있다. 자의든 타의든 사람들이 정치 조직으로 모여든다는 것은 어딘가에 말썽이 생겼다는 조짐이다. 얼마 전 동네 공동 텃밭의 연례 모임에 참석했다. 정원을 가꾸는 사람들은 대개 차분하고 숫기가 없는데 개중에는 행동파를 자처하는 사람도 몇 있었다. 이런 행동파 가운데 한 사람이 사람들을 제명하는 문제를 얼마 안 가서 들고 나왔다. 연례 모임에 안 나타나고 청소나 두엄 만드는 작업에 나서지도 않는 사람은 텃밭을 못 갖게 해야 한다는 것이었다. 행동파들이 '불순분자'로 지목한 대상에는 소련에서 하도 그런 일에 동원된 적이 많아서 집단 노동이나 공동 회의에 억지로 끼는 것에 극도의 거부감을 갖고 있는 러시아 노인들도 들어갔다. 솔직히 말해서 러시아 노인들은 죽으면 죽었지 그런 일에 나서지 않을 것이다. 하지만 그들도 정원은 사랑한다.

이 공동 텃밭에서 '불순분자'들이 허용되는 이유는 이곳을 꾸려가는 여자가 그들도 텃밭을 가꿀 수 있도록 허락하기 때문이다. 결정은 그녀가 내린다. 여자는 지도력을 발휘하며 정치에는 관여하지 않는다. 정원이 굴러가게 하고 1년에 한 번 행동파가 큰 말썽 없이 수선을 피워도 뭐라고 하지 않는다. 하지만 상황이 바뀌어서 텃밭이 취미로 부식을 길러 먹던 곳에서 주된 식량 공급원이 되면 얼마 안 가서 행동파들이 더 많은 권력을 달라고 하면서 무게를 잡기 시작할 것이다.

위기가 닥치면 지도력은 확실히 요긴한 덕목이다. 한가하게 토론이나 논의를 벌일 여유가 없기 때문이다. 남들보다 위기를 잘 헤쳐나갈 자질이 있고 방향을 제시하면서 도움을 주는 사람은 어느 상황에서나 나오게 되어 있다. 이런 사람들은 어느 정도의 권력을 자연스럽게 쌓게 마련인데, 아무도 그것 때문에 피해를 보거나 억압을 당하지 않고 많은 사람이 거기서 이익을 보는 이상은 문제 될 것이 하나도 없다. 그런 사람은 대개 위기 때 자연스럽게 등장한다.

그렇지만 관망도 위기 때는 똑같이 빛을 발한다. 러시아인은 유별나게 참을성이 강하다. 붕괴를 맞이한 최악의 상황에서도 러시아인은 폭동을 일으키지도 않았고 이렇다 할 시위를 벌이지도 않았다. 그저 최선을 다해서 이겨냈다. 위기가 닥쳤을 때 옆에서 같이 지내면 가장 안전한 집단은 강한 이념적 신념을 공유하지도 않고 논쟁에 쉽게 휩쓸리지도 않고 배타적 정체성이 과잉되게 발달하지 않은 사람들이다.

뭣도 모르고 무언가 해야겠다 싶어서 못난 선동꾼에게 휘둘리는 오지랖 넓은 사람도 문제지만 가장 위험하고 또 조심하고 피해야 할 집단은 이런저런 사업을 벌여서 널리 퍼뜨리겠다는 각오로 나서는 정치 집단이다. 그런 사업이 아무리 자애롭고 아무리 유익하다 하더라도 위기를 정치로 푸는 방식까지 그러리라는 보장은 없다. 혁명은 혁명의 아이들을 잡아먹는다는 옛말도 있지 않은가. 혁명은 만인을 적으로 삼게 마련이다. 난민의 삶은 생존의 형식이지만 조직화된 폭도와 맞붙어 싸우는 것은 생존의 형식이 아니다.

혹 떼려다 혹 붙이는 뻘짓!

경제 붕괴는 경제의 부정적 요소를 긍정적 요소로 만드는 면이 있다. 미국은 굳이 명령 경제와 중앙계획이라는 신조를 끌어안지 않아도 이 분야에서 소련이 거둔 별 볼일 없는 결과에 필적하는 성적을 올릴 수가 있다. 미국은 거의 틀림없이 잘 먹혀들 미국만의 방식이 있는데 나는 그것을 '뻘짓'이라고 부르련다. 그것은 어떤 문제를 해결하려다가 그 문제보다 더 심각한 문제를 낳는 해결책이다.

주위를 둘러보면 애는 죽어라고 쓰지만 사방에서 뻘짓이 움트는 것을 볼 수 있다. 이라크라는 군사상의 뻘짓이 있고 언젠가는 무너질 수밖에 없는 퇴직제라는 재정상의 뻘짓이 있고 민간의료보험이라는 의료상의 뻘짓이 있고 지적재산권 시스템이라는 법률상의 뻘짓이 있다. 시간이 흐르면 언젠가는 새로 뻘짓을 하는 쪽을 더 선호하게 될 날이 온다. 결과를 뻔히 예상할 수 있으므로 위험 부담이 없기 때문이다. 먹혀드는 해결책은 먹혀들지 않을 수도 있다는 위험 부담이 있다.

그러니까 틀림없이 더 많은 문제를 불러일으킬 해결책을 정책이라고 내놓을 만한 충분한 동기가 작용한다. 문제가 생기면 더 큰 문제를 일으킬 해결책을 내놓으면 그만이기 때문이다. 사건 지평은 블랙홀의 표면에 있으며 빛조차도 빨아들인다는 그런 공간을 말하는데 시간이 흐르면 뻘짓의 사건 지평에 도달하게 마련이다. 그리고 그 지평을 넘어서면 유일하게 할 수 있는 행위는 자꾸자꾸 뻘짓을 만들어내는 것뿐이다.

이 모든 뻘짓들의 무게가 더해져서 천천히 그러나 확실히 우리를 찍어 누른다. 그리고 이것이 우리를 충분히 찍어 누른다면 경제 붕괴가 닥치더라도 그 체감 효과는 일층 창문에서 떨어지는 정도밖에 안 될 것이다. 우리는 이런 과정이 일어나도록 거들지는 못할지언정 적어도 방해해서는 안 된다. 그러니까 만약 어떤 사람이 와서 "수소로 돌아가는 뻘짓을 벌이고 싶다"고 말하거든 꼭 등을 두드려주시라! 돈을 그냥 태워버리는 뻘짓에 비하면 약과지만 그래도 방향은 제대로 잡은 뻘짓이니까 말이다.

원리만 잘 이해하면 뻘짓은 저절로 따라온다. 한 가지 예를 들면 가령 기름이 모자란다고 해보자. 간단하고 효과적인 해결책은 대중교통에 쓰이는 대형 차종 몇 가지만 빼고 새 차를 못 팔게 하는 것이다. 첫째, 헌 차는 새 차보다 전반적으로 에너지 효율성이 뛰어나다. 차를 만드는 데 발생한 엄청난 에너지의 감가상각이 훨씬 많이 이루어졌기 때문이다. 둘째, 새 차의 설계, 제작, 광고, 융자를 전담하는 산업이 문을 닫으면 에너지가 대폭 절감된다. 셋째, 헌 차는 아무래도 수리를 많이 해야 하니까 지역 경제가 활성화된다. 또 외제인 새 차를 수입 안 하니까 무역 적자도 줄어든다. 넷째, 이렇게 되면 차가 부족해지니까 아무래도 차를 덜 타게 되고 한 번에 오르는 탑승 인원도 늘어나며 자전거와 대중교통 이용자가 늘어나서 에너지 사용이 더 줄어든다. 끝으로, 이렇게 하면 승용차 이용을 가능하게 했던 석유 산업이 문을 닫는 날과 똑같은 시점에 승용차도 폐물이 된다.

물론 이런 해결책은 뻘짓이라고 부르기에는 조금 약하니까 진지하게 고려되지는 않을 것이다. 이런 해결책이 빚어내는 문제들이 너무 적다 보니 더 많은 뻘짓을 만들어낼 여지도 줄어들기 때문이다. 게다가 만약 이런 해법이 먹혀들면 약간 헌 차를 몰면서 모두가 휘파람을 불 테니까 언젠가 필연적으로 닥칠 경제 붕괴라는 대참변에 속수무책으로 당할 수밖에 없다. 그보다는 차라리 옥수수에서 에탄올을 뽑아낸다든가 석탄을 액체로 변환한다든가 하는 뻘짓을 벌이는 편이 낫다. 에탄올을 생산해도 추가로 들어오는 에너지는 거의 없지만 그래도 또 다른 뻘짓들을 벌일 수 있도록 식량난이라든가 식품 가격 폭등이라든가 저소득층의 영양실조 만연이라든가 고물가라든가 하는 기가 막힌 문제들을 유발하기 때문이다. 이런 해법은 이미 벌여놓은 엄청난 뻘짓을 더욱 키워주기도 한다. 석유화학에 토대를 둔 산업 영농은 토양에 독이 되고 토양을 고갈시키며 앞으로 석유화학물질이 희귀해지는 시대가 오면 앞날을 기약할 수가 없는데 이런 산업 영농에 자원을 쏟아 부으면 앞으로 식량 부족 사태가 벌어질 수 있다. 석탄을 액체로 변환하는 것도 어마어마한 기회를 쏟아낸다. 휘발유난을 완화시키는 과정에서 석탄이 부족해져서 전기 공급이 끊기고 전기료가 급등할 것이다. 대기로 배출되는 이산화탄소 양이 늘어나서 지구 온난화에 가속도가 붙을 것이다. 또 석탄을 일부 수입해야 할지도 모르고 그렇게 되면 먼 곳에서 막대한 양의 연료를 실어오는 비효율성은 둘째 치고라도 중국과 러시아 같은 자원보유국에 대한 에너지 의존도를 심화시키고 무역 적자마저 늘어난다. 옥수수 추출 에탄올과 함께 이런 탁월한 뻘짓은 미국인이 앞으로도 계속해서 차를 몰 수 있다는 그릇된 믿음을 굳혀줌으로써 진정한 해결책보다는 자꾸자꾸 뻘짓만을 요구하는 심리로 미국인을 길들인다.

연습만 조금 하면 여러분도 여러분이 잘 아는 분야에서 눈부신 뻘짓을 만들어낼 수 있을 것이다. 여러분의 뻘짓이 먹혀들면 다음 기회에 해결해야 할 새로운 문제들을 만들어낼 것이다. 다음 기회가 있다면 말이다. 만약 다음 기회가 없다면 여러분은 여러분이 있고 싶어하는 자리에 있게 될 것이다. 일층 창문 앞에서 겨우 몇 발자국 앞에 놓인 심연을 응시할 것이다. 그때쯤이면 뻘짓을 벌이는 데 너무 익숙해져서 몸이 잘 안 따라줄지도 모르겠지만 그래도 새로운 뻘짓을 만들어내고 싶은 유혹을 뿌리치고 거꾸로 뛰어내려야 할 것이다.

투자 조언

경제가 무너질 가능성이 있다고 말하면 보통 이렇게 되묻는 사람들이 있다. "미국 경제가, 그래요, 곧 망한다고 칩시다. 그런데 내가 할 수 있는 일이 아무것도 없다면 왜 내가 그 문제를 생각해야 하는데요?" 글쎄, 내 전문 분야는 투자 조언이 아니니까 경제가 붕괴해도 타격을 입지 않는 투자 전략에 대해 몇 가지 조언을 한다고 해도 손해 볼 일이 없겠다.

핵 위협은 미국에서 생존주의자들을 낳았다. 그들은 언덕 위에 핵폭탄 방공호를 파서 그 안에 틀어박혔다. 그리고 어마어마한 양의 스팸 통조림 깡통과 무기, 탄약을 넉넉히 쌓아두었다. 밑에서 이웃들이 기어 올라오지 못하게 막는 데 쓰려는 무기였고 혹은 맥주와 스팸 샌드위치를 얻으려고 올라오는 이웃들에게 빈 맥주 깡통 세례를 퍼붓는 데 쓰려는 무기였다. 물론 빠질 수 없는 것은 미국 국기였다. 이런 식의 생존주의는 자기 자신을 생매장하는 것이나 다를 바 없다고 나는 본다.

그렇지만 사재기라는 발상은 딱히 나쁘지 않다. 식량 사재기란 물론 그야말로 썩어문드러질 생각이다. 그러나 쌓아둘 만한 공산품은 분명히 있다. 정년퇴임에 대비하여 모아둔 저금이나 투자금이 있다고 하자. 그리고 정년퇴임을 할 무렵이면 그 돈으로는 커피 한 잔 사기도 힘들 것이라는 확신이 웬만큼 든다고 가정하자. 그리고 제품 수명이 길고 한참 뒤에도 요긴하게 쓸 수 있을 만한 물건을 상당량 사둘 돈이 있다고 가정하자. 또 서너 평쯤 되는 저장 공간이 있다고 가정하자. 이제 무엇을 해야 할까? 가만히 앉아서 저금이 증발하는 것을 지켜보아야 할까? 아니면 돈을 찾아서 수증기로 이루어지지 않은 물건에 투자해야 할까?

일단 현금인출기에서 돈이 떨어지면 재고 표시 눈금도 작동을 멈추며 소매점망은 무너지지만 그래도 사람들은 먹고 살아야 한다. 이런 수요를 만족시키기 위해 벼룩시장이나 물물교환소가 생겨날 것이며 100달러 뭉치도 좋고 금목걸이도 좋고 담배도 좋고 온갖 교환 수단이 지역에서 통용될 것이다. 나중에 나한테 필요할 모든 물품을 조금씩 골고루 준비하는 것도 나쁜 생각은 아니지만 나중에 나한테 필요할 물품과 맞바꿀 수 있을 물건에도 투자해야 한다. 약(시판약과 처방약 모두), 면도날, 콘돔처럼 만드는 데 고도의 기술이 필요하고 제품 수명이 긴 필수 소비재를 마련해두라. 고급 비누 같은 목욕용품도 나중에 없어서 못 팔 것이다. 컨테이너를 이런 물건으로 꽉 채운 뒤 녹이나 좀이 슬지 않도록 밀봉을 잘해서 따로 둔다.

소련이 무너지고 나서 재빨리 나타난 새로운 범주의 상인들이 바로 보따리장수들이었다. 이런 상인들 덕분에 사람들은 수입품을 쓸 수 있었다. 보따리장수들은 물건을 구하러 기차를 타고 멀리 폴란드, 중국, 터키까지 가서 잔뜩 짐을 싸들고 왔다. 러시아제 시계를 가방에 한 가득 넣어가지고 가서는 샴푸나 면도날 같은 것을 가방에 잔뜩 넣어가지고 왔다. 오가는 길에 공무원들 손에 기름칠도 많이 했고 강도도 여러 번 당했을 것이다. 러시아어로 '첼노키'(왕복선)라고 부르는 이런 사람들이 소비재를 유일하게 공급하던 시절이 있었다. 이런 물건은 보통 공장에서 불량품으로 처리되었거나 망가졌거나 유효기간이 지난 것이었지만 그래도 러시아인에게는 감지덕지였다. 이런 예로 미루어볼 때 어떤 물건이 각광받을지 감을 잡을 수가 있고 경제 붕괴에 대비하여 이런 물건을 쌓아둘 수 있다. '첼노키'는 그래도 경제가 멀쩡한 이웃 나라들이라도 있었고 또 기차를 타고 다녔지만 미국은 꼭 그럴 수 있으리라는 보장이 없다.

웬만한 곳은 다 걸어서 다닐 수 있는 안정된 지역 사회에 살면서 이렇게 쌓아둔 물건이 있고 가까운 친구가 있고 가족이 있고 비바람을 피할 만한 거처가 있고 공터도 조금 있고 거기서 웬만한 먹을거리를 다 길러서 먹고 남는 것은 맞바꿀 수 있다면 경제가 붕괴해도 큰 어려움 없이 살아남을 수 있을 것이다. 그리고 어쩌면 거기서 행복을 발견할지도 모른다.

내 손으로 하기

경제 행위의 표본으로 보이는 특성 중에는 개인의 차원에서 보면 사려 깊지 못하고 붕괴로 생겨난 구멍을 메우는 데 오히려 불리한 것이 있다. 지속적인 경제 성장과 번영을 낳는 모든 행위는 불리하다. 더 높이 뛰어오를수록 땅에 떨어질 때의 충격은 커진다. 정년퇴임에 대비하여 거액의 자금을 모아두었다가 시장 파탄으로 그 돈을 모두 날리는 경험은 한마디로 끔찍하다. 고소득자로 살다가 수입이 한 푼도 없어지는 것도 끔찍한 경험이다. 뿐만 아니라 눈코 뜰 새 없이 바쁘게 지내다가 하루아침에 할 일이 없어지면 정말로 죽을 맛일 것이다.

경제 붕괴는 신경쇠약에 시달리기에는 최악의 시기지만 신경쇠약을 앓는 사람은 유독 이때 많이 나타난다. 심리적으로 가장 큰 타격을 받는 사람은 잘나가던 중산층 남자다. 직장에서 하루아침에 밀려나고 저금은 날아가고 집값도 똥값이 되면 자기는 쓸모없는 사람이라는 좌절감에 빠진다. 그래서 술독에 빠져서 죽거나 자살하는 사람이 비정상적으로 늘어난다. 이들은 경륜도 풍부하고 능력도 가장 뛰어나게 마련이라 사회에도 말할 수 없는 손실을 안겨준다. 그러니까 미리 돈을 빼내는 것이 좋고 지속적으로 생산하고 소비하는 데 너무 많이 기대지 않는 방향으로, 인생의 성공을 다시 정의하는 쪽으로 시간을 슬기롭게 쓰는 것이 좋겠다.

여러분한테 경제가 정말로 중요하고 그런 경제 안에서 누리는 자리가 정말로 중요하다면 여러분은 그런 경제와 자리가 사라지는 순간 정말로 상처를 받는다. 여러분은 애써 초연해지는 법을 익힐 수도 있겠지만 그저 시늉에 그쳐서는 곤란하다. 그런 초연함을 뒷받침하는 생활 방식과 습관과 체력을 길러나가야 한다. 사회의 변두리에서 충실하게 살아가려면 남다른 창조력과 노력이 요구된다. 붕괴가 일어나면 이런 변두리야말로 가장 살기 좋은 곳이 될지도 모른다.

Reinventing Collapse

5

적응

사회적으로 너무 앞서서 일을 벌이는 것은 시간 낭비다 싶을 때가 있다. 이 세상을 멈추어서 다른 쪽으로 방향을 돌려놓기란 어차피 불가능한 노릇이니까 완화시킬 수 없는 것을 완화시킨다는 보통 사람으로서는 실현불가능한 일을 하려고 애쓰기보다는 관심을 안으로 돌려서 세상이 예상되는 궤적을 따라서 추락하더라도 나만큼은 웬만큼 견뎌낼 수 있도록 나 자신을 바꾸는 데 공을 들이는 것이 백번 나아 보인다. 이런 변신에서 큰 비중을 차지하는 것이 심리적 차원의 변신이다. 이는 그동안 아무런 의심 없이 받아들여온 많은 고정관념을 버리는 것을 뜻한다. 그런가 하면 새로운 기술을 익히고 다른 생활 습관을 들이는 것도 조금은 필요하다. 생리적 변신도 어느 정도는 필요하다. 쾌적함과

편안함이 훨씬 적고 육체적으로 훨씬 더 고달픈 삶에 대비하자면 몸도 담금질할 필요가 있다.

모두가 적응할 줄 아는 것은 아니라는 점을 알아야 한다. 스스로에게도 결함 있는 성격의 집합으로밖에 보이지 않는 사람이 많다. 그런 사람에게서 나쁜 습관을 없애버리면 정체 모를 막연한 공포 말고 또 뭐가 남을까? 그런가 하면 달갑지 않은 몇 가지 변화가 필요하다는 생각은 분명히 갖고 있지만, 상황에 떠밀리기 전까지는 불필요한 부자유나 불편을 기꺼이 감수할 마음이 없어서 사실상 무방비 상태로 지내는 사람도 많다. 마지막 부류는 일부러 그랬는지 어쩌다 그렇게 되었는지는 몰라도 아무런 출구도 없고 조금씩 바꾸어나갈 기회도 전혀 없는 지금의 처지로 내몰린 사람들이다. 파국이 닥쳤을 때 가장 힘든 경험을 할 가능성이 높은 사람들이다.

하지만 만일 여러분에게 쥐꼬리만큼이라도 자유가 있고 방향을 틀 수 있는 힘이 있다면 다음 두 가지를 고려해보기 바란다. 첫째, 여러분은 유전자 돌연변이를 겪지 않고도 진화할 수 있는 동물이라는 점에서 동물의 왕국에 서식하는 가장 기이한 존재다. 여러분의 진화는 문화의 차원에서 이루어질 수 있다. 문화의 돌연변이는 결코 우발적이지 않으므로 여러분의 진화는 속도가 빠르다. 둘째, 문화적 돌연변이체라는 새로운 지위를 다른 존재에게 굳이 알릴 필요가 없다. 겉에서 보면 여러분은 같은 무리에 몸담은 다른 개체들과 구별할 수가 없다. 그러나 여러분이 움직이는 시공간은 사회가 창조하고 할당한 시공간이 아니라 여러분이 여러분의 수요를 줄이고 역량을 넓히고 남들을 노예로 만드는 몸과 마음의 습관을 버려서 스스로 빛어나가는 시공간이다.

적응하려면 자유 시간이 넉넉히 있어야 한다. 이런 시간을 마련하자면 발상의 전환이 필요하다. 미래가 이미 내 앞에 있다고 가정해야 한다. 거짓말을 일삼는 여러분의 눈은 여기서 별로 도움이 안 되니 눈을 꼭 감으시라. 인생은 전과 다를 바 없이 계속되리라는 믿음이 지금까지는 정상으로 받아들여졌다면 변하지 않는 것은 하나도 없다는 믿음이 이제부터는 정상으로 받아들여진다. 설령 변하지 않는 것은 하나도 없는 쪽으로 세상이 바뀌지 않더라도, 그렇게 발상의 전환을 해두면 바뀌지 않은 세상에도 너끈히 적응할 수 있을 테니 적어도 손해 보는 장사는 아니다.

'정상성'의 상실

붕괴가 일어나면 먼저 잃어버리는 것이 정상성의 감각이다. 사람들은 처음에는 그런 감각이 사라졌다는 데 충격을 받지만 곧 그런 감각이 있었다는 사실조차 잊어버린다. 정상성의 감각은 그저 묘하게 가슴을 찌르는 아련한 향수로만 남는다.

우리는 환경 재앙으로 돌진하는 중인지는 몰라도 다행히 자원 고갈로 그 지경에 이르는 일은 없을 것이다. 그렇지만 당분간은 불이 들어

오고 거리에 차도 다닌다. 잠시 정전으로 불이 나가더라도 시간이 지나면 다시 들어오고 가게들도 다시 문을 열 것이다. 평소처럼 장사도 다시 할 것이다. 점심시간이니까 일류 뷔페 요리도 시간에 맞춰 나올 것이고 자리에 모인 나리들은 뻔한 참극을 면하기 위해 우리 모두가 어떻게 차분히 대처해야 할지를 다시 논의할 것이다. 그러나 점심은 나오지 않는다. 그리고 불도 나간다. 시간이 좀 더 흐르면 누군가가 세상에 이런 법이 어디 있느냐며 어처구니없어 하고 나리들은 무기한 휴회에 들어간다.

러시아에서는 정상성이 일련의 단계를 밟으며 허물어졌다. 사람들은 먼저 본심을 말하는 것을 두려워하지 않게 되었다. 다음으로는 당국을 대수롭지 않게 여기기 시작했다. 이어서 당국도 서로를 대수롭지 않게 여겼다. 끝으로 옐친이 러시아 삼색기를 배경으로 삼아 붉은군대의 탱크 위로 올라가 "옛 소련"이라고 발언했다.

소련에서는 수렁에 빠진 아프가니스탄 문제와 체르노빌 참사, 전반적 경제 침체로 말미암아 정상성이라는 이 물건의 수명이 오늘 내일 하긴 했어도 정부가 언론을 잘 요리한 덕분에 그래도 '페레스트로이카'로 알려진 시기까지는 명맥을 이어갔다. 미국 경제는 벌써 몇 해째 충분한 일자리를 만들어내지 못하고 있고 온 나라가 파산으로 기우는 중이지만 경영은 여전히 제일 잘 팔리는 물건이다. 혹은 그렇게 믿도록 유도된다. 2005년경만 하더라도 미국의 정상성은 난공불락으로 보였다. 1985년경 소련도 그렇게 보였다.

정상성의 감각을 유지하는 데 소련과 미국의 차이가 있다면 이것이다. 소련은 강압으로 정상성을 유지하려고 했지만 미국은 공포를 이용해서 기가 막히게 정상성을 유지한다. 높은 난간에서 떨어질까봐 공포를 느끼면 살고 싶어서 난간에 더욱 바짝 매달리게 마련이다. 사람은 그때 누군가가 자기 발을 난간에서 떨어지지 않도록 못으로 쾅쾅 박았을 때보다 자신의 상태가 더 정상이라고 생각한다.

좀 더 피부에 와닿게 말하자면 소비 사회에서는 사람들로 하여금 쇼핑을 못하게 만드는 것은 무조건 요주의 대상이며 사람들도 그런 사실을 안다. 고도로 발전하고 번영을 구가하는 산업 사회에서 앞으로도 떵떵거리며 살기는 어려우리라는 진실을 조금이라도 발설하면 소비 사회의 집단 무의식은 자지러진다. 진실을 뿌리치려는 무리의 본능 같은 것이 있다. 그래서 진실은 실패한다. 티 나는 행동을 해서가 아니라 워낙 인기가 없어서 이윤을 내지 못해서다.

정상성이 어떻게 유지되었고 유지되고 있는가에 대한 이런 작은 차이에도 불구하고 소련에서도 미국에서도 정상성은 쓰는 기술은 다를지 몰라도 거의 똑같은 수단에 의해서 끌어내려졌다. 소련에는 '사미즈다트' 곧 자가출판이라는 것이 있었다. 수동 타자기와 먹지를 가지고 러시아의 반체제 인사들은 강압적으로 유지된 정상성을 위협하기에 충분한 양의 자료를 퍼뜨렸다. 지금의 미국에서 볼 수 있는 웹사이트와 블로그도 소련하고 기술적인 부분에서는 다르지만 성격은 똑같다. 웹사이트와 블로그의 글은 강압으로 정상성을 유지하는 것과는 거리가 멀다. 웹사이트와 블로그의 수단은 진실이다. 아니면 적어도 진실에 다가서려는 간절함이다.

소련이 무너지리라고 그런 대로 정확하게 내다본 소련의 지식인들은 어떻게 되었나? 간단히 말해서 눈에서 사라졌다. 비극이기도 하고 아이러니이기도 하지만 체제의 오류를 설명하고 체제의 사망 경로를 예언하면서 전문가가 된 사람도 어디까지나 체제의 일부다. 체제가 사라지면 그들이 식견을 내보일 수 있는 영역도 청중도 사라진다. 그동안은 자신들이 어쩌다가 요 모양 요 꼴이 되었는가를 따지는 데 관심이 있었지만 이제는 술을 마시든 마약을 해서든 잔머리를 굴려서든 그런 처지에서 빠져나오려고 애쓰지만 사람들에게는 더 큰 맥락을 헤아릴 만한 시간이 없다.

장미 향기 맡기

일단 경제가 붕괴하면 대체로 할 일이 적어지게 마련이라서 게으르게 태어난 사람에게는 호시절이지만 천성이 바지런한 사람은 괴롭기만 하다. 소련 시절의 문화 공간에서는 두 가지 유형의 행위를 할 수 있었다. 그것은 영웅적 행위와 정상적 행위였다. 정상적 행위는 웬만하면 땀 흘리는 일을 피하는 것을 뜻했다. 사람들이 으레 기대한 것은 정상적 행위였다. 남들이 기대한 것보다 더 열심히 할 이유는 죽어도 없었다. 사실 그런 식의 처신은 '집단농장'에서나 간부들한테서는 눈총을 받았다. 영웅적 행위는 칭송은 받았지만 금전적 보상까지 꼭 따른다는 법이 없었다.

러시아인은 "열심히 일하고 열심히 논다"는 미국인의 충동 앞에서 곤혹스럽고 난감해질 때가 많다. '출세'라는 말은 소련에서는 경멸적인 말이었다. 탐욕스럽고 파렴치하고 '야심'(역시 경멸적인 말)이 지나친 '출세론자'를 가리키는 데 쓰던 말이었다. '성공'과 '성취'같은 말은 개인 차원에서 쓰는 경우가 아주 드물었다. 거만하고 도도한 느낌을 주었기 때문이다. 그런 말은 소련 국민의 위업을 나라에서 요란하게 선전할 때 쓰려고 아껴두었다. 그렇다고 해서 개인의 긍정적 특성을 가리키는 말이 없지는 않았다. 재능, 직업의식, 체통, 가끔은 창조성까지도 존중했다. 그러나 러시아인에게 '근면한 노동자'는 아주 '바보'로 들렸다.

신속하고 경우 바른 서비스에 익숙한 사람은 붕괴하는 경제를 견디기가 특히 어렵다. 소련에서는 대부분의 관공서가 불친절했고 느렸고 한번 가면 줄을 길게 서야 했다. 공급이 달리는 물품의 상당수는 이렇게 줄을 서도 구할 수가 없어서 '블라트'라는 것을 해야 했다. 블라트는 뒤로 따로 거래하는 것이었다. 경제가 실제로 돌아가는 데는 돈을 주고받는 것보다 이렇게 개인적 편의를 맞거래하는 것이 더 중요했다. 러시아인에게 '블라트'는 더없이 신성한 물건이다. 사회를 결속시키는 문화의 긴요한 일부분이다. 그것은 또 붕괴에 견딜 수 있는 유일한 경제 영역이었다. 그만큼 값진 문화적 적응이었다.

　대부분의 미국인은 코뮤니즘 곧 공산주의라는 말을 들어보았고 공산주의가 소련 체제를 묘사하기에 알맞은 말이라고 무작정 생각하지만 중앙에서 계획을 짜는 소수의 엘리트 관료들이 운영하는 복지 국가와 거대 산업 제국에는 딱히 공동성이라고 부를 만한 것이 없었다. 그러나 실제로 소련을 움직인 지배 이념이었는데도 미국인이 거의 들어보지 못한 '이즘'이 있었으니 그것은 바로 '도페니즘'이다. 도페니즘은 '신경 딱 끊고 살자 주의' 정도로 대충 옮길 수 있다. 1980년대 '침체'기에 많은 사람이 점점 체제에 대해서 경멸감밖에 못 느끼면서 살아남는 데 필요한 최소한의 일만 하면서 버텼다(고학력자가 선호한 직업은 야간경비원과 용광로 화부였다). 그들의 유일한 낙은 친구와 독서, 자연이었다.

　이런 성향은 현실 도피처럼 보일지도 모르지만 머지않아 붕괴가 닥치는 상황에서는 이것은 심리적 보험의 역할을 한다. 상실감으로 번민하면서 붕괴가 현실화된 상황에서 자신의 정체성을 재발견하느라 애를 먹을 필요 없이 그냥 팔짱을 끼고 앉아서 세상이 흘러가는 모습을 관조하면 되니까 말이다. 지금 내가 일을 통해서건 사람들 속에서건 '한창 잘나가는 사람'이라면 붕괴는 나에게 청천벽력으로 다가올 것이며 내가 만족할 만큼 다시 잘나갈 수 있는 일을 찾아내려면 오랜 시간이 걸릴 것이고 어쩌면 영영 그런 일을 못 찾을지도 모른다. 하지만 지금 내가 하는 일이 풀과 나무를 열심히 관찰하는 일이라면 설사 붕괴가 닥친다 하더라도 불필요한 물건을 분해한다든지 무언가 유익한 일을 하면서 시간을 보낼 수가 있다.

붕괴가 일어난 다음 살아남는 데 꼭 필요한 자질은 어쩌면 한 발 물러서서 장미 향기를 맡을 줄 아는 능력인지도 모른다. 회한을 쌓아두지 말고 울분을 키우지 말고 다 훌훌 털어버리고 당장 필요한 일만 열심히 챙기고 나머지 일은 너무 신경 쓰지 않는 능력이 필요하다. 심리적으로 가장 큰 타격을 받은 사람은 대개 집안의 기둥 노릇을 하던 중년 남자다. 중년 남자는 예전과는 달리 돈을 잘 못 버니까 자신을 완전히 잃어버린다. 병적으로 흐르지만 않는다면 초연함과 무심함이 마음을 추스르기에는 가장 좋다. 전에는 있었고 지금도 있지만 곧 없어질 것에 대한 감상어린 향수를 직시하고 마음에서 지워버리는 것이 좋다.

편의품과 필수품

경제 성장은 격상 효과를 낳는다. 그래서 처음에는 기호품이고 편의품이었던 것이 점점 필수품이 된다. 가령 대부분의 미국인은 자동차는 필수품이라고 생각한다. 하지만 옷과 신발도 엄격히 말해서 필수품이 아니다. 우리는 두 발로 서는 동물로 진화했고 지난 몇 천 년을 빼놓고는 옷을 안 입고 맨발로 지구를 돌아다녔다. 우리도 대부분 아직 그럴 수 있고 또 할 수만 있으면 그것을 즐기는 사람도 있다. 그리고 대부분의 미국인은 수돗물, 수세식 화장실, 중앙난방, 온수 공급을 필수품이라고 생각할 것이다. 사실 이것들은 사치품이다.

진정한 필수품은 매슬로의 인간 욕구 5단계에서 가장 밑에 온다. 바로 산소, 그다음이 물, 그다음이 음식이다. 이 순서는 사람이 이런 것 없이 얼마나 오래 버틸 수 있느냐에 따라 정해진다. 산소는 몇 분, 물은 며칠, 음식은 몇 주다. 그다음 순서는 잠자리, 말벗, 성욕 해소고 그다음에 오는 것이 운동, 놀이, 일 같은 의미 있는 활동이다. 대부분의 사람은 이런 것 없이도 몇 달에서 몇 년도 버틸 수 있었다. 나는 일평생 일을 하지 않고 버틴 사람도 안다. 자가용, 온수기, 수세식 화장실은 이 목록에 명함도 못 내민다. 병에 안 걸리려면 위생이 중요하지만 배설물을 꼭 식수를 써서 하수도로 씻어 내리지 않고도 청결을 유지하는 방법은 얼마든지 있다.

필수품으로 여겨지는 사치품의 문제는, 그것을 필수품으로 여기던 사람이 하루아침에 그것을 못 쓰는 날이 오면 엄청난 상실감을 느낀다는 것이다. 그래서 어려운 시절에는 좋은 동무가 되기 어렵다. 1995년 여름, 내가 상트페테르부르크에 있을 때는 더운 물이 안 나오는 집이 태반이었다. 그래도 구 시가지에 있는 아파트 몇 군데는 예외였다. 거기는 구닥다리 가스 온수기가 있어서 찔끔찔끔이라도 더운 물이 나왔다. 그때 나는 그런 아파트에 방 하나를 얻어서 살았는데 사람들이 나를 자주 찾은 이유는 온수로 샤워를 하기 위해서였다. 온수 샤워는 러시아인에게는 사치였다. 평소에는 냉수로 샤워를 하든가 대중목욕탕(러시아를 비롯해 이런 좋은 시설을 가진 나라가 많다)을 찾든가 아니면 대야에 주전자로 끓인 물을 채워서 몸을 씻었다. 러시아를 찾은 미국인은 정상 감각을 되찾으려고 온수 샤워를 했다. 매일 온수 세례를 받다가 그걸 못하게 되니까 가려워했고 자기 몸에서 나는 냄새도 못 견뎌했고 남한테도 냄새를 폭폭 풍겼다.

편의품과 필수품의 이분법을 완전히 뒤집으면 공기, 물, 식량, 이 세 가지 말고도 살아남는 데 꼭 필요한 것이 딱 하나 더 있는데 그것은 바로 불편이다. 불편을 못 느끼면 우리의 몸은 부드럽고 말랑말랑한 아수라장이 된다. 가짜 필수품을 털어버리려면 몇 달이 걸리고 몇 년이 걸리더라도 한동안은 불편을 감수해야 한다. 신발의 필요성을 없애려면 맨발로 다니면서 아픔과 물집을 감수할 필요가 있다. 그러다 보면 굳은살이 박이고 걸음걸이도 신발을 안 신었던 시절의 자세로 돌아간다. 물론 평생 신발에 갇혀서 성장을 멈추고 뒤틀린 발가락들도 이제는 굳어져서 예전처럼 마음대로 구부렸다 폈다 할 수 없을 것이다. 따뜻한 옷의 필요성을 없애려면 추위도 옷을 적게 입고 다닐 필요가 있을 것이다. 그렇게 덜덜 떨다 보면 나중에는 핏줄이 통하고 열을 바로 만들어내는 갈색의 지방질층이 발달해서 덜덜 떨지 않아도 열이 나오도록 몸이 알아서 적응할 것이다. 씻어야 할 필요성을 없애려면 비누가 번번이 씻어 내리는 기름 보호막을 몸이 더 이상 분비하지 않을 때까지 목욕을 중단할 필요가 있다. 이것은 남들하고 떨어져 살 때 가장 실행에 옮기기 쉽다. 하루에 세 끼 먹을 필요성을 없애려면 규칙적으로 단식을 오래 하고 나서 식사를 할 필요가 있다. 그러면 몸은 어쩔 수 없이 지방을 태우기 시작한다. 몸은 처음에는 여간해서는 지방을 태우려들지 않을 것이다. 하지만 이러다 죽을지도 모르겠다는 위기감을 심어주면 상황은 달라진다. 그리고 일단 몸이 지방을 태울 줄 알면 필요할 때 많은 에너지를 불러낼 수 있다. 교통수단의 필요성을 없애려면 짐이 있어도 웬만한 거리는 걸어서 다닐 필요가 있다. 그러면 나중에는 뼈도 단단해지고 연골도 굵어지고 근육도 강해지고 심장혈관계도 튼튼해진다.

물론 편의품이 나쁘다는 소리는 아니다. 사치품이라고 해도 나쁠 것은 없다. 걷기보다는 자전거 타기가 낫다. 냄새를 피우면서 돌아다니는 것보다는 빗물이라도 받고 태양열 온수기로 몸을 씻는 쪽이 낫다. 밤에 침대에서 책이라도 읽고 싶으면 태양전지판과 배터리가 있으면 그만이다. 중요한 것은 이런 물건은 사치품으로 여겨야지 필수품으로 여겨서는 안 된다는 점이다. 필수품으로 여겼다간 그것이 갑자기 없어지면 충격을 받는다. 더구나 상황이 갑자기 바뀌어서 발 빠르게 움직여야 하는데 이런 사치품 없이는 꼼짝도 못한다면 그것은 애물단지가 되어버린다. 이런 사치품 없이는 꼼짝도 못하는 주변 사람을 생각해서라도 나부터라도 홀가분하게 움직일 수 있어야 한다.

목돈 없이 살아남기

자신을 중산층으로 여기는 사람을 포함해서 인구의 상당수는 돈이 쓸모가 없어져서 중요성을 잃기 훨씬 전에 이미 무일푼 신세가 될 것이다. 빚이 있는 사람은 빚을 갚기가 점점 어려워질 것이다. 집이 있는 사람은 재산세와 주민세를 내기가 점점 어려워질 것이다. 금융체계는 여러분이 하는 모든 일을 야금야금 뜯어먹을 것이다. 하지만 이것은 금전적 가치가 있어서 돈을 주고받아야 하는 경제 관계에만 적용되는 소리다. 앞으로는 누구나 금전 경제에 조금이라도 덜 기대기 위해서 본인의 생활은 물론이고 주변 사람들의 생활에서도 돈의 비중을 줄이려고 머리를 쥐어짜야 할 것이다. 저금과 개인 부동산을 인간관계라는 재고로 바꾸어놓는 것도 좋은 방법이다. 이쪽에서 먼저 베풀어서 인간관계를 쌓아놓으면 나중에 반대급부로 흘러들어오는 선물과 특혜가 있기 때문이다. 나의 필요에 맞춰주는 효율적이고 사적인 맞춤형 도움이다. 그러자면 인간관계를 포함해서 모든 것을 자꾸만 표준화하려 들고 한쪽 방향으로는 돈이 흘러가고 반대편 방향으로는 상품과 서비스가 흘러가는 클라이언트-서버 모델로 축소시키려 드는 소비 사회에 길들여진 의식 구조를 완전히 바꾸어야 한다. 소비 사회에서는 똑같은 값을 치르면 갑이라는 손님은 을이라는 손님과 똑같은 것을 받는다.

그렇지만 개인의 관점에서 보면 이것은 굉장히 비효율적이다. 헌 물건도 얼마든지 다시 쓸 수 있는데 새 물건을 만드는 데 자원을 탕진한다. 뿐만 아니라 일부러 수명이 오래 가지 않게 만들어졌고 주문품과는 달리 개개인의 필요에 맞춰주지도 않는 범용한 기성품을 누구나 살 수밖에 없다. 상품은 지구 반대편에서도 만들 수 있지만 주문품은 현지에서 만들 가능성이 높다. 그것은 내가 살아가는 고장에 나와 이웃을 위한 일자리가 생긴다는 뜻이다. 하지만 상품은 얼마나 천연자원을 고갈시키고 환경을 파괴하면서 이익을 뽑아내고 부를 집중시키는가 하는 관점에서 보면 아주 효율적이기도 하다. 그렇지만 여러분이 신경 써야 하는 효율성은 그런 효율성이 아니다. 그런 효율성은 여러분에게 도움이 안 된다.

붕괴를 앞둔 상황에서 자금 운용을 하는 사람의 올바른 처신은 이런 것이다. 돈도 없고 이렇다 할 재산도 없는 것처럼 보여야 한다. 하지만 식량, 옷, 약, 잠잘 곳, 일할 곳, 심지어는 돈도 포함해서 자원에 접근할 수 있어야 한다. 돈으로 무엇을 할 것인지는 각자의 판단에 달렸다. 가령 다람쥐가 밤과 도토리를 모아놓는 것처럼 그냥 꼬불쳐둘 수도 있다. 아니면 일종의 공유 재산으로 바꾸어놓을 수도 있다. 돈은 될수록 받지 말아야 하고 그 대신 선물은 받되 꼭 다른 선물로 보답해야 한다. 돈을 받고 일해서는 절대로 안 된다. 기부한다고 치고 시간과 정성을 늘 남한테 기울여야 한다. 최소한의 개인 소유물은 가져야겠지만 상당수는 남들하고 같이 써야 한다. 이런 식으로 살아가기는 쉽지 않지만 일단 적응이 되면 살기가 한결 편해진다. 또 그렇게 살다 보면 붕괴가 닥쳐도 두려울 것이 없다.

바꿔어야 할 수칙

법조문이나 법률가, 법원, 감옥 같은 것 없이도 사람들은 잘만 살아왔다. 이런 짓을 해서는 안 된다는 생각을 사회는 언제나 내놓게 마련이고 또 그것을 어기는 사람을 처벌하는 방법을 찾아내게 마련이다. 공식적인 사법 체계가 없으면 사람은 오히려 서로서로 훨씬 더 조심하는 경향이 있다. 다른 사람을 괜히 잘못 건드렸다가 결투를 벌이게 되거나 보복을 당할까봐 몸을 사리기도 하겠지만 감옥이 없으면 아무래도 처벌도 재산을 빼앗는다든가 내쫓는다든가 심지어는 죽인다든가 하는 식으로 무지막지해지기 쉬우니까 겁이 날 수밖에 없다. 그렇게 거칠게 나오는 것도 사실은 처벌에 목적이 있다기보다는 상대의 대응을 막고 제동을 거는 데 목적이 있다.

사법 에너지가 낮은 수준으로 공급되는 시스템으로 넘어가면 틀림없이 고통이 따를 것이다. 분명한 것은 많은 법이 아예 초장부터 집행하기 어렵게 되리라는 사실이다. 이런저런 짓은 범죄 행위라는 생각이 우리 머릿속에는 들어 있지만 사태가 그런 식으로 전개되면 우리가 하는 행동의 상당수는 더 이상 범죄로 받아들여지지 않을 것이다. 그래서 이 정도는 안 걸리겠지 하고 비교적 안심하고 행동할 수 있는 운신의 폭이 커질 것이고, 영리한 사람은 거기서 새로운 기회를 찾을 것이고 악당과 바보도 그만큼 더 유혹을 느낄 것이다.

사법 체계에서는 거리를 두는 쪽이 신상에는 좋을 것이고 그것이 가능하다면 나만의 정의를 찾아내야 한다. 연습 삼아서 한번 내가 주변 사람과 맺은 관계가 계약, 임차, 증서, 면허, 약속어음이나 그 밖의 법률 문서에 바탕을 둔 것인지 하나하나 살펴보고 그것을 신뢰, 상호존중, 상호이익에 바탕을 둔 관계로 바꾸는 길이 없는지 찾아보라. 우정과 가족애의 틀 안에서 이런 관계를 엮어갈 수는 없겠는지 방법을 모색해보라.

갈수록 억압적으로 변질되는 사법 체계에 휘말려 고생을 겪지 않으려면 비공식적으로 주위에 튼튼한 상호의존의 그물망을 짜두는 것이 좋다. 공생 관계에 있으므로 문제를 어떻게든 평화적으로 해결하고 싶어하고 문제가 자기들 밖으로 걷잡을 수 없이 번지는 것을 달가워하지 않는 이해 당사자들을 자꾸 더 끌어들이면 갈등이나 분쟁이 생기더라도 해소할 수가 있다. 분쟁을 중재하더라도 법이나 규칙, 선례를 내세우기보다는 나의 지혜나 정의감을 따르도록 애써야 한다. 법이나 규칙, 선례는 난세에 좋은 길잡이가 못 된다.

기준을 낮춰라

정상이라고 보기 어려운 사회적 기준들을 많이 끌어다가 한 자리에 모아놓고 살펴보면 몇 가지 주목할 만한 점이 있다. 전체적으로 어떤 그림 같은 것이 먼저 그려지는데, 그것은 기준이라는 것 자체가 전반적인 사회 병리의 일부분일 가능성이 꽤 높다는 점이다. 그래서 한 사회가 무엇을 중요하게 여기는지, 왜 중요하다고 여기는지를 다시 한 번 되짚을 필요가 있다. 가령 미국인은 아주 가지런하고 파르스름한 빛이 감돌 정도의 하얀 치아가 중요하다고 생각해서 어릴 때부터 치아교정 시술을 받는다. 하지만 사람이나 코끼리나 이빨이 상아빛이어도 아무 문제없다고 생각하는 나라들이 있고 뻐드렁니더라도 음식 먹는 데만 지장 없으면 괜찮다고 보는 나라들도 있다. 예를 하나만 더 들면, 미국인은 몸 냄새와 동물 냄새를 역하다고 생각하면서도 (탈취제나 살균제, 플라스틱에서 나오는 냄새, 합성섬유처럼) 강한 유독성의 화학제품 냄새는 암 유발 가능성이 높은데도 괜찮다고 여긴다. 마지막으로, 폭식은 아직도 몹쓸 죄악으로 여기지만 그래도 미국에서는 비만을 너그럽게 받아들이는 편이라서 의지가 약한 사람이라는 눈총을 받지 않으면서 마음 편하게 돌아다닐 수 있다. 그렇지만 음식만 특별 대접을 받는 것이지 다른 자원을 낭비해도 그렇게 넘어가주지는 않는다. 비만이 아닌 사람은 '날씬하다'고 본다. 다시 말해서 여기에 특히 점수를 주어야 하는 까닭은 특별한 식단을 짜고 체계적으로 열심히 운동을 하면서 유지한 몸매이기 때문이다. 미국의 유명인을 모신 만신전에는 운동을 안 하고 폭식을 안 하고 다이어트를 안 하는 신, 다시 말해서 보통 사람이 우러러볼 만한 신은 없다. 전 세계 어디를 가도 그런 사람이 가장 흔한데도 말이다.

미국 아이는 한 여섯 살부터 열네 살까지는 감옥에서 지내는 재소자 대접을 받는다. 그 감옥의 치안 상태는 몹시 열악하다. 아이는 허락받은 활동을 몇 가지 할 수 있는 곳의 표를 얻어서 간다. 그곳은 권위는 갖췄을지 모르지만 보수는 적게 받고 대개는 학력도 낮은 어른이 관리한다. 나는 운 좋게도 세상을 내 마음대로 돌아다니면서 자랐다. 아이들과 시골을 쏘다니기도 했지만 대부분의 시간은 그냥 혼자 방치되었다. 여덟 살 때부터 여름방학이면 야채 사오는 심부름을 내가 맡았다. 대개는 자전거를 타고 심부름을 했다. 자전거 핸들 양쪽에다가 무거운 자루들을 걸어 아슬아슬하게 균형을 맞추면서 말이다. 내가 열한 살이 되니까 부모님은 나한테 열쇠를 맡기고 약간의 돈을 주시고는 나를 집에 남겨두고 두 분이서 휴가를 떠나셨다. 미국 같으면 근심 걱정에 싸인 이웃이 아이를 도우려는 마음에서 아이가 방치되었다고 밀고했을 것이다. 그러면 아동보호국에서 사람들이 들이닥쳐서 나를 아동수용시설에 가두고 처음에는 말을 잘 듣게 약을 먹이고 그다음에는 햄버거를 억지로 먹이고 텔레비전이나 보면서 시간을 때우라고 할 것이다. 물론 미국인 중에는 평생 감시를 받아야 하는 사기꾼도 있지만 그런 인간은 재무부 검찰국에 맡기면 될 일 아닌가. 그 대신 나머지 미국 아이들은 아이 보는 사람, 아동보호국 직원, 남의 집이나 엿보는 할 일 없는 이웃의 손아귀에서 해방시키는 것이 최상이다. 미국 아이들에게는 정말로 그런 해방이 필요하다.

우리는 조만간 죽을 테지만 미국에서의 죽음은 범죄로 인한 죽음 아니면 의료사고로 인한 죽음이라고 해도 크게 과장했다고 볼 수 없다.

물론 법원이나 의사의 허락이 떨어져야만 죽을 수 있는 것은 아니지만 죽음의 분부를 받드는 사람은 얼마든지 죄인이 될 수 있고 고소를 당할 수도 있다. 자살은 불법이며 자살을 시도하려는 사람은 정신이상자로 여겨져서 아무리 인생을 빨리 끝내려는 사람의 논리가 탄탄해도 아랑곳하지 않고 만만하게 다룰 수 있을 때까지 약을 먹인다. 자살하려는 사람을 돕는 것도 불법이다. 몰래 하지 않는 이상 자신의 침대에서 죽는다는 것은 불가능에 가깝다. 그리고 남이 죽어가는 모습을 보고도 구급차를 부르지 않은 사람은 곤욕을 치를 가능성이 높다. 치료를 거부하거나 방해하는 사람은 머리가 성치 못한 사람이나 억눌린 사람으로 낙인 찍혀서 진정제를 투약 받고 강제 치료를 받을 것이다.

그러나 사람을 본인의 생각과는 무관하게 살려두고 복잡한 전극과 관이 동원되는 무시무시한 과학 실험으로 몰아넣는 것은 불법이 아니다. 의사들은 그렇게 앞뒤가 안 맞는 업적에 자부심을 느끼며 실낱같은 확률에 맞서 자기들의 목숨을 근근이 연장해가는 사람들을 영웅으로 치켜세운다. 인간을 포함해 많은 고등 동물이 죽을 때가 가까워지면 본능적으로 안다. 이 본능에 따라서 동물은 더 이상 먹지 않고 한곳에 꼼짝 않고 틀어박혀서 불가피한 죽음을 기다린다. 체념은 체념이지만 거기에는 위엄이 서려 있다. 미국인은 사람에 대해서든 동물에 대해서든 이 타고난 본능적 행동을 인정하지 못한다. 그들은 자기들이 언제 죽을지 판단할 능력도 없는 사람으로 치부된다. 이것은 죽음에 대한 병적 공포에 영웅적 투쟁의 지위를 안겨준다는 점에서 심각한 문화적 결함이 아닐 수 없다.

이렇게 비정상적인 사회적 기준들을 모아놓고 보면 안전이나 보건, 공공질서를 지키기 위해서 무언가 해야 한다고 목소리를 높이는 미국 관리와 전문가의 말을 왜 덮어놓고 믿어서는 절대로 안 되는지를 분명히 알 수 있다. 하지만 그 사람들 옆에서는 조심하는 것이 좋다. 수틀리면 강제로 약을 먹이고 재산을 빼앗고 감옥에 가두고 아이들을 데려갈지 모르니까 말이다. 그들에게 대드는 것은 동네 정신병원에서 자기가 나폴레옹 보나파르트인 줄 아는 사람한테 대드는 것과 똑같다. 설상가상으로 그가 정신병원을 운영하는 원장 노릇까지 하니까 더욱 일이 꼬일 수밖에 없다. 자기들을 받쳐주는 체계가 삭아서 허물어지고 자기들의 권력도 기울면 그들은 지푸라기라도 잡는 심정으로 어느 때보다도 더 군림하려고 들면서 통제와 강압에 기댈 것이다. 그들의 레이더망 바깥에 남아 있으려면 머리를 잘 굴려야 한다. 하지만 일단 이런 과도기가 끝나면 사람은 어떻게 태어나야 하고 어떻게 길러져야 하고 어떻게 살고 죽어야 하는지를 인류가 수천 년 동안 터득한 대로 자기만의 기준을 정할 수 있을 것이다. 그리고 그러기 위해서라도 미리 생각을 해두어야 한다. 권위를 빙자하고 왠지 좀 의심스러운 출처에서 주입받은 쓰레기 문화는 내버리는 것이 상책이다.

알맞은 역할

경제가 붕괴하고 나라가 부도나고 모든 사회적 정치적 실험이 완전히 실패한 마당에 실속 있는 사회적 협조가 대규모로 일어날 가능성은 별로 없어 보인다. 붕괴하는 사회의 커다란 조각들을 아무리 내 주위로 긁어모아도 붕괴의 운명을 피해갈 수는 없다. 근본적으로 새로운 상황에 적응하는 것은 어차피 아주 개인적인 차원에서 이루어질 수밖에 없다. 적응 과정은 아주 개별적이며 굉장히 심리적인 작업이라서 모르는 사람들하고 농담 따먹기를 하면서 할 수 있는 그런 일이 아니다. 사전 대비로 말할 것 같으면 누가 보더라도 당연히 해두어야 할 필요가 있는 몇 가지 조치들을 빼놓고는 조직을 이루어서 붕괴에 대비한다는 것은 부질없는 노릇이다. 구체적 상황을 예측한다는 것은 불가능하며 아무리 정밀하고 현실적인 계획을 짜놓는다 하더라도 결국 세부로 들어가면 조금만 상황이 달라져도 다른 사람들에게는 아무래도 좋은 내용이 나올 수밖에 없다. 조직들을 이루어서 단 하나의 본을 따라 준비하는 것은 부질없는 정도가 아니라 동반 몰락의 위험성을 더 높여 의도하지 않았던 결과를 낳을 수도 있다. 마지막으로, 어떤 계책의 효용성은 그 계책을 알고 또 써먹으려는 사람의 숫자에 반비례하는 법이다.

그렇다고 해서 혼자 틀어박혀 사는 것은 바람직하지도 않을뿐더러 대부분의 사람은 그렇게 살지도 못한다. 자기모순의 수렁에 빠지지 않게 균형감 있는 모습으로 사람들 앞에 나타나려면 어떻게 해야 할까?

세상 돌아가는 사정을 잘 알면서 과거와 닮지 않은 미래가 펼쳐진다고 해서 무서워하지 않고 그런 미래에 대비하려고 마음먹은 사람이로구나 하는 느낌을 다른 사람들한테 주려면 어떻게 해야 할까? 내 대답은 간단하다. 어떤 역할도 각본도 줄거리도 성격도 없다는 것이다. 그렇다고 해서 연기력은 있으나 마나라는 소리가 아니다. 그 반대다. 난세를 헤치고 나가자면 평소보다 남 흉내도 잘 내야 하고 드러나게 고분고분할 줄도 알아야 한다. 여러분이 앞으로 만날 사람 중에는 살기가 고달프니까 이렇게 먹고살기 힘들게 만든 사람을, '우리' 편이 아닌 누군가를 지목해서 욕하고 싶어하는 사람이 너무나 많을 것이다. 일신의 안전이라는 중요한 문제를 떠나서도 나한테 필요한 것을 가진 사람이 어떤 사람인지를 이해할 필요가 있고 또 나한테 필요한 것을 어떻게 손에 넣을 수 있는지도 따져보아야 한다. 이런 사람들은 제 코가 석 자이다 보니 나라는 사람한테, 나의 의견이나 지식에, 또는 나의 개성에 별로 관심을 보이지 않을 가능성이 훨씬 높다. 그런 사람들이 나한테 바라는 것은 자기들이 하는 생각에 공감해주는 것이다. 그들이 단순한 사람이라면 대강만 장단을 맞추어주어도 그들은 내가 자기들과 같은 편이라고 철석같이 믿고서 나를 해치기보다는 도와주려고 할 것이다. 하지만 힘도 막강한 데다가 눈치도 보통이 아닌 사람을 내 편으로 끌어들이자면 인물 분석에 몰입하면서도 적당한 거리를 둘 것을 요구하는 스타니슬라브스키의 연기론을 복습할 필요가 있다. 가장 바람직한 방법은 다른 사람들이 주인공으로 나오는 연극에 단역으로 출연하는 것이다.

철저한 파시스트 사회에서 개인에게 남은 유일한 자유는 철저한 파시스트처럼 보이게 행동하는 자유뿐이다. 가중되는 군사 통치를 통해서든 혹독한 형사처벌을 통해서든 아니면 그에 준하는 탄압을 통해서든, 점점 권위주의와 갈수록 빡빡해지는 사회적 통제로 나아가는 나라의 경우에도 다른 자유들이 아직 남아 있겠지만 그런 자유마저 실행에 옮기기란 점점 더 위험해진다. 주류의 생각과 많이 다른 정치적 견해를 공개적으로 표현하여 극단적 개인주의를 드러내는 행동은 아주 위험할 수밖에 없다. 가망 없는 일을 벌이다가 순교하는 사람의 역할을 맡고 싶다면 모를까 그렇게까지 위험을 무릅쓸 필요는 없어 보인다. 그리고 정말로 그런 역할을 맡고 싶어하는 사람이 과연 있을지도 의문이다.

정착민과 유목민

미국에는 나와 내 가족을 위해서 붕괴의 시나리오를 부드럽게 풀어갈 만한 길이 별로 없어 보인다. 나라 전체가 도저히 지속불가능한 쪽으로 너무나 깊숙이 나아가 버렸다. 이것은 엄청난 창의력을 요구하는 문제라서 우리도 이것을 심각히 고민해야 한다. 실제로 이런 문제를 심각하게 고민하는 사람이 있다. 이런 고민 저런 고민으로 생각이 창공을 날아다니다가 보통 내려앉는 자리는 결국 실존적 문제다. 어디에 닻을 내려야 거기 앉아서 거센 폭풍이 일어나는 동안 우리의 소중한 목숨을 보전할 수 있을까라는 문제다. 이 주에서 태어나서 학교는 다른 주에서 다니고 또 졸업을 하고 나서 정착은 또 다른 주에서 하는 것을 당연하게 여기는 나라에서 너무나 많은 사람들이 세상이 아주 뒤숭숭해지더라도 어딘가에 자기들을 먹여살려주는 특별한 곳이 있을 것이라고 생각하는 것이 놀랍기만 하다. 모르긴 몰라도 그들은 어쩔 수 없이 여기저기 떠돌아다니면서 살 것이다.

내가 만약 대도시에서 아파트나 콘도 같은 데 산다고 하자. 살아남자면 나는 자치단체에 기댈 수밖에 없다. 전기, 난방, 수돗물, 가스, 쓰레기 수거가 어느 하나라도 일주일 동안 끊기면 불편하기 짝이 없을 것이다. 이 중 두 개가 끊긴다면 악몽이고 세 개가 끊기면 그야말로 재앙이다. 식료품은 슈퍼마켓에서 조달한다지만 그것도 현금지급기의 도움을 받아야 하거나 계산대에서 신용카드를 쓸 수 있어야 한다. 깨끗한 옷은 빨래방에서 빨아 입을 수 있다지만 빨래방도 전기, 물, 천연가스가 있어야 굴러간다. 일단 모든 회사가 문을 닫고 아파트는 춥고 어둡고 (쓰레기 수거를 안 해가고 수세식 화장실을 못 써서) 썩은 내와 구린내가 진동하면 아무래도 보따리를 쌀 때가 왔다고 보아야 한다.

먼저 교외 주택부터 따져보자. 땅을 소유한 그런 집이 한 채 있는데 은행 대출로 장만한 집이긴 하지만 인플레로 화폐 가치가 떨어져서 융자금을 매달 갚아나가는 데 큰 어려움이 없다고 하자. 아니면 은행 빚도 없는 완전히 내가 소유한 집이라고 하자. 그런데 이 집이 교외의 어느 정도 개발된 주택단지의 일부분으로 들어가 있다면 세금 문제라든가 개발 제한 문제라든가 신경과민에 걸린 동네 주민들의 간섭이라든 가 골치 아픈 문제가 많을 것이고 경제 사정까지 악화되면 더욱 심각해 질 것이다. 자치단체들은 아무리 수지 타산이 안 맞아도 무작정 수도와 전기를 끊기보다는 요금을 대폭 인상할 것이다. 그리고 관내 부동산 가 치를 유지해야 한다는 잘못된 신념에 의해 두엄 더미라든가 옥외 변소 라든가 닭장이라든가 앞뜰에 심은 작물처럼 살아남는 데 꼭 필요한 필 수품을 동네 미관을 해친다는 이유로 철거를 요구할지도 모른다. 잔디 밭이나 골프장에 뿌려진 살충제와 제초제의 잔여 독성도 무시할 수 없 다. 따라서 교외는 일찌감치 포기하는 것이 좋다.

교외 주택보다는 작은 농장이 식량을 조달하기에는 조금 더 낫다. 그 러나 미국에 있는 농장은 대부분 은행 빚이 만만치 않고 생산량을 높여 서 은행 빚을 갚으려고 비료, 제초제, 농약으로 도배를 한다. 그렇지 않아도 정자 수가 적은 남자가 건강을 누리면서 살기에는 부적당한 곳 이다. 작은 농장은 보통 외딴 곳에 있어서 휘발유나 경유를 제때 채워 넣기도 어려울 만큼 고립된 곳이 많다. 물물교환도 하고 도움도 얻고 말동무라도 사귀려면 천생 이웃이 있어야 한다. 아무리 작은 농장이라 도 농사짓기가 버거울 만큼 땅이 넓다. 수확물을 시장에 내다팔 수단이 마땅치 않고 믿고 거래할 만한 현금 경제가 부재하는 상황에서는 구태 여 식량이 남아돌게 생산할 이유가 없다. 몇 십 평이면 뒤집어쓰고도 남을 텐데 몇 만 평에다 농사를 짓는 것은 낭비다. 많은 러시아 가정이 보통 1소트카 넓이의 땅에 채소를 심어서 살아남았는데 1소트카는 겨우 30평이다.

정착하기에 가장 바람직한 곳은 소도시나 마을로 보인다. 1,200평이 조금 넘는 농지로 30명 정도를 먹여 살리고 토지의 지속가능하고 공정한 활용을 위해 만들어진 권역 규제도 없고 자본 투자, 성장, 부동산 가격 상승, 기타 '개발' 기회가 없는 비교적 조밀한 정착지가 살기에 안성맞춤이다. 또 주민들이 서로를 잘 알아서 서로서로를 기꺼이 도와주려고 하는 곳, 그러니까 진정한 의미의 공동체라야 한다. 미국도 가난한 지역에는 아직도 그런 공동체가 몇 백 군데 여기저기 틀어박혀 있을 것이다. 하지만 많지는 않다. 그리고 워낙 가난해서 대규모 경제 난민을 흡수할 여유가 없다.

그렇지만 한 군데 붙박여서 해마다 얼마 안 되는 양의 작물 생산에만 기대는 것은 위험하다. 아무리 식량을 확보하기 위해서 계획을 잘 짜두었다 하더라도 기상 이변으로 농사를 망치면 말짱 헛일이다. 강도들로부터 자기의 안방을 지키자면 무기가 있어야 하고 훈련도 받아야 하며 짜임새 있는 조직을 갖추어서 순찰도 돌고 감시도 해야 한다. 그런데 자기만의 요새에 갇혀 사는 작은 사회는 포위당했다는 의식에 너무 젖어버리게 되면 세상과 절연하고 집단 피해망상증에 빠져들지도 모른다. 비좁은 공동체 안에서 복작거리며 살다 보면 다양한 관심과 기술을 가진 사람들도 폭넓은 시야를 갖기 어려워져서 자연히 의기소침해지고 기력을 잃는다. 먹고살기가 힘들어지면 사람들은 배타적으로 바뀌어 타지인을 배척하는 경향이 있다. 그렇기에 웬만큼 안정된 공동체 안으로 끼어들거나 그 주변에서 터전을 잡는 것도 여간 어려운 일이 아니다.

갈 만한 곳은 많아도 막상 눌러앉을 만한 곳은 단 한군데도 없을지 모른다. 불확실한 시간에 대비하여 최종 거주지를 찾아나서는 것은 무덤을 파고 그 옆에 앉아서 때가 오면 멋진 사람이 자기를 그 안으로 툭 밀어 넣어주기를 기다리는 돈키호테와도 같은 행동이다. 우리는 에덴 동산을 되찾으라는, 새로운 예루살렘을 건설하라는 목소리에 이끌릴지도 모르고 아니면 세상의 모든 악과 부패를 뒤로 하고 야생 한복판의 허름한 통나무집으로 도피할지도 모른다. 하지만 그런 데로 피신했다 하더라도 얼마 못 가서 다시 거처를 옮겨야 할 필요성을 느낄 것이다. 아니면 잠시라도 어딘가 다녀와야 할 필요성을 느낄 것이다.

물론 영구적인 활동 기지를 가진다는 것은 좋은 일이지만 기왕이면 그런 거처를 두 개나 세 개 가지면 더욱 좋다. 이렇게 여러 군데의 거처를 떠돌아다니면서 살면 여러모로 유리하다. 주민들이 아무리 배타적이더라도, 구하기 힘든 물건이라든가 세상 돌아가는 이야기라든가 여분의 부속품이라든가 고물 기계를 수리하는 노하우라든가 마음을 가라앉혀주고 달래주고 벌레를 없애주는 마법의 약처럼 뭔가를 가지고 나타난 낯익은 사람은 환영받게 마련이다. 유목민은 아무래도 상황 감지력과 위험 감지력이 남보다 발달하게 마련이어서 상황이 악화되어 옴짝달싹 못하기 전에 빠져나갈 가능성이 높다. 정착 공동체에서는 하루 걸어서 닿을 수 있는 거리에 있는 자원은 금세 동이 나겠지만 유목민은 돌아다니면서 필요한 것을 모아들일 수가 있고 훨씬 열악한 상황에서도 살아남을 수가 있다. 적어도 겨울 캠프 하나 여름 캠프 하나씩은 유지하는 것이 현명하다. 계절마다 필요한 것과 할 수 있는 것이 많이 다르기 때문이다. 여름은 밖에서 시간을 많이 보내는 계절이다. 자연이 잠시 안겨주는 전리품을 모아들여 쌓아두었다가 나중에 쓸 수도 있고, 여러 가지 할 수 있는 일이 많다. 겨울은 혹독한 추위를 피해 가만히 지내면서 모아둔 것을 지키고 쓰면서 물건을 수선하는 계절이다.

화석연료를 쓰는 교통수단이 없으면 여행은 태고의 유기적 형태로 돌아갈 것이다. 사람들은 포장이 안 된 산길이나 배가 다닐 수 있는 수로로 이동할 것이다. 걸어서 다닐 때는 노새나 당나귀 같은 동물에게 식량을 싣고 가면서 짬짬이 풀도 먹일 것이다. 해상 운송에는 다시 돛단배나 노 젓는 배가 각광받을 것이고 운하와 물살이 느린 강에서는 동물이나 사람이 바지선을 끄는 모습도 보일 것이다. 추운 곳은 물길이 꽁꽁 얼어붙으면서 마찰이 없는 반질반질한 표면이 만들어진다. 그러면 겨울철 교통수단으로는 아주 그만이다.

정착 공동체는 유목민을 언제나 불신하므로 내가 유목민이라는 사실은 절대로 밝히지 않는 쪽이 좋다. 가령 내가 A와 B를 오가면서 살아야 한다면, A에 사는 사람들은 나의 항구적 거처가 B라는 사실을 당연하게 받아들일 것이며 그 반대도 마찬가지다. 정착민은 유목민으로 살아간다는 것이 어떤 것인지 감을 못 잡을 때가 많다. 그러므로 외지인에 대한 혐오감을 불러일으키지 않기 위해서라도 상대방의 상상력을 자극하지 않는 것이 바람직하다. 정착민은 고향으로 돌아가려고 애쓰는 사람에게 본능적으로 연민을 느끼게 마련이다. 나그네한테서 느끼는 그런 연민을 불러일으키기 위해서라도 나는 집이라고 부를 만한 곳을 가질 필요가 있다. 설령 그 집이 나의 과거나 머리에만 존재하든가 아니면 내가 넝마에 싸서 들고 다니는 비상용품에 지나지 않는다 해도 말이다.

낡은 시스템이 무너져 내리고 낡은 행동 방식이 더 이상 먹혀들지 않는 세상에서 미리 궁리한다고 해서 지내기에 괜찮은 곳을 찾을 수 있지는 않다. 오히려 우연히 찾아낼 가능성이 더 많다. 그런 우연이 닥치기 전까지는 그저 부지런히 다니는 것이 상책이다.

Reinventing Collapse

6

어떤 직업이 좋을까

붕괴 이후의 경제 환경은 경력이나 성공 같은 개념을 중심에 놓고 열심히 고민할 만한 일이 아니다. 그런데 정말로 그럴까? 정상적인 상황에서는 대부분의 미국인이 달마다 가까스로 빚을 갚아나가면서 익사당하지 않으려고 발버둥치고 반면 극소수의 부유층은 더 부자가 된다. 붕괴가 일어나면 보통 사람은 더 버텨낼 수가 없다. 아무리 부자라도 가치 폭락으로 투자에서 큰 손해를 보고 재산을 약탈당하면 앞날이 순탄치 않을 것이고 앞뜰에서 철썩거리는 꾀죄죄한 사람들의 파도가 고귀한 자신들에게 닿지 못하도록 거리를 두는 것에도 점점 어려움을 느낄 것이다.

하지만 세 번째 범주에 들어가는 사람도 있다. 때마침 적재적소에 있어서 뜻밖에 이득을 얻은 사람들이다. 즉 비축해놓은 재고품처럼 실물로 존재하는 물자에 직접 접근할 수 있는 사람들이다. 혹은 안전한 거처와 음식물, 교통편이나 의료 지원을 제공하는 시설을 바로 이용할 수 있는 사람들이다. 이들은 주로 이런 비축품이 드러나지 않게 하는 데 신경을 쓸 것이다. 흉흉한 세상에서는 사람들에게 알려지지 않는 것만으로도 안전의 절반이 보장된다. 그런가 하면 세 번째 범주보다 좀 더 큰 네 번째 범주에 들어가는 사람도 나올 것이다. 누구에게나 필요한 기술을 가진 사람, 경제가 원활하게 굴러가야만 빛을 보는 것이 아니라 언제나 도움이 되는 기술을 미리 익혀둘 만큼 선견지명이 있는 사람이다. 손으로 쓰는 재래식 연장(전기를 동력으로 쓰는 공구는 별로 쓸모가 없다) 일습을 갖춰두는 데 투자한 목수라든가 약국이 털리기 전에 재빨리 집에다 약을 모아두었기에 부업으로 산파를 할 만큼 배짱이 있는 산부인과 의사가 그런 범주에 들어간다. 마지막으로, 대다수 사람들은 돈벌이가 되지 않더라도 전문직을 유지하길 원할 것이다. 의료 마케팅 전문가는 붕괴가 일어나면 의료 마케팅 전문가 출신의 전문 막노동꾼으로 변신하겠지만, 19세기 초 프랑스 낭만주의 전문가는 먹고 살아야 하니까 이따금씩 힘든 막노동으로 품을 팔긴 해도 자신의 전문 지식을 나누면서 여전히 한없는 기쁨을 누릴 것이다. 경제가 제대로 굴러갈 때만 빛을 보는 전문직은 일과성 전문직이다. 그렇지만 애당초 돈벌이와는 거리가 멀었던 전문직은 별로 잃을 것이 없으니까 경제가 붕괴해도 최악의 상황은 겪지 않을 수 있다.

대다수 전문직은 경제가 붕괴하면 앞날이 막막하다. 가령 변호사, 성형의, 정신과의, 패션전문가, 재정전문가의 수요는 급감할 것이다. 이런 전문가들한테 돈을 주고 일을 맡길 만한 형편이 되는 중산층이 갈수록 줄어들기 때문이다. 마찬가지로 판매나 영업 관련 전문직도 줄어들 것이다. 반면에 미수금회수원이라든가 경매인이라든가 장의사 같은 직종은 당분간 수요가 많을 것이다. 직업을 바꾸든지 바꾸지 않든지 간에 남는 장사를 해야 한다. 한동안은 열심히 일하면서 나중에 밖으로 나가서 지속가능한 방식으로 살기 시작할 때 필요한 것을 비축해야 한다. 실속도 못 챙기고 흙탕물에 뛰어드는 것처럼 어리석은 일도 없다. 어떻게든 하나라도 더 쌓아두어야 할 판에 자기 재산을 드러내면 위험하다. 자신이 관리하고 축적해야 할 재산을 노출해도 위험하다. 요즘 사람들은 자금이라는 러닝머신 위에서 끝없이 달리지만 그렇게만 해서는 더 이상 살아남을 방도가 없다.

자산 청산

경제가 붕괴하고 나서 러시아를 한동안 휩쓴 도매 사업이 있었다. 바로 자산 청산업이었다. 미국으로 치면 가령 이런 식이다. 나에게 교외 부동산에 대한 법적 권리 혹은 무제한 접근권이 있다고 가정하자. 이곳은 대중교통이나 자가용으로는 들어갈 수가 없고 자전거로 가기에는 너무 멀다. 지금은 몽땅 문을 닫았지만 가까운 상점가에서 쇼핑을 하든 상근직 통근자들의 거주용으로도 재산증식용으로도 더 이상 소용이 없는 부동산이라고 치자. 융자금을 못 갚아서 차압당하고 소유권이 넘어간 집에서 사방을 판자로 둘러치고 썩게 내버려두는 것 말고 무엇을 할 수 있을까? 쉽게 쌓아올린 것은 그만큼 쉽게 허물어진다.

이런 상황에서 할 수 있는 일이라곤 값어치가 있어 재활용이 가능한 것은 무엇이든 벗겨내서 자재로 팔아치우거나 쟁여두는 것이다. 길거리와 벽에서 구리를 뜯어낸다. 차도와 인도를 가르는 연석이나 전신주를 들어낸다. 건축 외장재도 뜯어낸다. 유리섬유 절연재도 벗겨낸다. 특히 멋진 욕실 설비는 외환 부족으로 수입선이 못 들어올 경우에 어딘가에서 새로운 용처를 반드시 찾아낼 수 있을 것이다.

무언가가 사라진 풍경에서 느껴지는 난폭함은 경악스럽다. 상트페테르부르크에 도착한 어느 여름이었다. 보아하니 내가 없는 동안 그곳에는 새로운 재앙이 엄습해 있었다. 수많은 맨홀 뚜껑이 어디론가 사라져버렸다. 맨홀 뚜껑을 어디로 없앴는지 그걸 떼어다 누가 수익을 얻었는지는 아무도 몰랐다. 몇 달치 월급을 못 받은 시청 공무원이 그것들을 떼어다 집에 갖다 놓고 나중에 월급을 받으면 돌려놓으려 했을 거라고 추측하는 사람도 있었다. 맨홀 뚜껑은 결국 다시 나타났으니 이 추측이 어느 정도는 들어맞은 셈이다. 도시 곳곳에 짐승을 잡으려는 덫처럼 아가리를 벌린 맨홀이 어찌나 많은지 자동차를 몰려면 아주 천천히 조심스럽게 맨홀 하나하나를 피하면서 운전하거나 아니면 울퉁불퉁한

도로의 충격을 흡수해주는 자동차의 충격흡수장치가 제대로 작동하리라 믿고 목숨 걸고 아주 빠르게 달려야 했다.

붕괴 후 러시아의 주택 재고는 그런 대로 유지되었지만 다른 형태의 자산 청산 열풍이 몰아닥쳤다. 재고 물품만이 아니라 공장 전체를 홀라당 벗겨서 수출했다. 민영화라는 이름 아래 러시아에서 일어난 일은 별도의 책으로 다룰 만한데 이것을 '민영화'라 말하느냐 '청산'이라고 부르느냐 '착복'이라 말하느냐, 그 호칭은 중요하지 않다. 원래 용도로는 가치가 없어진 물건에 대한 법적 권리를 지닌 사람은 그 물건에서 가치를 뽑아내는 길을 찾고야 말 것이고, 그렇게 해서 그 물건의 값어치를 더욱 떨어뜨릴 것이다. 버려진 교외 주택 단지는 주거용으로는 가치가 없을지 모르지만 유독 폐기물 하치장으로는 여전히 쓸모가 있을 것이다.

지구상에 기름 없이는 하루도 살 수 없는 나라가 무너진다고 해서 세계 모든 지역에서도 똑같이 상황이 나빠지는 것은 아니다. 소련의 예에서 보듯이 국가가 통째로 매각 대상이 되면 구매자는 어딘가에서 불쑥 튀어나와 상자에 넣어서 실어간다. 처음엔 가구나 설비, 예술품, 골동품 같은 고가의 물품을 빼낼 것이다. 마지막으로 남은 산업 활동의 자투리는 대개 고철 사업이다. 아마도 난숙한 공업 단지가 들어섰던 자리에서 사람 손으로 떼어낼 수 있는 고철은 끝이 없을 것이다.

술과 마약

러시아인과 미국인에게는 상당히 놀라운 공통점이 있는데 그것은 바로 자가치료 습성이 있다는 점이다. 러시아인은 전통적으로 보드카에 일편단심 애정을 퍼붓고 미국인은 모르긴 몰라도 대마초까지 손을 대고 싶어한다. 코카인도 미국 문화에 상당히 큰 영향을 미쳤고 아편도 마찬가지다. 차이점도 있다. 러시아인은 혼자서 술 마시기를 꺼리는 편이고 공공장소에서 술을 마셨다거나 만취했다고 해서 붙들려가지는 않는다. 러시아인에게 취하는 것은 신성불가침의 권리에 가깝다. 미국인에게 음주는 죄책감을 불러일으키는 쾌락이다. 살면서 불행을 느끼는 많은 미국인은 상황에 밀려 음주 운전으로 빠져들지만 그렇다고 해서 본인은 물론이거니와 다른 운전자와 보행자(아직도 미국에 보행자가 있는지는 모르겠지만)의 불행이 줄어드는 것은 아니다.

러시아인은 공공장소에서 부어라 마셔라 할 수가 있다. 주당들은 애국심이 우러나는 노래를 부르며 비틀대다 눈 쌓인 강둑에 쓰러져 얼어죽거나 취객보호소로 실려 가기도 한다. 하지만 이런 일로 후회하는 법은 없다. 저술가이며 편집자인 헨리 루이 멩켄의 책을 읽어보면 미국도 한때는 음주 천국이었다. 소송이 시작되는 법정에서 위스키병이 나돌았고 음주 배심원이 음주 평결을 내리기도 했다. 그러나 1920년에 발효되어 1933년에 폐지되었던 금주법은 이 모든 것을 없애버렸다. 러시아에서는 금주법이 음주와의 전쟁에서 나라를 구하고자 했던 고르바초프 통치 시절 몇 년 동안만 지속되었다.

경제가 무너지면 어디서나 주당들은 취해야 할 이유를 더 찾아내겠지만 술 조달 자금은 더욱더 바닥날 것이다. 러시아에서는 시장에 기반을 둔 혁신적 해법이 재빨리 등장했는데 내 눈으로 운 좋게 그것을 목격할 기회가 있었다. 때는 여름이었고 나는 상트페테르부르크를 빠져나가는 전기 기차를 타고 있었다. 사람들이 하도 많아서 나는 객차와 객차를 잇는 연결 통로에 서서 유리가 없는 차창 너머로 비 온 뒤 무지개를 바라보고 있었다. 얼마 안 가서 복도 안의 어떤 움직임이 내 시선을 끌었다. 기차가 역에 설 때마다 밀주 항아리를 인 할머니들이 객차 문으로 다가와 안에서 기다리던 술에 굶주린 손님들에게 냄새를 맡게 했다. 가격과 질이 재빨리 논의되었고 한 뭉치의 돈다발과 함께 합의된 양이 밀주 항아리에서 술잔으로 분배되면 기차는 다시 움직였다. 그 자리는 꽤 긴장감이 돌았는데 돈을 낸 손님도 있었지만 무임승차한 사람도 있었고 무임승차한 사람도 자기 몫의 공간을 차지할 자격이 있다고 생각했기 때문이다. 나는 떠밀리다시피 하면서 얼마 못 가서 객실로 돌아와야 했다. 무임승차한 사람들은 통로가 자기들 차지라고 여기면서 나 때문에 아까운 자리를 빼앗겼다고 생각했다.

밀주를 만들 줄 아는 사람이 아직 시골에는 조금 있겠지만 미국은 대량 생산된 캔맥주와 병맥주 아니면 술집에서 플라스틱잔이나 유리잔에 담아서 내놓는 독주에 중독된 듯하다. 주와 주 사이로 물자를 실어 나르는 수송 수단이 여의치 않아서 이런 술이 바닥나면 지역 양조업자들은 틀림없이 사업을 계속할 것이고 기존 수요와 신규 수요에 맞춰 생산을 늘리겠지만 알아서 술을 담아먹어야 하는 경우도 많을 것이다. 대마초 소비는 한층 더 늘어날 것으로 보인다. 마약은 술보다 사람을 덜 폭력적으로 만든다는 점에서는 좋지만, 식욕을 자극하므로 먹을 것이 많지 않을 때는 고역이다. 그래도 곡물과 천연가스와 복잡한 화학 공정이 필요한 술보다는 마약이 생산비가 훨씬 싸게 먹힌다.

모든 점을 고려할 때 미국에서는 붕괴 이후 자산청산, 치안과 함께 술과 마약이 단기적으로 가장 수지가 맞는 사업으로 등장하리라고 보아야 한다.

방범

소련 붕괴 후 치안은 어쩐지 느슨했다고 본다. 나는 아무런 해도 입지 않았지만 내가 아는 사람 중에 그렇지 않은 경우도 꽤 있었다. 어릴 적 내 여자 친구와 그 아들은 합쳐봐야 고작 100달러 정도 되는 돈 때문에 아파트에서 살해당했다. 내가 아는 한 노파는 집 바깥에서 기다리고 있던 강도한테 당해 턱뼈가 부서졌고 강도는 폭행한 뒤 열쇠를 빼앗아 집을 몽땅 털어갔다. 이런 사례는 끝도 없다.

제국이란 폭력과 폭력의 위협으로 지탱된다. 미국이나 러시아는 예전에도 그랬고 지금도 역시 폭력을 사용하는 데 일가견이 있는 일군의 충복이 나라를 섬긴다. 바로 군인과 경찰과 교도관과 사설경호원이다. 두 나라 모두 사람 죽이는 전투 경험이 있는 사람들이 남아돈다. 이들은 전투 경험으로 내면이 망가져서 인간의 생명을 앗아가는 데 아무런 양심의 가책을 느끼지 않는다. 두 나라에는 공격이든 방어든 폭력을 휘두르는 데 도가 튼 사람이 많다. 물불을 안 가리고 이들은 청부 폭력의 집행자로 고용되거나 스스로의 이권을 챙기려고 폭력을 휘두를 것이다. 물론 기왕이면 고용되는 쪽을 선호할 것이다.

경제가 붕괴하면 이렇게 폭력 성향을 가진 사람들은 넓은 의미의 사설경호원이라는 범주에 저절로 들어간다. 이들은 자기네 패거리에게 일거리가 많이 돌아오게끔 만드는 재주가 있다. 내가 그들을 고용하지 않아도 그들은 일을 벌일 것이다. 다만 나를 위하는 일이 아니라 나를 해치는 일을 할 것이다. 온갖 종류의 크고 작은 협박이 쏟아져 들어온다. 그리고 만일 나에게 지켜야 할 재산이 있다거나 안 되는 일을 되게 해야 하는 이유가 있다면, 사설경호원들이 탈 없이 잘 지낼 수 있도록 하는 데 나의 시간과 정성을 엄청나게 쏟아 부어야 한다. 폭력 성향을 가진 집단으로 마지막으로 하나 더 꼽을 수 있는 부류는 수많은 범죄자다. 형량을 모두 마치고 나오는 전과자도 있겠지만 감옥이 넘치고 자원이 모자라니까 당국이 야생으로 풀어주는 전과자도 있을 것이다. 이들은 다시 예전처럼 폭력 범죄를 저지르면서 살아간다. 하지만 이제는 아무도 그들을 도로 가둘 수가 없다. 재정난으로 공권력 집행 기제가 와해되었기 때문이다. 결국 사설경호원 수요는 더욱 늘어나고 사설경호원을 둘 수 없는 사람은 더욱 위험에 처한다.

방범을 맡은 사람과 깡패는 두부모 자르듯 나눌 수가 없다. 방범을 맡은 사람은 깡패를 부리거나 없앨 줄 아는 사람이다. 그러므로 방범을 잘 모르는 사람은 개인보다는 조직에게 일을 맡겨야만 한다. 방범 수요는 엄청나다. 악에 받친 사람이 워낙 많이 돌아다녀서 감시를 소홀히 하면 다 훔쳐간다. 방범 관련 활동은 범위가 아주 넓다. 잠이 없는 할머니가 오이 텃밭을 밤새도록 지키는 것도 방범이고 자전거 주차장 경비원이 하는 일도 집 봐주는 사람이 하는 일도 방범이다. 물론 무장 호송대원이나 옥상의 무장 경비원이 맡은 일도 방범이다.

국가를 위한 봉사

직업을 바꾸긴 해야겠는데 공식 경제의 울타리 안에 남고 싶다면 국책 사업 분야에 몸을 담아서 공무원 부패와 독직, 정치권의 비호를 받는 조직범죄로부터 생겨나는 무궁무진한 기회를 노려볼 만하다. 이 방면은 틀림없이 실속 있게 성장할 것이다. 아주 값비싼 무기 시스템에서부터 고가의 화장실 변기에 이르기까지 온갖 분야에서 정부가 보유한 엄청난 양의 재고품을 팔아치우면 때로는 거금을 챙길 수가 있다. 국제 거래에 조금 경험이 있는 사람이라면 미국 정부가 처분하는 자산을 구입할 만한 외국인을 얼마든지 쉽게 찾아낼 수 있을 것이다.

정부 쪽 일은 한동안은 괜찮아 보여도 결국 규칙과 규정을 지켜야 하고(적어도 지키는 척이라도 해야 하고) 방침을 따라야 하고 보고도 못 본 척해야 하고 정치도 할 줄 알아야 한다. 무언가 유익한 일을 해냈다는 데서 얻는 만족감 같은 것도 잘 느끼기 어렵다. 뿐만 아니라 수십억의 공적 자금을 거의 견제 받지 않고 꿀꺽꿀꺽 삼킬 수 있는 먹이 사슬의 꼭대기에 있지 않으면 딱히 수입이 짭짤한 것도 아니다. 정부의 부패에서 한몫 챙긴다는 것은 위험 부담이 크며 연줄이 아주 든든한 사람이 아니면 함부로 나설 만한 일이 아니다.

공무원이 되더라도 연방 첩보 보안 분야는 피하는 것이 좋다. 그쪽 사람들은 너무 멍청하기 때문이다. 무능한 미국의 첩보 보안 기관은, 요원들의 자질이 뛰어났고 무서울 정도로 유능했던 소련의 KGB 근처에도 따라오지 못한다. 냉전 때 미국 정보부의 주요 활동 가운데 하나는 어쩌다가 입수한 애매모호한 자료를 멋대로 해석해서 소련의 위협을 부풀리는 것이었다. 그렇게 해야만 자기네가 쓰는 예산과 국방부에서 자기네 동료들이 쓰는 예산이 정당화되기 때문이다. 소련 첩보부에서 일하다가 CIA 자문역으로 돌아선 사람과 이야기를 나눈 적이 있는데 그 사람은 사석에서 CIA를 "아주 멍청한 조직"이라고 불렀다. 그가 자문을 해준 사람들―소련의 붕괴를 예상 못한 크렘린 전문가들―이 다른 사람들보다 좀 더 멍청한지는 몰라도 전체적으로 미국 첩보부는 정치에 휘둘리고 무능하고 방만하고 실속이 없다는 인상을 준다. 2001년 9월 11일의 공격을 적발하거나 방지하기는커녕 사건이 일어난 다음에도 제대로 이해하지 못한 무능력은 CIA의 평판에 명백히 타격을 주었다. 테러는 미국에서 일어나는 주요 사망 원인이 아닌데도 (살인 사건으로 죽는 사람을 나타내자면 9·11 수준의 공격이 한 달에 한 번꼴로 일어나야 할 것이다) 미국의 보안부서는 그만큼 절박한 처지에 몰렸기 때문에 과잉 반응을 보였다. CIA는 날이 갈수록 덩치도 커지고 주제넘게 간섭하는 일도 많아지는데 도무지 똑똑해진다는 징후는 안 보인다. CIA의 성장은 아무래도 치명상을 입은 짐승이 죽기 전에 마지막으로 벌이는 광란의 식탐처럼 보인다. KGB 요원들은 워낙 유능했고 조직력이 있었으므로 붕괴가 일어난 다음에도, 러시아 정부에서 비중 있는 역할을 계속 맡았다. 하지만 불운한 미국 스파이들을 기다리는 것은 그런 행복한 결말이 아닌 듯하다. 연방 예산에서 먼저 바람이 새나가기 시작하면 그들의 명운도 오그라들 것이다.

대체 의학

의료 암시장은 벌이가 아주 짭짤하지는 않아도 꽤 흥미로울 가능성이 높다. 현찰 박치기로 굴러가는 지하경제는 필연적으로 약품을 포함시킬 것이다. 미국에서는 약이 너무 비싸고 처방전 없이 살 수 없는 약도 많다. 그런데 이런 약은 지하 실험실에서 만들 수도 있고 다른 나라에서 사서 대량으로 들여올 수도 있다. 뿐만 아니라 서양 약이 전혀 듣지 않거나 잘 안 듣는 사람이 해마다 늘어나고 있고 전통약 조제법을 익히는 사람도 늘어나고 있다. 전통약에는 희귀한 성분이 들어갈 때가 있지만, 많은 종류의 약초가 웬만한 곳에서 기를 수 있고 재배법도 까다롭지 않다. 그냥 잡초라고 생각하면 된다. 일단 서양 의학과 서양 의학이 의존하는 제약산업이 기울기 시작하면 전통 의학이 득세할 가능성이 높다.

암시장 약품이 웬만큼 돈벌이가 된다면 암시장 진료는 어떨까? 어느 시점에 가면 사무실 방문도 이루어질 것이고 심지어는 수술도 처음에는 '무료 진료'로 시행될 것이다. 한 번 더 와주기를 바랄 경우 그때는 '선물'을 제공해야 할 것이다. 지금 미국의 의사들은 변호사, 보험회사, 제약회사 사이에서 샌드위치 신세가 되어 있다. 일단 돈벌이의 기회가 사라지면 남는 것은 의사뿐이다. 의료 행위에 꼭 필요한 사람은 의사와 간호사 말고는 없기 때문이다. 의사는 다시 가가호호 다니면서 뭐든지 받고서 진료할 것이다. 돈도 받고 심지어는 먹을 것도 받겠지만 환자가 불쌍해서 봐주는 의사도 있을 것이고 도움을 주고 존경을 받고 싶어서 일하는 의사도 있을 것이다. 의사들은 약품이 동나기 전에 약초를 기르고 다루는 안목을 익혀두는 것이 여러모로 좋을 것이다.

새로운 이동수단

내가 1990년 여름 상트페테르부르크에 있었을 무렵 운전자들은 연료 난에 시달리고 있었다. 문을 연 주유소가 얼마 안 되다 보니 주유소마다 길게 줄을 섰고 설상가상으로 10리터 이상은 살 수가 없었다. 그래서 많은 운전자들이 기름을 구하느라 적잖은 시간을 허비했다. 소매유통망과는 다른 경로를 통해 할당량을 배정받은 이런저런 정부 창고를 통해 흘러나온 휘발유를 암시장에서 사는 재주를 가진 사람도 있었지만 그 경우에는 암시장 가격을 지불해야 했다. 운전자들에게는 고역이었지만 비운전자들에게는 굴러들어온 복이었다. 거의 모든 승용차를 말하자면 택시처럼 이용할 수 있었다. 차를 얻어 타고 싶으면 길가에 서서 그저 손만 쭉 뻗으면 그만이었다. 그러면 몇 분도 안 가서 차 한 대가 와서 섰다. 운전자는 어디까지 가느냐고 물을 뿐이다. 그뿐이었다. 협상하고 자시고 할 것도 없었다. 가는 길이면 태워주고 아니면 안 태워주었다. 운전자는 요금도 말했는데 대개는 2~3루블이었으니 아주 싼 편이었다. 몇 년 뒤 휘발유 사정이 좋아졌을 때는 내가 길가에 마음먹고 하루 종일 서 있었다 하더라도 그런 식으로는 아무 데도 못 갔을 것이다.

길가에 손을 들고 하루 종일 서 있는 것은 바로 휘발유난이 찾아들었을 때 우리가 미국에서 보게 될 상황이다. 이 세계에서 승용차가 없으면 미국만큼 돌아다니기 어려운 나라도 없다. 대중교통은 드물거나 아예 없고 남들의 도움도 거의 기대하기가 어렵다. 늘 그랬던 것은 아니다. 20년 전만 하더라도 아직 히치하이킹으로 미국을 돌아다닐 수가 있었다. 기름을 못 구해서 발이 묶인 사람이 늘어나면 아무래도 히치하이킹이 되살아날 것이고 다양한 합승편이 등장할 것이다. 승객들을 앉히기보다 세워서 태우고 간다든지 픽업트럭 뒤 칸에 빼곡히 앉혀서 싣고 간다든지 하는 것에는 분명히 효율적인 면이 있다. 쿠바는 목재를 수송하는 트럭처럼 화물칸이 긴 트럭으로 자전거 이용자들을 하바나 여기저기로 잘만 실어 날랐다. 보나마나 이런 식의 해결책이 수없이 쏟아져 나올 것이다. 다만 영업규제와 공중안전법을 어떻게 유예시키고 사고가 났을 경우 변호사가 소송을 못하도록 어떻게 입막음을 하느냐가 관건이다. 이동수단이 아무리 안전하지 않더라도 이동수단이 아예 없는 것보다는 낫다.

아무런 이유 없이 승객들이 억류당하고 수색당하고 소지품을 압수당하고 승객을 가득 태운 비행기가 며칠씩 활주로에 묶여 있고 악천후가 닥치면 밤이고 낮이고 공항을 못 뜬다는 괴담이 아무리 퍼져도 여전히 많은 사람이 비행기를 즐겨 이용할 것이다. 그러나 여객기를 노린 테러 경보가 자꾸만 발생하면 공항의 안전 조치는 갈수록 엄격해질 것이다. 부시 대통령에게 구두를 던진 이라크 기자는 하나의 물꼬를 튼 셈이었다. 얼마 안 가서 이념적으로 혼란을 느낀 또 한 명의 무명인이 비행기표 한 장을 들고 일평생 미국 납세자의 돈으로 감옥에서 숙식을 제공받는 것이 남는 장사라고 판단한다면, 뻔한 수순에 따라 항문에 폭탄을 넣거나 넣은 척하고 "허걱, 내 몸 안에 폭탄이 있는 거 같아!" 하면서 즐거운 기내 분위기에 찬물을 끼얹었을지도 모른다. 이런 일이 터지면 그 다음부터는 승객의 항문 검사도 할 것이고 그 일은 국토안보국에 채용되어 훈련받은 고등학교 중퇴자들이 열심히 해낼 것이다. 한때 비행기 여행은 가장 용감한 사람만 하던 시절이 있었는데 이제 다시 그 시절로 돌아가는 것이다.

차로 다니기도 싫고 비행기로 다니기도 싫은 사람은 아직도 열차편으로 나라 여기저기를 꽤 다닐 수 있다. 그렇지만 그동안 너무나 관리를 안 해서 워싱턴과 보스턴을 잇는 북동회랑선처럼 승객이 많은 노선도 느리고 연착이 잦을 것이다. 아셀라 고속열차처럼 철도망에 새 바람을 불어넣으려는 시도는 낡아빠진 철로, 관료화된 조직, 아셀라를 세계에서 가장 무거운 고속열차로 설계할 수밖에 없도록 만든 고루한 법 조문으로 말미암아 난항에 부딪쳤다.

연료난은 틀림없이 닥치겠지만 설령 연료가 모자라지 않는다 하더라도 미국의 교통 기반은 이미 안 좋다. 그리고 앞으로 더 안 좋아질 것이다. 그래도 돌아다니고 싶은 사람에게는 어떤 선택지가 있을까? 열기구처럼 그야말로 이색적인 교통수단 말고 그런 대로 안전하고 실용적이고 편하고 널리 이용할 수 있는 이동수단이라면 요트와 자전거 딱 두 가지다. 요트와 자전거는 궁합이 잘 맞는다. 요트는 자전거를 실을 수 있다(자전거를 분해해서 방수포에 넣어서 구명밧줄에 잘 묶어둬야 하니까 좀 귀찮기는 하다). 요트는 어디나 갈 수 있고 여러 달 분의 식량을 실을 수 있다. 자전거가 있으면 다시 식량을 구하러 내륙으로 몇 백 킬로미터까지도 들어갈 수 있다.

요트는 사치품이라서 부자나 탈 수 있는 것이라고 생각한다면 차압된 요트가 없는지 알아보라. 몇 달치 집세만 있으면 집세 걱정을 안 해도 되는 떠다니는 새 집을 장만할 수 있을 것이다. 그래도 아직 비싸다 싶으면 그냥 기다리면 된다. 요트 시장은 점점 안 좋아질 것이다. 일단 배를 타면 물 위에서는 사람들이 거의 예외 없이 친절하기에 물길 때문에 열 받는 일은 없다는 사실을 깨달을 것이다. 또 여럿이 있으면 안전하다. 요트 타는 사람과 자전거 타는 사람은 서로를 지켜주는 경향이 있다. 사방이 물로 에워싸여 있으니 굉장히 안전하고 사생활도 침해받지 않는다. 물가에서 몇 미터만 물 쪽으로 나아가도 배 없는 사람은 상상도 못할 만큼 별세계에 와 있는 듯한 느낌을 받을 것이다.

가정의 사회복지

붕괴를 코앞에 둔 서비스 경제에서 꽤 잘사는 동네의 잘사는 사람들은 없는 것이 없는 휴양지에서 지내거나 유람선에 오른 것처럼 부족함이 없는 삶을 느낄 것이다. 그냥 걷거나 아니면 보통은 차를 몰면서 길거리 한곳을 훑어보아도 플라스틱 한 장을 흔들면서 들어갈 때마다 얼마나 다양한 서비스를 받을 수 있는지 믿기지 않을 것이다. 먼저 아침식사를 먹으러 동네 식당(어디나 그런 데가 한두 군데는 있을 것이다)에 들어가서 달걀도 먹고 싶은 대로 해달라고 요구할 수 있다. 다음에는 머리를 깎고 수염도 밀고 발톱도 다듬을 수 있다. 그러고 나서는 조금이라도 몸이 찌뿌드드하면 안마를 받을 수도 있고 지압을 받을 수도 있고 침을 맞거나 한약 진료를 받을 수도 있다. 초저녁이 되면 누군가가 음료수를 대령할 것이다.

이것은 아무 문제가 없을 때의 이야기다. 만약 갑자기 나한테 심각한 문제가 생겼다면 경찰, 응급요원, 다양한 상담원, 치료사 등 사방에서 전문가가 나타나서 내가 소생할 수 있도록 도울 것이다. 건강을 되찾으면 그때는 다시 발톱 다듬기와 안마와 음료수로 돌아갈 것이다. 어느 단계에서도 누구에게 굳이 아쉬운 소리를 할 필요가 없다. 나를 돕는 것이 그들의 직업이니까! 내가 겪은 고통을 내 친구들이 들을 수도 있겠지만 나는 굳이 친구들에게 부탁을 하는 불편을 감수할 필요가 없다. 물론 친구들은 당연히 걱정이야 해줄 것이다. 친구 좋다는 게 뭔가?

이렇게 사람에게 필요한 것의 대부분을 표준화된 상품-서비스가 해결해주는 환경에서 구체적 인간관계는 성행위와 재미에만 쓰는 사치품이 되어버린다. 생식이나 양육처럼 전통적으로 얼굴과 얼굴을 맞대고 이루어지던 개인적 차원의 기능까지도 임신 클리닉과 놀이방에서 도맡아준다. 가깝게 지내는 친구도 별로 없이, 그저 어쩌다가 가끔씩 얼굴을 보는 사람들 속에 섞여서, 많은 사람이 자유 시간의 대부분을 혼자서 보낸다. 절실한 목표가 없다 보니 이런 식의 인간관계는 피상적이고 상투적이며 정치, 스포츠, 사업, 실무지식처럼 인위적 주제로 쏠린다. 사회성이 발달한 사람은 단순하고 평이하며 굉장히 긍정적인 감정을 선호하며 복잡하고 섬세하며 어두운 느낌이나 생각을 피하려는 경향이 있다. 아무래도 어두운 생각을 하면 무엇이든 적응하는 데 어려움을 느끼게 되고 부정적 영향을 미치고, 뭔가 어려움을 겪는 사람처럼, 즉 전문가의 도움이 필요한 사람처럼 보일 수가 있기 때문이다.

서비스 경제는 비교적 근래에 등장했다. 전에는 가치라는 것은 에너지와 숙련된 노동을 이런저런 원료에다가 투입하면 얻는다고 생각했다. 이것은 말이 되는 소리지만 자본가에게는 문제가 된다. 필요한 것을 다 손에 넣은 소비자는 열심히 일을 안 해도 되기 때문이다. 소비자가 일을 안 하면 경제 성장은 느려지고 심지어는 멎는다. 그렇게 되면 새로운 생산을 위해 자본을 생산적으로 재투자할 기회도 그만큼 줄어든다. 자본은 그동안의 생산에서 올린 이익의 누적인데, 이 자본이라는 것은 대출을 해주고 이자를 받거나 후속 생산에 직접 투자를 해서 차후에 발생할 이익 중 일정액을 확보하지 않으면 무용지물이다. 시일이 흐르면 고물이 되게 만든다거나 제품 수명을 점점 줄인다거나 상품을 자꾸 조잡하게 만든다거나 하는 편법은 이익을 올리는 데 도움이 되겠지만, 근본적 해결책은 제품을 서비스로 재포장하여 자본을 보유한 사람이 사용료를 징수할 수 있게 허용하는 것이다. 서비스 수요는 상품 수요보다 가변성이 훨씬 적은 것으로 밝혀졌다. 가령 소비자는 케이블 텔레비전 서비스를 미루기보다는 새 텔레비전 구입을 미룰 가능성이 높다.

　서비스 경제는 가치를 생산한다고 흔히들 생각하지만 경험적으로 보면 미국에서 서비스 경제가 생산하는 것은 빚이라는 것을 알 수 있다. 우리는 서비스를 제공하거나 서비스를 제공받으려고 돈을 빌린다. 대출은 앞으로 해당 서비스에 대한 수요가 더 높아져서 경제가 더 성장하리라는 전망을 토대로 연장된다. 하지만 이것은 폐쇄계가 아니다. 이런 서비스의 제공은 외부에서 들어오는 에너지와 맞물린다. 석유나 천연가스의 수입 증가, 석탄 증산 같은 형태로 이루어지는 에너지 유입의 증대는 다양한 지질학적 지정학적 이유로 실현되기가 어렵다. 에너지 부족으로 말미암아 서비스 제공에 차질이 빚어지고 이로 인해 빚의 피라미드가 무너진다고 예상할 이유는 너무나 많다. 플라스틱 카드를 흔들면서 번듯한 상가를 걸어 다녀도 신용카드에 혹해서 서비스를 해주겠다고 나서는 사람이 하나도 없게 될 날이 다가온다.

　이제 나에게 서비스를 제공하거나 나를 돕는 것이 어느 누구의 직업도 아닌 그런 세상으로 하루아침에 넘어갔다고 치자. 처음에는 우리는 어쩔 줄 몰라 할 것이다. 모두들 말과 행동이 거칠어질 것이다. 자기의 요구를 충족시키지 못한 사람은 알량한 소비자의 권리를 들고 나오기 마련이니까 말이다. 공동체 안에서 폭력과 혼란과 약탈이 이루어지는 와중에 사람들은 군중 속에서 서로를 골라내기 시작할 것이고 서로를 책임지고 서로를 챙겨주면서 완전히 새로운 차원에서 관계를 엮어나갈 것이다. 수요는 도움을 받고 도움을 준다는 상보성을 띨 것이다. 도움을 주는 사람의 입장에서 보면 잠자던 이타적 본능이 살아난다고나 할까 전통적 미덕으로 되돌아가는 데서 보람을 얻고 또 한편으로는 자기가 쓸모 있는 사람이라는 사실을 바로바로 확인하는 데서 느끼는 뿌듯함도 있어서 엔도르핀이 마구 뿜어져 나오면서 말할 수 없는 희열을 맛본다. 공짜로 도움을 받는 사람의 입장에서 보면 정말로 고맙다는 생각이 들 것이고 그런 마음을 잘 담아서 나타내면 강한 유대감이 생기겠지만, 어쭙잖게 바로 보답하겠다면서 서투르게 고마움을 나타내거나, 이를 상대가 무시하면 서로를 원망하기가 쉽다. 사람과 사람의 모든 상호관계를 편성하고 분할하고 될 수 있으면 화폐화하려고 안간힘을 쓰던 사회를 뒤로 하고 원조와 편의가 직접적으로 제공되는 사회로 넘어가자면 문화적으로 철저히 달라져야 한다. 직업의 구속에서 벗어나 도움을 직접 주는 것을 홀가분하게 받아들일 사람도 많겠지만 영리에 바탕을 둔 클라이언트-서버의 틀 바깥에서 원활하게 운신할 만한 사회성이 본인에게 없다고 느끼는 사람도 많을 것이다. 최근에 이민을 온 사람이든 소수민이든 빈민이든 어쩔 수 없이 서로 도움을 직접적으로 주고받은 경험이 많은 집단이 이런 변신을 돕는 문화의 씨앗을 제공할 수도 있을 것이다.

투옥이든 그 밖의 응징이든 직장으로부터의 해고든 집단 밖으로부터 오는 폭력이나 처벌의 암묵적 위협에 의해 행동이 통제되던 환경에서 그런 외부의 규제 기관이 없는 환경으로 넘어가면 인간관계의 강도는 높아지게 마련이다. 여기서 만들어지는 제어의 방식은 무식할 수도 있고 섬세할 수도 있다. 그 양상은 수많은 변수의 영향을 받을 것이다. 사회는 타인이 곧 지옥인 사회가 될 수도, 그저 어깨를 으쓱하거나 인상 한번 쓰면서 아이들에게만 규율을 가르치면 되는 점잖은 사회가 될 수도 있다.

모르는 사람이 서비스를 제공하는 구조에서 친구와 지인이 도움을 제공하는 구조로 넘어가면 점점 더 많은 활동이 다시 집으로 돌아올 것이다. 부엌, 지하실 창고, 뒷마당, 집 안 사무실이 요긴하게 쓰일 것이다. 행정 당국이 외국에서 교육을 받아서 면허가 없지만 정식 병원을 이용할 만한 형편이 안 되는 사람들을 치료하던 의료인을 잡아들인다든지 하면서 전문직을 가진 사람들의 활동을 계속해서 옥죄려 들면 이런 활동 가운데 상당수는 지하로 들어갈 것이다. 당국이 번거롭게 개입하는 것을 피하기 위해서라도 이런 식의 구조 전환은 빠르게 결행하는 것이 좋다. 결국 당국자들도 먹어야 하고 입어야 하고 아프면 치료를 받아야 하니까 규제도 느슨해질 것이고 이런 활동은 처벌을 걱정하지 않게 되면서 공개적으로 이루어질 것이다. 일부 공무원은 차가 못 들어오도록 거리를 막아 그곳을 유익한 공공 공간으로 바꾸는 데 일조할 것이다. 그러나 그때까지는 집을 중심으로 격리된 곳에서 우리의 삶이 은밀하게 이어질 것이다.

내가 붕괴라는 주제로 글을 쓰기 시작한 뒤로 많은 사람들이 나에게 연락을 해왔다. 그들은 충격을 받기도 했지만 기본적으로 내 생각에 동의한다고 말해주었다. 물론 나로서는 고무될 만한 소리지만 이 말이 과연 무엇을 뜻하는 것일까? 내가 한 일은 초강대국들의 붕괴를 비교하는 기법을 정리하고 그것이 가치가 있건 없건 일부러 도발적으로 만든 일련의 사고 실험에서 그 기법을 써먹은 것이다. 나는 나와 동의한다는 말이 그저 하나의 발전 단계이기를, 다시 말해서 나라 전반에 대해 동의한다는 것에서 시작해서 나라의 슬픈 진실을 파악하고 정말로 마음이 통하는 몇 사람과 교감하는 데로 나아가는 길의 중간 지점이기를 바란다. 헤프고 요란하고 거창하고 군림하는 방식으로 이 나라가 벌인 성대하고 시끄러운 파티는 끝이 얼마 안 남았다. 조만간 잔치에 모인 사람들은 쪼개져서 각자의 길을 따라 집으로 향할 것이다. 사람들은 잔치는 같이 벌이기를 좋아해도 숙취는 혼자서 추스르기를 원한다.

너무나 많은 사람이 또 나에게 질문을 한두 가지 더 던졌다. "붕괴는 언제쯤 일어날까요?" 글쎄, 모든 사람이 이 책을 구입할 기회를 얻기 전까지는 경제가 붕괴하지 않았으면 좋겠는데, 잘되기를 비는 수밖에. "어떤 계획을 짜야 하죠?" 글쎄, 나도 잘 모르겠다. 하지만 이 말 하나는 꼭 전하고 싶다. 나 같으면 어떤 계획이든 한 가지 계획에만 목을 매지는 않겠다는 것이다. "난 어떡하죠?" 건강하고 행복하고 충만한 삶을 살아가는 데 꼭 필요한 것이 무엇인지를 먼저 생각해야 한다. 그런 다음 미국 경제가 무너지면서 사회까지 크게 망가진 상황에서 자기가 살고 싶은 삶을 살아가는 방도를 떠올려라. (말처럼 그렇게 쉽지는 않겠지만 행운을 빈다!)

　이 책에서 나는 뻔한 사실 몇 가지와 거의 모든 사람을 놀라게 만들 사실 몇 가지를 말했다. 많은 사람이 생각은 하면서도 무서워서 감히 말하지 못하는 것, 어쩌면 무서워서 감히 생각도 잘 못하는 것을 나는 표현하려고 애썼다. 나는 중요하면서도 너무나 울적한 주제, 그러면서도 꼭 읽어야 하는 주제를 다룬 책을 쓰겠다며 내 나름대로는 굉장히 노력했다. 성과가 있었으면 좋겠다. 그 대신 내가 여러분에게 바라는 것은 사물을 명료하게 바라보고 스스로 결정을 내리고 무슨 일이 벌어지더라도 유머 감각을 잃지 않는 능력을 가지라는 것이다.

　오직 개별적 접근만이 행복에 가까운 무언가를 가져올 수 있으리라는 것이 나의 굳은 믿음이다. 결국 여러분에게 무엇이 가장 좋은 길인지를 아는 사람은 여러분 말고는 아무도 없다. 대비도 여러분 말고는 아무도 대신 해줄 사람이 없다. 애석하게도 일이 잘 안 풀릴 때 외로움이라는 아픔을 느끼지 않고서는 그것을 알 수도 할 수도 없다. 그렇지만 그 아픔이 꼭 영원히 간다는 법은 없다. 또한 상황이 호전되면 그 아픔은 기쁨과 뿌듯함을 맛볼 수 있게 해준다. 살아가면서 아픔을 느낀다는 사실을 많은 사람이 잊어버린다. 피상적으로는 세상에서 고립되었다는 느낌을 갖겠지만, 이런 느낌을 모두가 공유하기에 우리는 동시에 하나가 될 수 있다.

한국이 외환 위기를 맞기 전인 1997년 초 미국에서 몇 주 동안 지내면서 가장 인상 깊었던 깨달음은 미국은 자동차로 굴러가는 사회구나 하는 것이었다. 내가 잠시 머물던 곳은 뉴저지 교외의 주택가였는데 거기서 뉴욕 시내까지 가려면 나처럼 차가 없는 사람은 버스를 타고 가는 수밖에 없었다. 그런데 버스 정류장이 워낙 멀어서 거기까지도 차를 얻어 타고 갈 수밖에 없었다. 미국은 대중교통을 이용하기 위해서도 자가용이 있어야 하는 나라였다. 차는 결국 기름으로 굴러가므로 미국이 차로 굴러가는 사회라는 것은 미국이 기름으로 굴러가는 나라라는 뜻이다.

현대 사회에서 기름은 차만 굴리는 것이 아니다. 기름이 없으면 공장도 멎는다. 화학비료를 못 만드니 농사도 지을 수가 없다. 기름이 없는 사회는 한순간에 석기 시대로 퇴보한다. 드미트리 오를로프의 『예고된 붕괴』는 소련이 붕괴할 당시 실제로 러시아 사회에서 재현된 석기 시대 사회의 목격담이다.

소련은 80년대 중반에 국내 원유 생산량이 최고점에 이른 뒤로 내리막길을 걸었다. 원유 생산 하락은 소련 경제 위기의 상징이었다. 러시아는 그 당시에도 자원 부국이었다. 매장된 원유는 많았다. 그러나 미국과의 무기 경쟁으로 국방 예산에 과도한 투자를 해야 했던 러시아는 상대적으로 자원개발 투자를 등한시했다. 아무리 땅에 묻힌 기름이 많아도 제대로 뽑아 올려서 수출을 못하니까 달러를 못 벌었고 달러가 없으니까 식량을 비롯한 소비재를 수입하지 못하면서 국민의 불만은 커지고 경제난은 심화되는 악순환이 이어졌다. 이 책은 러시아 국민이 러시아판 '고난의 행군'을 어떻게 견디었는가를 생생히 보고한다.

그러나 드미트리 오를로프는 그저 회고담으로 이 책을 쓴 것은 아니다. 오를로프는 러시아와 미국은 이념은 달랐지만 군수 산업이 기형적으로 발달했고 막대한 재정 적자를 안고 있었고 석유에 절대적으로 의존하는 산업 구조를 가졌다는 점 등 여러 모로 공통점이 많았다고 본다. 그리고 러시아가 결국 국가 붕괴를 경험한 것처럼 미국도 조만간 러시아와 비슷한 운명을 겪을 수밖에 없을 것으로 본다. 그런 뜻에서 이 책은 고난의 행군을 현장에서 지켜본 러시아인이 앞으로 고난의 행군에 들어갈 미국인에게 들려주는 석기 시대의 개인 생존 매뉴얼이라고 해도 과언이 아니다. 그런데 저자는 왜 미국이 붕괴한다고 보는 것일까?

먼저 석유 고갈이다. 미국의 국내 원유 생산량은 이미 1970년대 중반을 고비로 내리막길을 걸은 지 오래다. 미국은 부족한 원유를 주로 중동 등지에서 들여와서 메웠다. 그러나 세계의 원유 생산도 몇 년 전에 정점을 쳤다. 세계 원유 생산량은 그 뒤로도 조금씩 늘어났지만 그것은 종래의 방식이 아닌 무리한 개발로 인한 것이므로 지속가능성이 없다. 결국 원유 자체의 급격한 고갈이 빠른 시일 안에 눈앞의 현실로 닥칠 가능성이 높다고 저자는 본다. 러시아가 그나마 어려움을 헤쳐나온 것은 땅에 파묻힌 자원을 수출할 수 있었기 때문인데 미국의 경우 국내는 물론이고 세계의 자원 자체가 모자라니 어려움이 가중된다. 그래도 돈이 있으면 비싼 값에라도 기름을 들여올 수 있으니 당장은 큰 문제가 아닐 수도 있다. 그러나 기름을 사올 돈마저 없으면 사태는 심각해진다.

미국은 돈이 없다. 미국은 세계 최대의 채무국이다. 미국이 막대한 재정 적자에도 중동에서 석유를 들여올 수 있었던 것은 달러를 마음대로 찍어낼 수 있는 기축 통화라는 막강한 지위를 누린 덕분이었다. 그러나 금융 위기가 터지면서 미국 정부가 금융권에 쏟아부은 천문학적 규모의 재정 지원으로 그렇지 않아도 심각했던 미국의 재정 적자가 시장의 우려를 낳고 있다. 미국의 재정 적자는 지금 해마다 1조 달러에 이르며 국가 총부채는 올해 안으로 GDP의 98퍼센트를 넘어설 것으로 보인다. 미국 정부는 이런 막대한 재정 적자를 채권 발행으로 메워왔고 미국에 수출을 많이 하는 중국, 일본, 한국 등이 이런 채권을 사주었다.

그런데 달러의 기축 통화 지위에 기대어 미국이 달러를 자꾸 찍어내면 미국 채권 보유국은 달러 가치 하락으로 앉아서 손해를 보게 된다. 그래서 미국 채권 보유를 줄여나가려고 한다. 미국 채권이 시장에서 기피당하면 미국은 채권에 더 높은 이자를 쳐주어야 하고 재정 적자는 더욱 쌓이는 악순환으로 이어진다. 눈덩이처럼 불어나는 빚을 갚으려고 달러를 더욱 찍어내면 달러는 휴지값이 되고 결국 미국은 돈이 없어 기름을 수입하지 못하는 상황에 직면할 수 있다. 오를로프는 이런 악몽이 현실화할 가능성이 높다고 본다. 그리고 미국의 붕괴는 러시아의 붕괴보다 서민에게는 훨씬 큰 고통을 안겨줄 것이라고 점친다.

러시아는 상황 변화에 기민하게 대응하지 못하는 사회주의 계획 경제의 경직성 때문에 무너졌다고들 하지만, 역설적으로 러시아 국민이 국가 붕괴에도 비교적 고통을 덜 겪은 것은 사회주의 체제의 유산 덕분이었다고 오를로프는 강조한다. 러시아인이 살던 집은 모두 국가 소유였지만 자본주의 체제로 바뀌면서 러시아 국민은 그대로 집주인이 되었다. 집을 그냥 나라에서 불하받은 셈이었다. 아파트는 멋대가리는 없었지만 튼튼했고 중앙난방식이라 관리비 부담도 거의 없었다. 반면 미국인은 은행 융자로 집을 사므로 엄격히 따지면 집주인은 개인이 아니라 은행이다. 실직하여 융자금을 못 갚으면 은행은 바로 차압에 들어간다. 직장만이 아니라 집에서까지 쫓겨나야 하니 미국에서는 실직의 고통이 가중될 수밖에 없다.

러시아는 국가 파산 상황에서도 대중교통망은 그대로 유지되었다. 낡기는 했어도 지하철과 버스 요금은 쌌다. 사회주의 계획 경제는 대규모 아파트 단지를 대중교통망과 연계해서 지었으므로 웬만한 버스역과 지하철역까지는 집에서 걸어서 갈 수 있었다. 반면 미국은 도심의 슬럼을 제외하고는 대부분 주택이 교외에 멀찍이 떨어져 있다. 그리고 대중 교통이라는 관념이 희박하고 모두 개인 자가용 중심이다. 이런 상황에서 기름이 없어서 자가용도 못 굴리고 기차나 지하철, 버스까지 안 다닌다면 교통수단이 없어서 장을 못 보러 가고 환자는 아파도 꼼짝없이 집에 갇혀 있어야 하는 상황에 직면할 수 있다.

가장 큰 문제는 식량이다. 러시아인은 공산주의 시절부터 나라에서 받은 다차라는 교외 주말 농장과 집에 딸린 텃밭에서 감자 같은 기본 채소는 스스로 해결해온 전통이 있기 때문에 식량난으로 어려움을 크게 겪지는 않았다. 또 소련 정부는 다른 것은 몰라도 빵만큼은 늘 풍족하게 공급했다. 반면 미국은 기름을 대량으로 투입한 기업농 중심으로 굴러온 나라라서 기름이 없으면 식량을 생산하지 못한다. 해외에서 수입하자니 돈도 문제지만 세계 식량 사정도 빠듯하기만 하다. 고유가로 인해 식량 생산에서 바이오연료 재배지로 바뀌는 농지가 갈수록 늘어나면서 식량 가격은 나날이 높아지고 있다.

기본적인 주거, 교통, 식량 체계가 무너지면 사회는 정글로 돌아간다. 사회주의 전통으로 공동체 의식이 어느 정도 있었던 러시아도 국가라는 중심이 무너지니까 마피아가 창궐했다. 주먹이 곧 법이었다. 미국은 그렇지 않아도 세계 최고의 범죄율과 수감율을 가진 나라인데 공권력이 붕괴하면 수억 자루의 총을 가진 모래알 같은 개인들 사이에서 무슨 일이 벌어질지는 아무도 장담할 수가 없다.

러시아 사회주의가 무너지고 나서 '역사의 종언'이라는 이름으로 자본주의 체제의 최종 승리를 부르짖었던 미국 자본주의가 왜 20년 만에 붕괴를 겪은 러시아인에게 조롱당하는 수모를 겪는 것일까. 그것은 사회주의라는 강력한 견제자가 사라지면서 자본주의가 긴장을 잃었기 때문이었다. 선진국은 순수 사회주의 국가도 아니고 순수 자본주의 국가도 아니다. 핀란드, 노르웨이 같은 북유럽 국가는 공동체 성원에게 최소한의 안전을 제공하는 사회주의적 복지 체계를 높은 담세율로 유지하면서도 세계 시장 진출이라는 자본주의 체제의 장점을 살려 적은 인구로 인한 시장 규모의 열세를 이겨내고 있다.

미국과 유럽의 노동자가 노동자의 지상낙원이라는 소련의 노동자보다 더 높은 삶의 질을 누렸던 것은 역설적으로 공산주의라는 존재에 부담감을 느낀 자본주의 국가와 자본가가 노동자에게 그만큼 양보를 했기 때문이었다. 그러나 공산주의라는 견제자가 사라지면서 특히 미국의 금융자본은 무분별한 기업의 인수 합병으로 엄청난 수입을 챙기면서 임금을 쥐어짜는 구조로 자본주의 체제를 몰아갔다. 자본주의를 먹여 살리는 것은 시장이고 시장의 주인은 소비자고 소비자는 결국 일자리를 가진 노동자다. 임금을 쥐어짜는 자본주의는 지속가능한 자본주의가 아니다. 지속가능한 일은 절제를 요구한다. 오를로프는 어떤 대상을 끝까지 사유해서 그 대상이 살아남을 수 있는 한계 조건을 드러낸다. 오를로프는 한계를 사유할 줄 아는 사람이다. 한계의 사유는 어떤 대상의 한계를 꿰뚫어보고 그 한계를 직시하여 정면으로 해결하지 않으면 언젠가 문제는 필연적으로 곪아터지기 마련이라는 사실을 통찰하는 사유다. 그 점에서 오를로프의 한계의 사유는 러시아나 미국에만 해당되는 이야기가 아니다.

한국은 2008년 현재 세계 5위의 원유 수입국이다. 미국이 하루에 1,347만 배럴로 1위, 유럽연합이 861만 배럴로 2위, 일본이 526만 배럴로 3위, 중국이 439만 배럴로 4위, 그리고 한국은 298만 배럴의 원유를 매일 도입한다. 일본은 2008년 GDP가 5조 2,900억 달러로 한국은 9,920억 달러니까 GDP로만 따지면 일본의 경제 규모가 한국의 5배를 넘지만 일본은 기름을 한국의 2배도 채 안 쓴다. 독일의 2009년 수출은 1조 1,210억 달러로 한국의 4배 가까이 되지만 독일은 하루에 들여오는 원유가 277만 배럴로 한국보다도 적다. 한국, 일본, 독일 모두 석유가 한 방울도 안 나는 나라라는 공통점이 있지만 한국은 두 나라보다 자원 낭비가 훨씬 심하다.

한국이 외환 위기를 맞았을 때 국제통화기금에 손을 벌린 결정적 이유도 원유를 수입할 돈이 없어서였다. 지금도 원유 수입에 쓰는 돈은 한국의 전체 수입액에서 20퍼센트를 차지한다. 천연가스, 철광석, 니켈 같은 중요 자원을 더하면 한국이 자원 수입에 쏟아붓는 돈은 전체 수입액의 30퍼센트가 넘는다. 중국, 인도, 브라질 같은 인구 대국의 경제 발전으로 자원난이 갈수록 심화하면 한국의 자원 수입 부담은 갈수록 커진다. 그런데도 한국은 아직도 여름이면 냉방병에 걸릴 정도로 에어컨을 틀고 겨울에는 실내에서 반팔로 지낼 정도로 난방을 한다. 냉방도 난방도 모두 한국에서 안 나는 자원으로 하는 것이다. 한국은 미국 같은 나라에 수출을 해서 번 돈으로 그런 에너지 자원을 들여온다. 미국의 소비 시장이 붕괴하고 그 여파로 대미 수출로 활황을 누리는 중국 경제까지 위기를 맞으면 한국은 돈이 없어 에너지 자원을 못 들여올지도 모른다.

천문학적 국가 부도 사태를 맞은 그리스는 지난 2000년 유로화를 도입하면서 연간 재정적자를 GDP의 3퍼센트 이하로 묶고 국가 총부채를 GDP의 60퍼센트 이하로 유지해야 한다는 유럽연합의 지침을 이행할 자신이 없자 그리스의 미래 공항 사용료와 복권 수입을 담보로 미국 투자은행 골드만삭스로부터 거액의 자금을 융통했다. 미래의 그리스 세대가 누려야 할 수익을 지금의 그리스 세대가 당겨서 쓴 것이다. 빚을 미래 세대에게 떠넘긴 것이다. 그리스 재정 적자에서 큰 비중을 차지하는 것은 공무원 연금이다. OECD의 법정 퇴직 연령이 평균 64세고 노르웨이 같은 나라는 67세까지 올라가는데 그리스는 58세고 또 조기퇴직자에 대한 혜택이 지나치게 크다. 이것은 고스란히 나랏빚으로 돌아온다.

한국의 공무원 연금 문제는 더욱 심각하다. 한국 공무원은 퇴직 전 임금의 76퍼센트를 연금으로 받는다. 그리스가 69퍼센트, 복지국가라는 노르웨이는 66퍼센트, 핀란드는 60퍼센트밖에 안 된다. 이것은 한국 공무원이 일반 국민보다 지나치게 많은 혜택을 받는다는 뜻이다. 인구 고령화가 급속히 진행되면서 한국의 공무원 연금 적자는 앞으로 10년 뒤면 40조를 돌파할 것으로 예상된다. 지속가능한 연금 지급 체계

가 아니다. 책임 있는 기성세대라면 후손을 위해서 이 문제를 해결해야
하지만 어떤 문제를 끝까지 생각하는 한계의 사유에 서투른 한국의 주
류 보수와 한국의 주류 진보에게는 이것은 절실한 문제가 아니다. 한국
주류 진보에게 노동자는 신성불가침한 성역이기 때문이고 한국 주류
보수는 미국과 일본이라는 종주국만 따라가면 된다고 생각하기 때문이
다. 미국은 나랏빛이 GDP의 100퍼센트에 육박하는 나라고 일본은
200퍼센트를 넘어선 나라다. 그러나 한국 주류 보수의 머리에는 미국
과 일본이 붕괴하는 날에 대비한 시나리오는 없다. 오를로프의 미국 붕
괴론이 더욱 무섭게 다가오는 이유다.

오를로프는 러시아의 레닌그라드에서 태어나 십대 초반 미국으로 이
민을 가서 미국에서 대학을 나왔지만 80년대 후반에서 90년대 중반까
지 러시아에서 여러 번 장기 체류하면서 러시아 사회의 급격한 변화상
을 현장에서 지켜보았고 엔지니어로서 미국 회사에 다니면서 미국 자
본주의의 구석구석을 체험한 보기 드문 경력의 소유자다. 그는 세계 금
융 위기가 닥치기 전에 이미 지속불가능한 거품에 토대를 둔 금융권의
붕괴와 부동산 폭락을 예상하고 영국 브라이튼에 사두었던 집을 처분
하고 만약의 경우에 대비해 지속가능한 태양에너지를 쓰는 요트를 사
둔 것으로도 유명하다.

『예고된 붕괴』는 경제가 무너진 공동체에서 개인이 살아남는 방법을
소름 끼칠 정도로 자세하게 알려주는 생존 매뉴얼이기는 하지만 한 편
의 뛰어난 문학 작품으로서도 손색이 없다. 이 책은 오를로프의 첫 저

작이지만 사실을 에둘러서 꼬집고 비트는 송곳 같은 풍자력은 오랜 세월에 걸쳐 쌓인 사고의 연륜을 드러낸다.

『예고된 붕괴』는 법이 사라진 약육강식의 비정한 세상에서 어떻게 살아남아야 하는지를 알려주는 막장의 처세술이기도 하지만 그 밑바탕에는 탈속의 초연함이 깔려 있다. 오를로프는 진정한 전문가만이 어지러운 세상에서 중심을 잃지 않고 살아남을 수 있다고 말한다. 오를로프가 말하는 전문가는 변호사, 회계사, 변리사처럼 돈을 많이 버는 전문직 종사자는 아니다. 경제가 붕괴하면 그렇게 잘 나가던 분야에 종사하던 사람이 경제적으로도 심리적으로도 가장 타격을 입는다. 경제가 잘나갈 때만 빛을 보는 전문직은 일과성 전문직이라고 오를로프는 비꼰다. 반면에 가령 19세기 낭만주의에 관심을 갖는다든가 꽃이나 나무에 관심을 갖는다든가 하는 사람은 비록 평소에는 이런 분야에 대한 전문지식으로 돈을 못 벌지는 몰라도 경제적 어려움이 닥쳤을 때는 이런 전문 지식을 남들과 공유하면서 물질적 어려움을 헤쳐나가는 정신적 여유를 가질 수가 있다.

돈이라는 것의 생명은 교환가능성에 있다. 사람들이 돈에 연연하는 것은 돈이 많으면 더 많은 물질을 누릴 수 있기 때문이다. 그러나 경제가 붕괴하여 돈이 가치를 잃는 세상에서는 돈에만 목을 매던 사람은 오히려 그 자신이 교환가능한 존재가 되어 버림받기 쉽다. 반면에 돈에 목을 매지 않고 평소에 주변 사람과 사회에 애정을 베푼 사람은 돈이 통하지 않을수록 빛을 발하는 대체불가능한 존재가 된다. 돈으로만 소통하려는 것이 아니라 진정한 관심과 배려로 자신을 타인들 속에서 유일무이한 존재로 만들어가는 것이야말로 가장 지속가능한 삶의 방식이라는 것을 저자는 말하고 싶어하는지도 모른다.

2010년 봄

이희재

ㄱ

가가린, 유리 62
가이다르, 예고르 192, 193
가족농 57
가즈프롬 196
가처분소득 139
감시카메라 93
감옥 경쟁 86, 88
개신교 173
개인의 실패 48
개혁주의자 192, 193
건강보험 161
걸프 전쟁 27, 79
격상 효과 219
경공업 66
경로 선택 규약 68
경제 거품 135
경제 먹이사슬 98
경제 모델 66
경제적 궁핍 139
고르바초프, 미하일 39, 95, 185, 187, 188
고어, 앨 126
공산당 95, 104, 105, 150
공산주의 15, 16, 26, 37, 55, 102, 104,
    150, 218
공유 재산 224
공적 자금 83, 253
교육 제도 164

교육 체계 162, 166, 167
교회 149, 171, 172
구글 195
구조조정 107
국방 예산 79
국영 기업 195
군비 경쟁 76, 85
군사 억제력 76
군사 통치 233
군주제 106, 171, 172
굴라그 86, 93
권위주의 192, 233
그라나다 82
그루지야 7, 108, 169
그리어, 존 마이클 27
그린스펀, 앨런 99
글라스노스트 95, 185
글래스피, 에이프릴 80
금권 정치 108
금주법 248
기름 홍수 99
기상 이변 189, 236
기업 소프트웨어 69, 72
기후 변화 75, 94

ㄴ

낙관주의 186
남북 전쟁 149

네오콘 108
네트워크 68, 69, 71, 91, 93
네포베디마야(불굴) 77
노리에가, 마누엘 81
노브고로드 38
노비문서 159
노예제 26, 148, 191
농노제 148, 149
뉴딜 정책 60
니카라과 82

ㄷ

대가족 135
대공황 60
대농장 체제 148
대량 해고 130
대륙횡단 철도 126
대마초 248, 250
대체 의학 254
도덕성 90
도상학 172
도페니즘 218
돈키호테 237
두뇌 유출 133
디젤유 65
디트로이트 171

ㄹ

라이베리아 172
러시아정교 172, 173
레닌, 블라디미르 41, 86, 95, 186
레닌그라드 37, 40, 150, 164
레바논 108

레이건, 로널드 35, 93, 94
『로마 제국 쇠망사』 34
로버츠, 폴 C. 31
로봇 우주선 64
리눅스 68

ㅁ

마셜 플랜 116
마이크로소프트 63, 69
매슬로, 에이브러햄 220
매키넌, 게리 71
맥나마라, 로버트 32
먹이 사슬 253
멕시코 94, 155, 175, 176
멩켄, 헨리 루이 248
명령 경제 199
몬트리올 의정서 184
몽골 76, 170
무계급 사회 59
무기 개발 55
무기 판매 경쟁 85
무선주파수인식칩 93
무신론 172
무역 불균형 17
무역 적자 36, 67, 97, 201, 202
무인우주선 63, 64
『문명은 어떻게 붕괴하나』(그리어) 27
문화의 돌연변이 212
문화적 적응 218
물물교환 128, 204, 235
미얀마 172
민간의료보험 200
민스크 40, 41

민영화 56, 67, 157, 195, 197, 247
민족 갈등 171
밀주 249

ㅂ
바그다드 94
바르샤바조약 78, 84
바이러스 68
바이오연료 61, 65, 178
반유대주의 170
반전 여론 79
반체제 운동 87, 192
반체제 인사 87, 177, 215
『반항인』(카뮈) 102
발상의 전환 213
방사능 74, 188, 189
배급제 115, 143, 153, 174, 177
버냉키, 벤 99
벙커버스터 33
베이징 70
베트남 79~81, 127
베트남 전쟁 32, 80
벨라루시 108
벨리즈 158
보드카 38, 150, 248
보스턴 128, 142, 258
복지 개혁 193
봄자트니크 123
봄지예 123
부시, 조지(아들) 75, 96, 106, 257
부시, 조지(아버지) 80, 81
북한 7, 9, 10, 56, 79, 81
〈불편한 진실〉(영화) 126

붉은군대 82, 85, 214
브라질 170
브레즈네프 독트린 84
블라트 217
블랙홀 34, 114, 200
블로그 215, 216
비만 227
비밀주의 69
빵폭동 150, 153

ㅅ
사법 제도 88~92
사법 체계 225, 226
사설경호원 251
사우디아라비아 175, 176
사재기 116, 140, 144, 204
사치품 220, 222, 259, 260
사회 병리 227
사회보장 103, 193
산성비 177
삼나무혁명 108
상트페테르부르크 37, 40, 42, 108, 220, 246, 249, 256
생명보험 160
생존주의자 203
생체인식 시스템 93
생태농법 151
샤카슈빌리, 미하일 108
서비스 경제 259, 261, 262
석유 17, 27~33, 35, 36
석유 고갈 29~31
석탄 31, 177, 202, 262
성경 172

세계 경찰 33
세계 패권 26
세계은행 107
세르비아 108
세상의 종말 172
세속주의 172
셰바르드나제, 예두아르트 108
소비재 17, 38, 60, 64, 66, 67, 100, 115,
　129, 142, 143, 204, 205
소유즈 우주선 64
솔제니친, 알렉산데르 87
수니파 게토 94
수요파괴 155
『수용소 군도』(솔제니친) 87
스모그 38
스웨덴 56
스타 워스 17, 35
스타니슬라브스키, 콘스탄틴 232
스탈린, 조지프 86, 87, 186
스팸 68, 203
스푸트니크호 63
시뇨레, 시몬 56
시아파 게토 94
식량 생산 64, 129
실업학교 163
쓰레기 문화 230

ㅇ
아마추어 정신 69
아메리칸 드림 104
아셀라 고속열차 258
아파르트헤이트 94
아편 183, 248

아폴로 우주선 63
아프가니스탄 8, 17, 63, 77, 81~84, 95,
　214
아프가니스탄 전쟁 80, 95
아프리카 56, 63, 81, 169
악의 제국 41, 53, 55, 56, 93
안드로포프, 유리 37, 87
암시장 38, 120, 130, 254~256
애국주의 26
애플 컴퓨터 68
앵글로색슨 170
양극 세계 76
양극 체제 25
양심수 87
어뢰 78
에너지 부족 46, 135, 140, 262
에너지 의존도 202
에너지난 29
에탄올 생산 148, 155, 156
엘렉트리치키(전철) 124
엘리트 26, 35, 60, 105, 107, 193, 218
연기론(스타니슬라브스키) 232
예루살렘 237
예멘 77
예수 173
옐친, 보리스 186, 192, 214
오렌지혁명 108
오존층 184
온실가스 배출 184
완전 고용 26
외채 상환 107
요트 82, 184, 258, 259
우랄마슈 196

우주 개발 55
우주 경쟁 63
우크라이나 108, 149
워싱턴 8, 178, 258
〈워터월드〉(영화) 20
원유 매장량 28
원자력발전소 189
웹사이트 215, 216
유고슬라비아 169
유기농법 151
유닉스 68
유목민 233, 237, 238
유전자 돌연변이 212
유전자 조작 148
유행 67, 94, 145
의료 암시장 254
의료보험 159, 160, 200
이념 분쟁 55
이라크 8, 18, 32, 33, 63, 80, 84, 96, 106,
    109, 116, 125, 176, 183, 200
이라크 전쟁 80
이란 56, 106, 109, 176, 177
이바노프, 세르게이 78
이산화탄소 177, 184, 202
이스라엘 침공 108
이슬람사원 172
《이코노미스트》 99
인간 욕구 5단계(매슬로) 220
인구 과밀 184
인적 희생 34, 36
인종 갈등 170, 171
인플레 42, 97, 98, 234
일극 체제 25

일회용 143~146

ㅈ
자가출판 215
자동차(차) 37, 48, 61, 125, 126, 154,
    155, 194, 219, 246, 247, 256
자산 반출 117
자산 청산업 245
자살 34, 62, 130, 206, 229
자영농 149
자원 전쟁 32, 33
자원보유국 202
자전거 79, 117, 127, 128, 144, 174, 201,
    222, 228, 245, 252, 257, 258, 259
자치공동체 134
잠비아 77
장미혁명 108
재정 적자 57, 66, 97
저금 100, 159, 204, 206, 223
전략 미사일 방위 체계 78
전문직 131, 133, 244, 245, 264
전염병 156
정보 기술 64, 68, 72, 73
정보 사용료 70
정상성 213~215
정착민 233, 238
정찰위성 93
정체성 101, 199, 218
정치 보복 186
정치범 37, 87, 156
제국주의 침략국 53
제약산업 255
종말론 171

주식 117, 150, 156
중국 175, 202, 205
중산층 36, 42, 60, 61, 158, 206, 222, 245
중앙계획경제 66, 77, 146
중앙통제 69
지구 온난화 20, 29, 65, 184, 189, 202
지급 불가능 선언 18
지배 엘리트 105, 193
지속가능한 발전 194
지적재산권 72, 200
지적재산권법 69, 70
진보주의자 192, 193
진화 172, 212, 219
짐바브웨 77
집단 무의식 215
집단농장 149, 217
집단적 상상력 47, 48

ㅊ
차세대 초음속 미사일 78
채무불이행 57, 98
천연가스 27, 36, 65, 177, 234, 250, 262
청부 폭력 251
체르노빌 핵 참사 17, 55, 74, 75, 188, 214
체첸 44, 82, 86
체코슬로바키아 7, 77
첼노키(왕복선) 205
초인플레 97, 98, 100, 116, 139, 174
최후의 심판일 171
칠레 106

ㅋ
카뮈, 알베르 102

카스파로프, 게리 108, 109
카터 독트린 84, 193
카터, 지미 84, 94, 193
카트리나(태풍) 75, 153
칼리슈니코프 기관총 81
코냑 42
코카서스 169
코카인 247
쿠바 9, 82, 158, 257
쿠웨이트 80, 175, 176
쿠페 124
크누스, 도널드 70
크렘린 253
크루고조르 168
클라이언트-서버 모델 223
클린턴, 빌 81, 193
키르기스스탄 108

ㅌ
타지크인 169
탈석유 시대 126
터키 205
테러 18, 81, 109, 141, 188, 254, 257
통화 가치 하락 57
퇴직제 200
튤립혁명 108
트루시초비(빈민가) 119
특허법 70

ㅍ
파나마운하 126
파나마 침공 81
파시스트 사회 233

파이프라이니스탄 108
파키스탄 158
팔레스타인 94
패스트푸드 154, 161
페레스트로이카 35, 36, 95, 108, 187, 214
평등 사회 59
폐기물 189, 247
폴란드 205
푸틴, 블라디미르 79, 83
풍토병 156
프레온가스 184
프로이트, 지그문트 81
프스코프 38
플라스틱 28, 65, 143~146, 155, 176,
    227, 249, 259, 262
플라츠카르트(침대칸) 124
필수품 155, 219, 220~222, 235

ㅎ
한반도 7, 10, 79
합법성 89, 101
해커 72
핵가족 134, 135, 138
핵무기 32, 33, 77, 78, 83, 190
핵보호구역 190
핵 선제공격 78
핵 억제력 83
향정신성의약품 156, 157
헝가리 77
헤즈볼라 108
현실 도피 218
형무소 산업 56
형사 사법 제도 92

형사 재판 제도 90, 91
호치민 도로 127
화석연료 9, 18, 136, 141
화성 탐사 64
화학 농업 148
환경 의식 74
환경주의자 192
'회전문' 103
후세인, 사담 32, 80
휘발유 38~40, 100, 125, 155, 174, 177,
    202, 235, 256
휴거 172
흐루시초비 119
흑사병 149
히치하이킹 257
히틀러, 아돌프 82

기타
9 · 11 테러 183, 254
A등급 인간 137
〈C. H. U. D.〉(영화) 20
CIA 29, 81, 253, 254
IBM 68, 69
IMF 107
KGB 253, 254
P2P 네트워크 68

예고된 붕괴

1판 1쇄 펴냄 2010년 4월 14일
1판 2쇄 펴냄 2011년 1월 11일

지은이 드미트리 오를로프
옮긴이 이희재

편집주간 김현숙
편집 변효현, 김주희
디자인 이현정, 전미혜
영업 백국현, 도진호
관리 김옥연

펴낸곳 궁리출판
펴낸이 이갑수

등록 1999. 3. 29. 제300-2004-162호
주소 110-043 서울특별시 종로구 통인동 31-4 우남빌딩 2층
전화 02-734-6591~3
팩스 02-734-6554
E-mail kungree@kungree.com
홈페이지 www.kungree.com

ⓒ 궁리출판, 2010. Printed in Seoul, Korea.

ISBN 978-89-5820-185-4   03300

값 13,000원